Schriften zum Internationalen und
Europäischen Strafrecht

Herausgegeben von

Professor Dr. Martin Heger, Humboldt-Universität zu Berlin
Professor Dr. Florian Jeßberger, Humboldt-Universität zu Berlin
Professor Dr. Frank Neubacher, M.A., Universität zu Köln
Professor Dr. Helmut Satzger, LMU München
Professor Dr. Gerhard Werle, Humboldt-Universität zu Berlin

Band 78

Julia Geneuss | Andreas Werkmeister (Hrsg.)

Daten(wirtschafts)völkerstrafrecht

Nomos

DIKE

Veröffentlicht mit finanzieller Unterstützung der Fritz Thyssen Stiftung sowie einer Förderung aus dem Open-Access-Publikationsfonds der Humboldt-Universität zu Berlin.

Die Deutsche Nationalbibliothek verzeichnet diese Publikation in der Deutschen Nationalbibliografie; detaillierte bibliografische Daten sind im Internet über http://dnb.d-nb.de abrufbar.

1. Auflage 2024

© Die Autor:innen

Publiziert von
Nomos Verlagsgesellschaft mbH & Co. KG
Waldseestraße 3–5 | 76530 Baden-Baden
www.nomos.de

Gesamtherstellung:
Nomos Verlagsgesellschaft mbH & Co. KG
Waldseestraße 3–5 | 76530 Baden-Baden

ISBN (Print) 978-3-7560-1804-8
(Nomos Verlagsgesellschaft mbH & Co. KG, Baden-Baden)
ISBN (ePDF) 978-3-7489-4478-2
(Nomos Verlagsgesellschaft mbH & Co. KG, Baden-Baden)
ISBN (Print) 978-3-03891-789-2
(Dike Verlag, Zürich/St. Gallen)

DOI: https://doi.org/10.5771/9783748944782

Onlineversion
Nomos eLibrary

Dieses Werk ist lizenziert unter einer Creative Commons Namensnennung 4.0 International Lizenz.

Vorwort

Der vorliegende Band enthält die Beiträge der Tagung „Brauchen wir ein Daten(wirtschafts)völkerstrafrecht?", die wir Ende November 2022 in Berlin veranstaltet haben. Antrieb für diese Fragestellung ist es gewesen, zwei unterschiedliche Entwicklungen zusammenzuführen: die Frontstellung der datenschützenden Menschenrechte gegen systematische digitale Überwachung einerseits und die zunehmende Ausdifferenzierung des Völkerstrafrechts sowie die allmähliche Herausbildung eines Wirtschaftsvölkerstrafrechts andererseits.

Die Beiträge des vorliegenden Bandes nähern sich dem „Daten(wirtschafts)völkerstrafrecht" aus unterschiedlichen Richtungen. Die ersten Beiträge, namentlich von *Klaus Günther, Sabine Müller-Mall, Delphine Reinhardt* und *Jens Puschke*, legen die gesellschafts- und rechtstheoretischen Grundlagen. Insbesondere werden die „smarten" den normativen Ordnungen gegenübergestellt. Sodann werden in den Beiträgen von *Dominik Brodowski, Sebastian Golla* und *Antje von Ungern-Sternberg* die juristischen Grundlagen erörtert: Was ist der Status quo des – vor allem: nationalen – Datenschutzstrafrechts? Auf welches Rechtsgut könnten wir es kaprizieren, um systematisches Datenunrecht besser zu erfassen? Im nächsten Schritt werden zwei mögliche Anwendungsfelder des „Daten(wirtschafts)völkerstrafrechts" erörtert: In den Beiträgen von *Moritz Vormbaum, Caroline Böck* gemeinsam mit *Matthias C. Kettemann, Thomas Wischmeyer* und *Till Zimmermann* geht es zunächst um die staatliche Dimension. Inwieweit sind staatliche Akteure in der Vergangenheit und Gegenwart für – im engeren oder weiteren Sinne – datenvölkerstrafrechtliche Taten verantwortlich gewesen? Inwieweit sind diese als solche aufgearbeitet, sollten sie als solche aufgearbeitet werden? Abschließend, in den Beiträgen von *Tobias Reinbacher, Petra Wittig* und *Kai Ambos*, wird der Blick noch auf die Wirtschaft gelenkt. Inwiefern ist die Wirtschaft an systematischen Datenschutzverletzungen beteiligt? Was lernen wir aus Fällen wie Cambridge Analytica?

Für ihre Bereitschaft, mit uns über ein „Daten(wirtschafts)völkerstrafrecht" nachzudenken, bedanken wir uns ganz herzlich bei den Autorinnen und Autoren dieses Bandes als auch bei den weiteren Tagungsteilnehmerinnen und -teilnehmern sowie allen Mitdiskutierenden.

Vorwort

Bedanken möchten wir uns zudem bei *Leonardo Braguinski, Jakob Ebbinghaus, Leon Möller* und *Paul Richwien*, die in organisatorischer Hinsicht wesentlich zum Gelingen des Projekts beigetragen haben. *Anja Schepke* danken wir für die große Unterstützung bei der Abrechnung.

Die Fritz Thyssen Stiftung sowie der Publikationsfonds für Open-Access-Bücher der Humboldt-Universität zu Berlin haben das Symposium und die Publikation dieses Bandes dankenswerterweise finanziell gefördert.

Alle in den Beiträgen zitierten Internetquellen wurden zuletzt am 1. Juni 2024 aufgerufen.

Berlin/Potsdam,
AW & JG

Inhaltsverzeichnis

Andreas Werkmeister & Julia Geneuss
„Daten(wirtschafts)völkerstrafrecht". Eine begriffliche Annäherung — 9

Klaus Günther
Verantwortung in smarten Ordnungen — 17

Sabine Müller-Mall
Smartness und Freiheit. Zwei konkurrierende Regierungsweisen — 31

Delphine Reinhardt
Systematische und schwerwiegende Überwachung und Privatheit:
Ein Kommentar aus datenwissenschaftlicher Sicht — 41

Jens Puschke
Grundlagen eines Daten(wirtschafts)völkerstrafrechts:
Ein Kommentar aus strafrechtstheoretischer Sicht — 45

Dominik Brodowski
Zum Status quo des Datenschutzstrafrechts: Grenzen für
Datenmacht? — 59

Sebastian Golla
Persönlichkeitsprofile und Datenökosysteme. Auf der Suche nach
einem Rechtsgut für das Datenwirtschafts(völker)strafrecht — 75

Antje von Ungern-Sternberg
Warum Datenschutz? Warum (Völker-)Strafrecht? Verfassungs-,
europa- und völkerrechtliche Begründungsansätze — 87

Moritz Vormbaum
Totale Überwachung und (unterlassene) strafrechtliche
Aufarbeitung. Das Beispiel der deutschen Diktaturen — 97

Inhaltsverzeichnis

Caroline Böck & Matthias C. Kettemann
Rechtliche Ansätze an den Missbrauch von Datenmacht:
Datenwirtschaftsvölker(straf)rechtliche Grundlegungen   107

Thomas Wischmeyer
Missbrauch staatlicher Datenmacht: Verfassungsrechtliche
Perspektive   131

Till Zimmermann
Überwachungsunrecht und Völkerstrafrecht   141

Tobias Reinbacher
Cambridge Analytica als Beispiel für eine politische
Datenwirtschaftsstraftat   155

Petra Wittig
Brauchen wir ein Daten(wirtschafts)völkerstrafrecht zur
Bekämpfung des Missbrauchs wirtschaftlicher Datenmacht?
Ein Kommentar aus wirtschaftsstrafrechtlicher Sicht   169

Kai Ambos
Kommentar: Anfragen an die Idee eines
Daten(wirtschafts)völkerstrafrechts   181

Verzeichnis der Autor/-innen & Herausgeber/-innen   185

„Daten(wirtschafts)völkerstrafrecht".
Eine begriffliche Annäherung

Andreas Werkmeister & Julia Geneuss

I. Einleitung

„Brauchen wir ein Daten(wirtschafts)völkerstrafrecht?" ist der Titel dieses Bandes. Aber was meinen wir eigentlich mit Datenvölkerstrafrecht bzw. Daten*wirtschafts*völkerstrafrecht?

Der Begriff des „Daten(wirtschafts)völkerstrafrechts" greift offensichtlich recht unterschiedliche Begriffselemente auf. Man bezieht sich bzgl. der „Völkerstrafrechtskomponente" zunächst auf das etablierte Völkerstrafrecht. Bezüglich der „Wirtschaftskomponente" knüpft man an die insbesondere von *Florian Jeßberger* initiierte Diskussion um ein sog. Wirtschaftsvölkerstrafrecht[1] an, welche wiederum eng verbunden ist mit der Diskussion um den von *Wolfgang Naucke* geprägten weiter gefassten Begriff der „politischen Wirtschaftsstraftat",[2] der später sogar über die Wirtschaft hinaus zu einem „machtverneinenden Strafrecht"[3] ausgebaut worden ist. Mit der Komponente der „Daten" wird schließlich die Frontstellung der datenschützenden Menschenrechte gegen systematische (digitale) Überwachung einerseits sowie das nationale Datenschutzstrafrecht andererseits aufgegriffen.

Mit dem Begriff des Daten(wirtschafts)völkerstrafrecht sollen die erwähnten Komponenten nun in gewisser Weise alle verknüpft werden. An dieser Stelle ist indes zunächst eine Systematisierung von Nöten, um von den vorläufig nur lose zusammenhängenden Aspekten zu einem immerhin einigermaßen konturierten Begriff zu gelangen. Im Folgenden sollen zu diesem Zweck zwei begriffliche Dimension unterschieden werden: eine engere, sich in den (wirtschafts-)völkerstrafrechtlichen Bahnen bewegende

---
1 Zuerst *Jeßberger*, Die I.G. Farben vor Gericht: Von den Ursprüngen eines „Wirtschaftsvölkerstrafrechts", JZ 2009, S. 924, 930 ff.; ausführlich sodann der Band von *Jeßberger/Kaleck/Singelnstein* (Hrsg.), Wirtschaftsvölkerstrafrecht, 2015; in der Folge monographisch u.a. bearbeitet von *Ambos*, Wirtschaftsvölkerstrafrecht, 2018.
2 *Naucke*, Der Begriff der politischen Wirtschaftsstraftat, 2012.
3 *Naucke*, Negatives Strafrecht, 2015, S. 119.

(dazu II.) und eine weitere den von *Naucke* geprägten machtverneinden Aspekt betonende (dazu III.). In einem Ausblick (dazu IV.) werden ausgehend davon die offenen Fragen, die für den vorliegenden Bandes prägend waren, skizziert.

II. Daten(wirtschafts)völkerstrafrecht und die Systematik des Völkerstrafrechts

In einer ersten und strengen Dimension handelt es sich beim „Daten(wirtschafts)völkerstrafrecht" um einen eng geführten Begriff, bei dem das *geltende Völkerstrafrecht* die begriffliche Klammer bildet. Das geltende Völkerstrafrecht erfasst – sei es nun auf internationaler Ebene, das heißt wie es von internationalen Strafgerichten praktiziert wird, oder auch auf nationaler Ebene, wie bspw. in Deutschland mit dem Völkerstrafgesetzbuch – über die vier sog. Kernverbrechen (also Völkermord, Verbrechen gegen die Menschlichkeit, Kriegsverbrechen und das Verbrechen der Aggression) primär massenhaft und systematisch ausgeübte Gewaltkriminalität. Die Pönalisierung der Gewalthandlungen erfolgt unmittelbar durch die Völkerrechtsordnung.

Von seinen historischen Ursprüngen her betrachtet, soll Völkerstrafrecht in erster Linie staatsverstärkte Kriminalität[4] erfassen. Von diesem traditionellen Verständnis des Völkerstrafrechts ausgehend, könnte man von *Daten*völkerstrafrecht insoweit nur sprechen, wenn auf datengestützte Mittel zurückgegriffen wird, um solche staatsverstärkten Gewaltdelikte zu verwirklichen. An Beispielen für eine derartige Fallkonstellationen mangelt es jedoch nicht; genannt werden kann etwa die Lieferung von Überwachungstechnik an einen kriminellen Unrechtsstaat oder auch die Befeuerung der Hassspirale, die den Völkermord an den Rohingya in Myanmar trieb, durch Algorithmen, was Facebook vorgeworfen wird. Da diese Vereinfachung oder Unterstützung völkerstrafrechtsrelevanter Gewaltverbrechen regelmäßig von privaten Unternehmen, also Akteuren aus der Wirtschaft ausgeht, handelt es sich zudem um einen Aspekt des „*Wirtschafts*völkerstrafrechts".

---

4 Dazu auch wieder wichtig: *Naucke*, Die strafjuristische Privelegierung staatsverstärkter Kriminalität, 1996.

III. Daten(wirtschafts)völkerstrafrecht als datenmachtverneinendes politisches Strafrecht

1. Begrifflicher Ausgangspunkt

Wir wollen jedoch über diese engere Dimension des „Daten(wirtschafts)völkerstrafrechts" hinausgehen. *Werkmeister* hatte mit einem Fokus auf die Wirtschaft bereits vorgeschlagen in Anknüpfung an Naucke eine weiter gefasste „politische Datenwirtschaftsstraftat" zu konzeptionalisieren.[5] Diskutieren wollen wir in diesem Sinne – auch jenseits der Wirtschaft – ein datenmachtverneinendes „politisches" Strafrecht. Gemeint sind damit systematische Datenschutzverletzungen, die von den Inhabern staatlicher oder wirtschaftlicher Macht ausgehen, und die sich – wie *Naucke* es formuliert hat – dadurch auszeichnen, dass sie „durch ihre Stärke Freiheit überwältigen".[6] Im Kern geht es insoweit um Sachverhalte wie den NSA-Skandal oder den Facebook-Cambridge-Analytica-Fall. Der damit angedeutete Begriff eines Datenvölkerstrafrechts bzw. Daten*wirtschafts*völkerstrafrecht ist zunächst deshalb *weiter*, weil er über die Kernverbrechen – und damit auch über die diesen überwiegend zu Grunde liegende Gewaltkomponente: Völkerrechtsverbrechen als „atrocity crimes" – hinausweist. Er ist aber zugleich in einem bestimmten Sinne *enger*, wenn man nämlich speziell auf die *Datenkomponente* fokussiert. Denn insoweit geht es nun auch um die Strafbarkeit und Strafwürdigkeit von datenbezogenen Akten *an sich*, also ohne Bezug zu Gewaltstraftaten wie den Kernverbrechen oder sonstigen Menschenrechtsverletzungen. Hier kann man also die Frage stellen, inwieweit „elektronische Überwachung" als *eigene Macht* strafrechtlich in den Blick genommen werden kann und muss.

2. Zwischen nationalem Datenschutzstrafrecht und Völkerstrafrecht

a. Völkerstrafrechtsähnliches Rechtsgut?

Das geltende, *nationale* Strafrecht macht eine Ahndung von Datenschutzverletzungen über verschiedene Tatbestände auch des Nebenstrafrechts na-

---

[5] *Werkmeister*, Erste Überlegungen zum Begriff der „politischen Datenwirtschaftsstraftat", GA 2021, S. 570 ff.
[6] *Naucke* (Fn. 2), S. 4.

türlich vom Prinzip her bereits möglich. Es fokussiert sich aber – so die Hypothese[7] – auf einzelne missbräuchliche Datenverarbeitungsvorgänge, nicht „*völkerstrafrechtsähnlich*" auf die *systematischen* Regelbrüche, um die es uns im Kern geht.

Die Ähnlichkeit systematischer Datenschutzverletzungen zu den etablierten völkerrechtlichen Kernverbrechen ist hier freilich noch zu konkretisieren und kritisch zu diskutieren – wozu die Beiträge in diesem Band Ansatzpunkte liefern sollen. Neben der rein internationalen Dimension, die derartigen systematischen Datenverbrechen schon rein faktisch immanent ist und jedenfalls eine inter- bzw. transnationalstrafrechtliche Reaktion zu erfordern scheint, lässt sich – auch das eine Hypothese – der Gedanke der „Völkerstrafrechtsähnlichkeit" systematischer Regelbrüche über das betroffene Rechtsgut und die Eingriffsbreite und -tiefe rechtfertigen.

b. Überwachung und Freiheit

Für die Rechtsgutsstruktur eines solchen Datenvölkerstrafrechts zentral ist der enge Zusammenhang von Überwachung und Freiheit; es geht um Taten die durch ihre Stärke Freiheit überwältigen. Wenn auch durch Überwachung niemand zu Tode kommt, und sich daher eigentlich die Analogie zu den Kernverbrechen verbietet, ist dennoch zu beachten: ein freies Leben ist unter Bedingungen einer vollständigen Überwachung unmöglich. Das prägte auch die grund- und menschenrechtliche Entwicklung. Bereits als das Bundesverfassungsgericht im Volkszählungsurteil 1983 die Grundlagen für das Grundrecht auf informationelle Selbstbestimmung legte, hob es genau das hervor: Freiheit im Sinne von Entfaltungsfreiheit braucht Freiheit von Überwachung. Das Bundesverfassungsgericht hat das so formuliert:

> „Wer unsicher ist, ob abweichende Verhaltensweisen jederzeit notiert und als Information dauerhaft gespeichert, verwendet oder weitergegeben werden, wird versuchen, nicht durch solche Verhaltensweisen aufzufallen. Wer damit rechnet, daß etwa die Teilnahme an einer Versammlung oder einer Bürgerinitiative behördlich registriert wird und daß ihm dadurch Risiken entstehen können, wird möglicherweise auf eine Ausübung seiner entsprechenden Grundrechte (Art. 8, 9 GG) verzichten."[8]

---

7 Dazu bereits die Überlegungen bei *Werkmeister* (Fn. 5), S. 581 ff.
8 BVerfGE 65, 1, 43.

Hier denkt man vielleicht gar nicht mal primär an die heutige Internetgesellschaft, sondern an Überwachungsdiktaturen der Vergangenheit und Gegenwart, in denen eine drohende Zwangsgewalt für Anpassung an die „erwarteten Verhaltensmuster" sorgte. Genannt werden kann das Beispiel der Stasi, die zum Symbol des Unrechtscharakters der DDR geworden ist; nebenbei: ist aber das Stasi-Überwachungsunrecht als systematisches Unrecht erfasst und strafrechtlich aufgearbeitet worden? Nein. Eine Anklage an die führenden Urheber der „ausgedehnten und systematischen ‚Datenangriffe' gegen die Zivilbevölkerung" – wie es sich in Anlehnung an die Gesamttat der Verbrechen gegen die Menschlichkeit formulieren ließe – gab es nicht.

c. Instrumentäre Macht (Zuboff)

Vor dem Hintergrund der Digitalisierung und Verdatung der Welt erhält nun der Zusammenhang von Überwachung und Freiheit eine weitere Facette. Glaubt man nämlich der auch für unsere Fragestellung durchaus impulsgebende Theoretikerin des sog. Überwachungskapitalismus *Shoshana Zuboff* dann sind quasi-allwissende digitale Großkonzerne die zentralen Player des 21. Jahrhunderts. Als vermeintliches Nebenprodukt aus Diensten wie Suchmaschinen oder Freundesnetzwerken haben sie alles über uns erfahren, und veräußern dies nun gewinnbringend an andere Unternehmen – oder auch den Staat? –, damit auch diese wissen bzw. dieser weiß, was uns gefällt. Nach *Zuboffs* Narrativ ist auf diese Weise schleichend eine nach Allwissenheit strebende sog. „instrumentäre Macht" zum Vorschein gekommen, die nicht nur alles weiß, sondern auch dazu neigt, uns mit „Verhaltensmodifikationsmitteln" wie einen Menschenschwarm zu lenken. *Zuboff* zieht hier im Hinblick auf die freiheitsaufhebende Dimensionen explizit einen Vergleich mit totalitären Unrechtsstaaten: „Operiert der Totalitarismus durch Gewaltmittel, operiert instrumentäre Macht durch Mittel zur Verhaltensmodifikation".[9] Ihr zufolge geht es heute also nicht mehr nur um einen Chilling-Effekt für die Entfaltungsfreiheit, sondern es steht schon die Entscheidungsfreiheit selbst auf dem Spiel. Nicht wir entscheiden über unser Leben, so ihre These, sondern diejenigen, die sich das Wissen über uns aneignen, und unser Verhalten durch dieses Wissen per Verhaltsmodifikationsmittel lenken können.

---

9 *Zuboff*, Das Zeitalter des Überwachungskapitalismus, 2018, S. 420 f.

Die Idee eines Daten(wirtschafts)völkerstrafrechts – verstanden im weiteren Sinne – zehrt von diesem Narrativ,[10] nähert sich den sehr zugespitzten Thesen aber doch nur teilweise an. Es geht hier ja nicht zuerst um die gesellschaftstheoretische Diagnose, das heißt um die Deutung von „*konformen*" Verhaltensweisen als totalitär, sondern um eine strafrechtstheoretische These, die noch einmal bestimmte Verhaltensweisen identifiziert, die selbst von den weitgehend praktizierten, von *Zuboff* kritisierten, sozialen Normen noch einmal deutlich abweichen. Im Zentrum stehen, wie gesagt, pointierte Geschehnisse, die, wie bei NSA – also von staatlicher Seite – oder Cambridge Analytica – also von wirtschaftlicher Seite, ein Überwachungsinstrumentarium zum Vorschein kommen lassen, das aus menschenrechtlicher Sicht kritikwürdig ist, das aber strafrechtlich kaum geahndet wird.

Was also tun? NSA, Facebook und Google verbieten? Nein, es geht darum eine kluge und menschenrechtlich fundierte Spielregel zu finden und zwar für Datenstaat und Datenwirtschaft. Die Essenz dieser Spielregel und eines im Entstehen begriffenen, möglicherweise universalisierbaren Unrechtsbewusstsein könnte sich aus einer Kombination von Eingriffsbreite und Eingriffstiefe ergeben:[11] die *systematische* Erstellung und Nutzung von Persönlichkeitsprofilen von uns allen, die auch vor unserem innersten Selbst, insbesondere vor unserer politischen oder sexuellen Orientierung, keinen Halt machen, darf es nicht geben und zwar weder um damit Geld zu verdienen, noch um uns als Staatsbürger zu verwalten. Hält man dies nicht ein, machen sich auch und gerade die Mächtigen strafbar. Ist das eine tragfähige theoretische und strafrechtliche These?

IV. Ausblick

Dieser Band kann freilich nur der Auftakt sein, um das zweidimensionale Feld des „Daten(wirtschafts)völkerstrafrechts" näher zu vermessen. Anschließend an diese Begriffsbestimmung haben sich für uns vorläufig insbesondere drei Fragen aufgedrängt:

Zum einen, in einem ersten Schritt, die verschiedenen Facetten und Dimensionen, die mit dem Begriff und Konzept eines „Daten(wirtschafts)völkerstrafrechts" verbunden sind, präzise herausarbeiten; die Gefährdungsla-

---

10 Dies im Zusammenhang der „politischen Datenwirtschaftsstraftat" aufgreifend *Werkmeister* (Fn. 5), S. 572 ff.
11 S. dazu die Ansätze bei *Werkmeister* (Fn. 5), S. 582 ff.

gen systematisieren; und vor allem auch das bzw. die von „Datenverbrechen" betroffenen Schutzgüter fassen.

Zweitens zu überlegen, ob das Strafrecht zum Schutz dieser Güter überhaupt etwas leisten kann und sollte.

Und schließlich: sofern das Strafrecht einen Beitrag leisten kann, ob es dann nicht zwangsläufig internationaler, das heißt völkerstrafrechtlicher oder zumindest transnationalstrafrechtlicher Regelungen bedarf, um die globale Dimension des Phänomens oder gar das über die Systematik der Rechtsverletzungen bestehende „völkerstrafrechtsähnliche" Globalunrecht zu erfassen. Konkreter geht es hier darum, die „internationale" Dimension von Datenverbrechen zu erfassen und zu beschreiben, um auch daraus Folgen für mögliche Regelungstechniken abzuleiten.

Verantwortung in smarten Ordnungen

Klaus Günther

I. Wie ist rechtliche Begrenzung instrumentärer Macht möglich?

Die Konzeption eines Daten(wirtschafts)völkerstrafrechts macht es sich zur Aufgabe, der „Überwältigung der Freiheit" durch „unkontrollierbare Macht" – sei es wirtschaftliche oder staatliche, sei es staatlich geförderte oder wohlwollend geduldete wirtschaftliche Macht – zu begegnen, soweit sie sich „aus der Datenerhebung, bzw. -verwendung" ergibt.[1] Sie reagiert damit auf eine sich beschleunigende Entwicklung der automatisierten Datenverarbeitung, die vor allem dadurch gekennzeichnet ist, dass sich „die Daten zunehmend von ihrem Erhebungszweck lösen und in ein selbständiges Informationskapital verwandeln."[2] Mit diesem Informationskapital lässt sich sowohl wirtschaftliche als auch staatliche Macht generieren und steigern.

Im Zentrum steht ein von *Shoshana Zuboff* als „instrumentäre Macht" charakterisiertes Phänomen.[3] Es setzt sich aus zwei Komponenten zusammen, die jene der klassischen *Weber*schen Macht-Definition entsprechende Chance konstituieren, den eigenen Willen gegenüber Dritten auch gegen deren Widerstreben durchzusetzen.[4] Diese Chance geht mit der zunehmenden Fähigkeit einher, auf der Grundlage präziser Beobachtungen künftiges Verhalten vorauszusagen und dieses Vorhersagewissen für die modifizierende Beeinflussung künftigen Verhaltens Dritter für die Verfolgung eigener Interessen und Absichten zu verwenden. Dies wird dadurch möglich, dass Nutzer durch entsprechende Anreize dazu gebracht werden, möglichst viele Daten zu produzieren und zu verwenden, die von den Anbietern gesammelt und nach von ihnen bestimmten Gesichtspunkten in wachsen-

---

1 *Werkmeister*, Erste Überlegungen zum Begriff der „politischen Datenwirtschaftsstraftat", GA 2021, S. 570 ff., 570.
2 *Simitis*, in Simitis (Hrsg.), Bundesdatenschutzgesetz Kommentar (BDSG), Einleitung: Geschichte – Ziele – Prinzipien, 14. Aufl. 2014, Rn. 111.
3 Zum Begriff der instrumentären Macht s. ausführlich *Zuboff*, Das Zeitalter des Überwachungskapitalismus, 2018, Kap. III, S. 411 ff., 412.
4 *Weber*, Wirtschaft und Gesellschaft, 5. Aufl. 1921/1976, S. 29.

der Entfernung vom ursprünglichen Erhebungszweck analysiert werden. Je häufiger und umfassender dies geschieht und je präziser und intensiver die technischen Möglichkeiten der Datenanalyse werden, desto effektiver (und effizienter) werden die Möglichkeiten, das künftige Denken, Fühlen, Wollen und Tun der Nutzer auf der Grundlage sog. Profile zu prognostizieren. Je präziser das prognostische Wissen wird, desto größer die Möglichkeiten, künftiges Verhalten zu beeinflussen oder zu modifizieren. Instrumentäre Macht setzt sich also aus den mit der Nutzung digitaler Medien gegebenen Potentialen der Verhaltensprognose und Verhaltensmodifikation zusammen.[5] Anders als die für die Menschheitskatastrophen des 20. Jahrhunderts verantwortliche totalitäre Macht zielt sie nicht darauf, Körper und Seele ideologisch zu durchdringen, um sie gleichsam von innen zum gewünschten Verhalten zu motivieren, sondern auf eine äußere Verhaltensmodifikation durch datengestütztes Beobachtungs- und Vorhersagewissen. Je passgenauer das daraus destillierte Persönlichkeitsprofil gerät, desto detaillierter lassen sich die externen Anreize spezifizieren, auf welche die Nutzer in der prognostizierten Weise reagieren werden (sog. *micro-targeting*).

Angetrieben wird die instrumentäre Macht von einer „Utopie der Gewissheit"[6] menschlichen Verhaltens, das so berechen- und steuerbar wie die Funktionsabläufe einer Maschine werden soll. Dabei kommt es vor allem darauf an, mögliche Abweichungen oder Fehler, die das reibungslose Funktionieren der Maschine gemäß dem vorgegebenen Programm beinträchtigen können, vorherzusehen, um ihr Auftreten zu verhindern. Überträgt man diese Utopie auf menschliches Verhalten, namentlich soziale Interaktionen und Kommunikationen, so lässt sie sich vor allem auf die Praxis des Befolgens von Normen und Regeln durch ihre Adressat:innen beziehen. Wenn Normen und Regeln dazu da sind, ihre Adressat:innen in ihrem Verhalten so anzuleiten, dass sie tun, was die Norm gebietet, oder unterlassen, was sie verbietet, dann gehört die Vermeidung von Abweichungen zu ihrem Sinn. Da die Erfahrung jedoch lehrt, dass es faktisch immer wieder zu Abweichungen kommt und dadurch die wechselseitige Erwartung des Regelbefolgens immer wieder enttäuscht wird, könnte mithilfe instrumentärer Macht das Regelbefolgen so perfektioniert werden, dass die wechselseitige Erwartung zumindest annäherungsweise den Grad der Gewissheit erreichte. Die Utopie der Gewissheit würde sich mit dem Befolgungsanspruch

---

5 *Werkmeister* (Fn. 1), S. 574 f.
6 *Zuboff* (Fn. 3), S. 461–480. S. auch *Günther*, Die Zukunft der Freiheit in smarten Ordnungen, WestEnd – Neue Zeitschrift für Sozialforschung 2020, S. 165 ff.

normativer Ordnungen derart verschwistern, dass sie zur Utopie der Normbefolgungsgewissheit würde. Ansetzen müsste die instrumentäre Macht an der Quelle abweichenden Verhaltens im Normadressaten – an ihrer/seiner Subjektivität im Verhältnis zum Anspruch der Norm, befolgt zu werden. Normen sind an Personen adressiert, die sich zur Normbefolgung erst entschließen oder zumindest einmal entschlossen haben müssen, auch wenn sie es aktuell in vielen Fällen aus Gewohnheit oder quasi-automatisch tun mögen.

Wenn instrumentäre Macht darauf gerichtet ist, diese Quelle beständiger Unsicherheit beim Regelbefolgen zum Versiegen zu bringen, könnte das Projekt eines Datenwirtschaftsvölkerstrafrechts allerdings fragwürdig werden. Soweit dieses Projekt ein rechtliches Regelkonzept zur Zähmung instrumentärer Macht anvisiert, würde die Utopie der Normbefolgungsgewissheit in ein Dilemma führen: In dem Maße, wie Rechtsordnungen dazu übergehen, instrumentäre Macht für die Gewährleistung allgemeinen Regelbefolgens zu nutzen, wäre eine rechtliche Regulierung zur Begrenzung instrumentärer Macht ihrerseits auf diese Art von Macht angewiesen oder sie hätte mit der Stilllegung der Unsicherheitsquelle normbefolgenden Verhaltens ihren spezifischen Adressaten, die Rechtsperson mit ihrer Subjektivität, verloren. Wie ich im Folgenden zeigen möchte, ist der Grund dafür die Freiheit zu abweichendem Verhalten, die eine notwendige Voraussetzung für normative Ordnungen überhaupt und insbesondere für Rechtsordnungen ist.

II. Der interne Zusammenhang zwischen Norm, Verantwortung und abweichendem Verhalten

In *Lon Fullers* Monographie über „Morality of Law" aus dem Jahre 1964 findet sich folgende Bemerkung:

„To embark on the enterprise of subjecting human conduct to the governance of rules involves of necessity a commitment to the view that man is, or can become, a responsible agent, capable of understanding and following rules, and answerable for his defaults. Every departure from the principles of law's inner morality is an affront to man's dignity as a responsible agent."[7]

---

7 *Fuller*, The Morality of Law, 1964/1969, S. 162.

Für *Fuller* gibt es einen internen, notwendigen Zusammenhang („involves of necessity the commitment") zwischen Regeln und der Konzeption („view") von Adressaten dieser Regeln als verantwortlicher Personen. Keine Regel ohne verantwortliche Adressaten. Was genauer darunter zu verstehen sei, sagt *Fuller* nur in einem Nebensatz: „capable of understanding and following rules, and answerable for his defaults." Während mit dem ersten Teil die erforderlichen kognitiven und motivationalen Fähigkeiten für die Regelbefolgung (Einsichts- und Steuerungsfähigkeit) gemeint sind, bezeichnet der zweite Teil eine spezifische *Position* oder einen *Status*, die mit der Konzeption einer verantwortlichen Person einhergehen: Im Falle einer Nichtbefolgung oder Verletzung der Regel eine Antwort geben zu können und zu sollen. *Fuller* nimmt hier auf den Wortsinn des Terminus Ver-Antwortung Bezug (lat. *respondeo*). Wer eine Regel nicht befolgt, ist fähig und verpflichtet, zu antworten. Es ist also die spezifische Situation der Regelverletzung, welche den notwendigen Zusammenhang zwischen Regel und Verantwortung evident werden lässt. Diese Beschreibung enthält allerdings noch zwei weitere Aspekte:

(1) Wenn es um ein Antworten geht, ist ein *kommunikatives Verhältnis* vorausgesetzt, d.h. neben dem antwortenden Sprecher ein anderer Sprecher/Hörer, an den die Antwort gerichtet ist. Es handelt sich dabei um eine Antwort auf die kritische Frage des Anderen, warum der Handelnde die Regel nicht befolgt habe, obwohl er dies hätte tun sollen. Das Befolgen einer Regel ist also nicht nur deshalb eine intersubjektive Praxis, weil niemand, wie *Wittgenstein* gezeigt hat, nur einmal und für sich alleine einer Regel folgen kann, also weil Intersubjektivität zum Sinn von „Regel" gehört.[8] Darüber hinaus auch deshalb, weil es eine Praxis der Reaktion auf das Nicht-Befolgen einer Regel gibt, in der kritisch gefragt und geantwortet wird. *Fullers* Gegner, *H.L.A. Hart*, hat diese Praxis übrigens ähnlich beschrieben: Ob jemand einer Regel folgt, lässt sich nur von einem *internen Stand*punkt aus erschließen, der in einer *critical reflective attitude* besteht, die sich in einer intersubjektiven Praxis der Kritik von Regel*verletzungen* zeigt.

> „What is necessary is that there should be a *critical reflective attitude* to certain patterns of behaviour as a common standard, and that this should display itself in criticism (including self-criticism), demands for conformity, and in acknowledgements that such criticism and demands

---

8 *Wittgenstein*, Philosophische Untersuchungen, 1975, S. 127 ff. (Nr. 199 ff.)

are justified, all of which find their characteristic expression in the normative terminology of 'ought', 'must', and 'should', 'right' and 'wrong'."9

(2) Das zweite Element, das in *Fullers* „Answerability" enthalten ist, erschließt sich nur indirekt. Wenn Verantwortung sich auf den Fall einer Nicht-Befolgung der Regel bezieht, so setzt das voraus, dass man eine Regel auch tatsächlich *nicht* befolgen kann. Das klingt *prima facie* trivial – ist es aber nicht. Dass eine Regel befolgt werden soll, gehört zu ihrem Sinn. Es wäre unsinnig, eine Regel aufzustellen ohne den Anspruch, dass sie befolgt werde. Aber Regeln und Normen sind nicht von der Art, dass sie ihre eigene Befolgung garantieren und sicherstellen würden. Eine Regel schließt immer die Möglichkeit ihrer Verletzung ein. Eine Regel will befolgt werden (das macht sie empfänglich für die Utopie der Normbefolgungsgewissheit), aber nur auf eine Weise, welche die Möglichkeit der Nicht-Befolgung einschließt. Um es zu einer Paradoxie zuzuspitzen: Die Befolgung einer Regel setzt die Möglichkeit ihrer Nicht-Befolgung voraus. Dabei handelt sich vermutlich um eine unvermeidliche Präsupposition der Praxis des Regelbefolgens.

Freilich muss man hinsichtlich der möglichen Gründe für das Nicht-Befolgen unterscheiden. Ein Grund kann die fehlerhafte Anwendung der Regel sein. Hier will der Adressat die Regel befolgen, macht dabei aber Fehler, weil er ihre Bedeutung entweder nicht richtig versteht (kognitiver Fehler) oder weil es ihm trotz richtigen Verständnisses nicht gelingt, sein Verhalten so zu steuern, dass er die Regel befolgt (Motivationsfehler). Wenn er jedoch kognitiv und motivational fähig ist, der Regel zu folgen, sie aber tatsächlich nicht befolgt, dann gerät er in jene Position, in der er sich Dritten gegenüber verantworten muss. Nur deshalb, weil es diese Möglichkeit – oder Freiheit – gibt, können wir für die Regelbefolgung auch verantwortlich sein. Würden wir einer Regel *automatisch* folgen, wäre die Konzeption einer verantwortlichen Person überflüssig – so wenig, wie eine Maschine dafür verantwortlich ist, dass sie so funktioniert, wie es den technischen Regeln ihrer mechanischen Konstruktion entspricht. Die Utopie der Normbefolgungsgewissheit würde daher im Falle ihrer Realisierung normbefolgende Subjekte in Maschinen transformieren.

---

9 *H.L.A. Hart*, The Concept of Law, 1961, S. 55 f.

III. Die Freiheit zu abweichendem Verhalten

Es erscheint daher sinnvoll, statt allgemein von Regeln von *Normen* zu sprechen – was vermutlich auch die Bedeutung ist, die dem Gebrauch des Wortes durch *Lon Fuller* (und ebenso *H.L.A. Hart*) entspricht. Dann würde für jede soziale Praxis, die durch Normen konstituiert und reguliert wird, gelten, dass sie das Konzept einer verantwortlichen Person voraussetzt und damit die Möglichkeit einschließt, dass die Adressaten ihre Normen befolgen oder nicht befolgen können. Dies trifft auf jede Art von Norm zu, auch für die elementarste aller Normen, die einem Versprechen innewohnt. Wer einem Anderen etwas verspricht, erzeugt eine Norm (oder aktualisiert die geltende Norm, dass man Versprechen halten soll, in einem konkreten Fall), für deren Befolgung er verantwortlich ist. Er legt sich damit gegenüber einem Anderen in seinem künftigen Verhalten fest. Verantwortlich für die Einhaltung des Versprechens ist er aber nur deshalb, weil er die Möglichkeit hat, das Versprechen *nicht* einzuhalten. Es liegt daher einzig und allein an ihm, ob er das Versprochene tun wird oder nicht (abgesehen von extremen Veränderungen der Umstände, die das Einhalten des Versprechens unmöglich machen – *clausula rebus sic stantibus*). Die Fähigkeit, sich in seinem eigenen Verhalten gegenüber Anderen für die Zukunft festzulegen, ist alles andere als natürlich gegeben, und sie schließt die Freiheit ein, sich auch anders zu verhalten. Nach *Nietzsche* lautet die größte und zugleich paradoxe Aufgabe für den Menschen daher:

„Ein Tier heranzüchten, das *versprechen darf*."[10]

Menschen, die sich, in Anlehnung an das Zitat von *Lon Fuller*, auf das Projekt einlassen, ihr Zusammenleben durch Normen zu regeln, gehen daher ein gewisses *Risiko* ein, wenn das Befolgen einer Norm auch bedeutet, die Norm nicht befolgen zu können. Das Risiko liegt im Normadressaten als einer verantwortlichen Person. Statt Mechanismen zu kreieren, die eine automatische und perfekte Normbefolgung sicherstellen (wie bei einer Maschine), wird eine Praxis etabliert, wie *H.L.A. Hart* sie als *critical reflective attitude* gegenüber Normen beschrieben hat. Es ist die *Praxis der Kritik* abweichenden Verhaltens, möglicherweise sogar die Praxis von Kritik überhaupt.

---

10 *Nietzsche*, Zur Genealogie der Moral, Dritte Abhandlung, Werke, hrsg. v. Schlechta, Band 2, 1994, S. 239 (Herv. F.N.)

IV. Techniken der Risikominimierung

Allerdings verzichten Gemeinschaften mit einer normengeleiteten sozialen Praxis nicht vollständig darauf, das Risiko abweichenden Verhaltens auch noch auf eine andere Weise zu minimieren. Welche Maßnahmen zusätzlich ergriffen werden, hängt unter anderem von der Art der Norm ab, um die es geht. Wesentlich sind Prozesse der Sozialisation, der Bildung und der Kultivierung – was *Michel Foucault* als „Subjektivierung" bezeichnet hat – die nicht nur dazu beitragen, dass jene kognitiven und motivationalen Fähigkeiten sowie Dispositionen für die Befolgung elementarer sozialer Normen ausgebildet werden, sondern auch dazu, dass eine Person lernt, was es heißt, eine verantwortliche Person zu sein. Das beginnt damit, dass Kinder lernen, zu versprechen und auf ein ihnen gegenüber gegebenes Versprechen zu vertrauen – dann allerdings auch die Erfahrung machen, dass nicht jedes ihnen gegenüber gegebene Versprechen gehalten wird. Sie lernen dabei freilich auch, dass es eine soziale Praxis der Kritik am Bruch eines Versprechens gibt und wie man sich an dieser Praxis zu beteiligen pflegt. Möglicherweise gehört die Erfahrung, Normen verletzen zu können und dafür von Anderen kritisiert zu werden, überhaupt zum Prozess des Lernens, was es heißt, als verantwortliche Person Normen zu befolgen, hinzu – wie sich u.a. bei Jugendlichen in der Adoleszenzphase zeigt.[11] Darüber hinaus gibt es vielfältige gesellschaftliche Bedingungen, die zumindest bis zu einem gewissen Grade erfüllt sein müssen, um zu einer verantwortlichen Person werden und als eine solche für das eigene Handeln kritisiert werden zu können. In dem Maße, wie die Befolgung von Normen unzumutbar wird, weil die Adressaten angesichts der gesellschaftlichen Verhältnisse kaum dazu in der Lage sind, wird die Kritik eines Adressaten für die Verletzung dieser Normen unfair, die Praxis der *critical reflective attitude* unter verantwortlichen Personen sinnlos.[12]

Ich konzentriere mich hier nur auf eine besondere Art, auf die Rechtsnorm. Nicht die einzige, aber eine zentrale Möglichkeit, Normbefolgung wahrscheinlicher zu machen, ist die Koppelung der Rechtsnorm mit der

---

11 S. dazu die Studien von Gertrud Nunner-Winkler, vor allem: *Döbert/Nunner-Winkler*, Adoleszenzkrise und Identitätsbildung, 1975; *Nunner-Winkler*, Prozesse moralischen Lernens und Entlernens, Zeitschrift für Pädagogik 55 (2009), S. 528 ff., 534 ff.
12 *Günther*, Zwischen Ermächtigung und Disziplinierung – Verantwortung im gegenwärtigen Kapitalismus, in Honneth (Hrsg.), Befreiung aus der Mündigkeit. Paradoxien des gegenwärtigen Kapitalismus, 2002, S. 117 ff.

Androhung von Zwang oder überhaupt von Sanktionen für den Fall der Normverletzung. Manche Autoren halten diese Koppelung sogar für eine notwendige, die zum Begriff des Rechts gehöre, wie die Proponenten der *Coercion Thesis*.[13] Unabhängig davon lässt sich aber schnell erkennen, dass auch das Hinzufügen einer Androhung (und im Falle faktischer Abweichung auch die Exekution) von Zwang nichts daran ändert, dass für den Adressaten einer Rechtsnorm die Präsupposition gilt, dass er die Möglichkeit hat, die Norm nicht zu befolgen. Wenn Rechtsnormen mit einer Zwangsandrohung gekoppelt sind, so bedeutet das nur (vorausgesetzt, sie ist glaubwürdig und der Adressat kennt die Drohung), dass die Normverletzung für den Adressaten aufgrund seiner individuellen Präferenzen weniger vorzugswürdig erscheint als die Befolgung. Sie liefert nach *Robert Nozicks* Analyse lediglich einen *zusätzlichen* Grund, sich für die Befolgung und gegen die Nicht-Befolgung zu entscheiden, nach *Joseph Raz* sogar nur einen subsidiären und *partiellen Hilfsgrund*.[14] Damit ist aber weder die Möglichkeit noch die Freiheit des Adressaten beseitigt, sich gegen die Befolgung der Norm zu entscheiden und die Sanktion mit ihren Nachteilen in Kauf zu nehmen. Die Androhung von Zwang beseitigt die Verantwortung des Normadressaten nicht, im Gegenteil, diese ist sogar der rechtfertigende Grund dafür, im Falle einer Normverletzung die Sanktion gegen ihn zu verhängen. Die Alternativen wären ein System brutalen Terrors oder ein bis in die kleinsten Kapillaren der Psyche eindringendes System der Manipulation und Kontrolle, der vollständigen Konditionierung.[15] Hier läge Verantwortung, wenn überhaupt, bei einer Zentrale, die das Leben und die Psyche der Normadressaten verwaltet, um Normbefolgung sicherzustellen. Dagegen gehört zur Befolgung von Rechtsnormen durch verantwortliche Akteure eine Art dezentraler Ontologie einzelner Subjekte, die je für sich Normen befolgen – oder auch nicht.[16] Mit Blick auf die Alternative zwischen einem herkömmlichen Strafrecht mit einer Strafsanktion für abweichendes Verhalten und einer Prävention, die durch technische Vorkehrungen dieses

---

13 S. zuletzt *Himma*, Coercion and the Nature of Law, 2020.
14 *Nozick*, Coercion, in Morgenbesser/Suppes/White (Hrsg.), Philosophy, Science, and Method: Essays in Honor of Ernest Nagel, 1969, S. 440 ff.; *Raz*, Praktische Gründe und Normen, 2006, S. 219 f (engl. Practical Reason and Norms, 1975, S. 162 f.).
15 Wie z.B. die *ludovico technique* in Antony Burgess (1962) bzw. Stanley Kubricks (1971) dystopischem Roman bzw. Film „A Clockwork Orange", mit der Warnung eines Priesters (*sic!*) an den Protagonisten, bevor dieser sich auf das Konditionierungsexperiment einlässt: „If a man cannot choose he ceases to be man."
16 S. dazu *Jakobs*, Das Schuldprinzip, Rheinisch-Westfälische Akademie der Wissenschaften, Vorträge G 319, 1993, S. 34, sowie die Parabel dort, S. 34 f.

von vornherein unmöglich macht, hat *Bernhard Haffke* deutlich markiert, welche freiheitsgefährdenden Folgen sie heraufbeschwört – zugleich als Warnung vor einem oberflächlichen Verständnis des ultima ratio-Prinzips im Strafrecht, das jede alternative Regelung gutheißt, die ohne Strafsanktion auskommt.

> „Während die psychologische Prävention, wenn auch mittels Lohn und Strafe, den Weg – den steinigen, aber anständigen Weg – noch über das Subjekt wählt, kommt dieses bei der technischen Prävention von vornherein gar nicht mehr in den Blick: Abweichendes Verhalten ist unmöglich geworden."[17]

Mit dem verantwortlichen Subjekt verschwindet nämlich auch dessen Grundlage, die Freiheit, sich für oder gegen die Normbefolgung zu entscheiden:

> „Das klassische liberale Strafrecht wählt bewusst den Weg über den Täter als moralische Persönlichkeit, als verantwortliches Subjekt und respektiert, indem es so verfährt, seine Freiheit zum abweichenden Verhalten."[18]

V. Normbefolgung – Gewissheit oder Vertrauen?

Jede normengeleitete soziale Praxis und insbesondere jedes Rechtssystem ist daher darauf angewiesen, dass es neben den Institutionen, Verfahren und Praktiken der Kritik abweichenden Verhaltens, des Zwangs und anderer Sanktionen auch ein gegenseitiges *Vertrauen* gibt, sich als verantwortliche Person normgemäß zu verhalten. Jedes Rechtssystem stützt sich nicht nur auf dieses wechselseitige Vertrauen, sondern auch darauf, dass im Fall abweichenden Verhaltens die institutionalisierten Verfahren der Kritik abweichenden Verhalten (z.B. Gerichtsverfahren) aktiviert und die zuvor angedrohten Sanktionen auch verhängt werden (Rechtsvertrauen).

Trotz aller genannten Maßnahmen zur Gewährleistung durchschnittlicher Normbefolgung bleibt das Risiko abweichenden Verhaltens, wenn auch sicherlich in geringerem Maße als ohne sie, bestehen. Auch das Ver-

---

17 *Haffke*, Die Legitimation des staatlichen Strafrechts zwischen Effizienz, Freiheitsverbürgung und Prävention, in Schünemann u.a. (Hrsg.), Festschrift für Roxin zum 70. Geburtstag, 2001, S. 967.
18 *Haffke* (Fn. 17).

trauen ist ja nur deshalb notwendig, weil wir zwar Gründe haben, uns auf den Anderen zu verlassen, aber gerade keine Gewissheit. Vertrauen ist, nach der bekannten Formulierung *Georg Simmels*, „eine Hypothese künftigen Verhaltens, die sicher genug ist, um praktisches Handeln darauf zu gründen, [...] als Hypothese ein mittlerer Zustand zwischen Wissen und Nichtwissen um den Menschen."[19] Mit Hilfe neuer digitaler Technologien, insbesondere AI, scheint sich nun eine Möglichkeit aufzutun, jenes Risiko zu beseitigen oder zumindest so weit zu minimieren, dass die Wahrscheinlichkeit für die Wahl dieser Verhaltensalternative erheblich abgesenkt wird. Das ist das Versprechen oder die Vision *smarter Ordnungen*. Sie sind darauf ausgerichtet, durch intelligentes Design und mit Hilfe algorithmischer Operationen Abweichungen von ihren Normen zu minimieren oder ganz unmöglich zu machen.[20] Das wegen der stets vorhandenen Möglichkeit zur Abweichung riskante Vertrauen in die Normbefolgungsfähigkeit und -bereitschaft der Normadressaten ließe sich damit in eine Normbefolgungsgewissheit transformieren.

Das Risiko, dass ein Versprechen nicht eingehalten wird, lässt sich z.B. in einem *smart contract* dadurch beseitigen, dass der Vollzug von Leistung und Gegenleistung in einer *blockchain* automatisiert wird. Das Risiko von Straftaten lässt sich durch situations- und personenbezogenes *predictive policing* und eine algorithmisierte Prävention künftiger Straftäter minimieren. Projekte wie *Anticipatory Governance* und *Smart Cities* sind motiviert von der Aussicht, gesellschaftliche Konflikte präventiv zu entschärfen *(„prevention rather than cure")* und die „Konfluenz" städtischer Interaktionen konfliktfrei zu organisieren. Der Extremfall ist das in einigen Regionen Chinas praktizierte *social credit*-Modell. Mit Hilfe solcher Technologien, deren Effektivität durch AI extrem gesteigert werden kann, vermag eine Gesellschaft sich dem vermeintlichen Ideal der perfekten Normbefolgung noch mehr anzunähern, ohne dass es dabei überhaupt noch ankäme auf

> „the view that man is, or can become, a responsible agent, capable of understanding and following rules, and answerable for his defaults."

Freilich wurde schon immer versucht, Technologien zu entwickeln, welche eine Normbefolgung wahrscheinlicher machen – der Zwang und seine Androhung sind vielleicht die primitivste Form. Dazu gehören auch die

---

19 *Simmel*, Soziologie, 1908/1983, S. 263.
20 *Günther*, Von normativen zu smarten Ordnungen?, in Forst/Günther (Hrsg.), Normative Ordnungen, 2021, S. 523 ff.; ders. (Fn. 6).

Technologien des Selbst-Zwangs (bzw. der Selbstdisziplinierung), wie sie paradigmatisch von *Jon Elster* (und kritisch von *Horkheimer/Adorno*) am Beispiel des sich von seinen Gefährten an den Schiffsmast binden lassenden Odysseus untersucht worden sind.[21] Aber man wollte bisher immer beides haben: Möglichst perfekte Normbefolgung, aber durch verantwortliche Personen, beides eingebettet in eine intersubjektive Praxis der Kritik von normabweichendem Verhalten. Auch gab und gibt es gesellschaftliche Bereiche, in denen die gesamtgesellschaftlichen Vorteile einer Normbefolgung überwiegen, die durch technische Steuerung und durch technische Innovationen sichergestellt werden kann. Dies gilt z.B. überall dort, wo es um die Anwendung von Technologien mit größerem Risikopotential geht. Warum Kraftfahrzeuge nicht mit einem Chip ausstatten, der selbsttätig und ohne Zutun des Fahrers die Geschwindigkeit des Fahrzeugs reduziert, wenn eine Verkehrsregel dies gebietet (und vielleicht sogar in Notstandssituationen sich selbst abschalten kann)?

VI. Das Datenwirtschaftsvölkerstrafrecht als Element einer normativen Konstitutionalisierung smarter Ordnungen

Die Frage, wie angesichts der ambivalenten Folgen smarter Ordnungen ein demokratischer Rechtsstaat auf Bestrebungen zu ihrer Realisierung reagieren sollte, dürfte daher nicht im Sinne eines Entweder-Oder zu beantworten sein. Vielmehr geht es darum, den Grad oder Umfang zu bestimmen, in dem smarte mit normativen Ordnungen koexistieren sollten. Erst wenn smarte Ordnungen anfangen, das Konzept einer verantwortlichen Person überhaupt in Frage zu stellen, wäre zu überlegen, ob sich unsere Lebenswelt der Normativität nicht grundlegend ändert, und ob das Ideal der perfekten Normbefolgung nicht ein falsches Ideal ist.

Um dies zu verhindern, wäre festzulegen, dass normative Ordnungen mit verantwortlichen Personen, die an einer Praxis intersubjektiver Kritik teilnehmen, das Medium bleiben, in dem die Substitution normativer Teilbereichs-Ordnungen durch smarte Ordnungen (z.B. im motorisierten Straßenverkehr) sowie diese selbst gerechtfertigt werden müssen. Die Aufgabe bestünde also in einer *Konstitutionalisierung* smarter Teilbereichsordnungen der Gesellschaft durch eine normative Ordnung mit rechtlich institu-

---

21 *Elster*, Ulysses and the Sirens, 1979/2013, S. 36 f.; *Horkheimer/Adorno*, Dialektik der Aufklärung (1944), 1971, S. 55 f.

tionalisierten Foren und Verfahren der öffentlichen Kritik und Rechtfertigung. Diese *Verfassung smarter Ordnungen* dürfte also nicht wiederum als smarte, sondern nur als eine normative Ordnung zu gestalten und zu institutionalisieren sein. Damit wäre dann auch ein Datenwirtschafts-Völkerstrafrecht als *normative* Ordnung möglich und geboten.

Ob eine Konstitutionalisierung smarter Ordnungen ausreicht, um diese an einer sukzessiven und umfassenden Kolonisierung normativer Ordnungen zu hindern, ist allerdings fraglich. Letztlich dürfte es davon abhängen, ob und inwieweit Staatsbürger:innen sich als verantwortliche Personen verstehen und verstehen wollen, die fähig und willens sind, im wechselseitigen Vertrauen auf eine generelle Normbefolgungsbereitschaft das Risiko individuellen abweichenden Verhaltens zu tragen. Dies nicht zuletzt auch deshalb, weil dieses Selbstverständnis ein konstitutives Moment ihrer Rolle als Mitgesetzgeber in einem öffentlichen Prozess demokratischer Legitimation ist. Bereits das Volkszählungsurteil des Bundesverfassungsgerichts hatte darauf insistiert, dass durch eine unbeschränkte Sammlung und Verarbeitung personenbezogener Daten nicht nur „die individuelle Entfaltungschancen des Einzelnen" gefährdet würden, sondern auch die Funktionsfähigkeit „eines auf die Handlungs- und Mitwirkungsfähigkeit seiner Bürger begründeten freiheitlichen demokratischen Gemeinwesens."[22] Smarte Ordnungen lassen sich dagegen gerade damit rechtfertigen, dass sie jenes Risiko zu minimieren und mit einer annähernden Normbefolgungsgewissheit mehr Sicherheit vor abweichendem Verhalten zu bieten vermögen. Die Chance, mit einer smarten Straßenverkehrsordnung den Straßenverkehr sicherer zu machen, erscheint dann als Paradigma für eine Ordnung der Gesellschaft, welche das Zusammenleben insgesamt sicherer machen könnte.

VII. Totale smarte Ordnungen oder: Das Caput mortuum der Verzweiflung

Der dystopische Endzustand einer solchen Entwicklung wäre eine Ordnung, deren Administratoren mit Hilfe eine Kombination von Hirnscans und KI in der Lage wären, ins Gehirn der Bürger:innen zu schauen und ihre Gedanken zu lesen (sog. *brain-reading-Verfahren*), um gegebenenfalls schon bei der Bildung einer Absicht zu abweichendem Verhalten präventiv

---

22   BVerfGE 65, 1, 43; Simitis (Fn. 2), Rn. 30.

zu intervenieren und deren Realisierung zu verhindern.[23] Unabhängig davon, ob solche Visionen nur, je nach Präferenz, utopisch oder dystopisch bleiben, lässt sich vielleicht schon jetzt zumindest eine gravierende Konsequenz für die Menschheit antizipieren, vor der möglicherweise auch diejenigen zurückschrecken würden, die ansonsten bereit wären, Freiheitsrechte für mehr Sicherheit preiszugeben.

Wie so oft ist es die Kunst, die über jene Mischung aus Einbildungskraft und Rationalität verfügt, um eine Welt darzustellen, in der man Gedanken lesen kann – und mögliche Konsequenzen aufzuzeigen. *E.T.A. Hoffmann* ist dies in seiner letzten, kurz vor seinem Tod fertiggestellten und 1822 nach Eingriffen der preußischen Zensur erschienenen Erzählung „Meister Floh" gelungen. Der Protagonist, ein überaus gelehrter, sogar akademisch graduierter Floh, besitzt ein mikroskopisches Glas, das man sich vor das Auge setzen kann, um Gedanken und Gefühle des jeweiligen Gegenübers zu lesen. Seinen zeitweiligen Beschützer und indirekt auch sich selbst bewahrt er damit vor Rankünen und Täuschungen der Gegenspieler. Am Ende jedoch verliebt sich der Mann, an den sich der Floh geheftet hat, in eine junge Frau, die seine Liebe erwidert. Angesichts seiner früheren Enttäuschungen mit vermeintlichen Freunden und einer anderen Frau, deren Unaufrichtigkeit er mithilfe des Glases zu entlarven vermochte, berührt ihn diese neue Erfahrung unbedingten Vertrauens so tief, dass er innehält und davor zurückschreckt, weiterhin von dem Gedankenlesegerät Gebrauch zu machen. Ihm wird plötzlich klar, dass jenes Glas eigentlich „ein Geschenk sei, das der Hölle angehöre."[24] Seine Nutzung würde ihn und alle anderen Menschen langfristig unglücklich werden lassen, weil ihre soziale Praxis des wechselseitigen Vertrauens zum Erliegen käme. Indem ihnen auch schon die kleinste Unwahrhaftigkeit beim Anderen unverborgen bliebe, jede minimale Regung und auch der leiseste Impuls zu abweichendem Verhalten, jeder latente Widerspruch zwischen dem Gesagten und Versprochenen und einer davon abweichenden Handlungsabsicht entdeckt würde, wüssten sie zwar mit Gewissheit, was die Anderen denken, fühlen und beabsichtigen. Doch über die bisher bekannte, gelegentliche, sich mal mehr, mal weniger häufig wiederholende Erfahrung enttäuschten Vertrauens hinaus würden sie in einen ewigen Strudel von Enttäuschungen geraten.

---

23 *Haynes/Eckoldt*, Fenster ins Gehirn – Wie unsere Gedanken entstehen und wie man sie lesen kann, 2021, S. 87 ff., zu „Gedankenverbrechen" s. S. 257-265.
24 *E.T.A. Hoffmann*, Meister Floh (1822), 2022, S. 216.

Dem spontanen Impuls, dem Anderen zu vertrauen, geben wir in unserer sozialen, kommunikativen Praxis immer wieder aufs Neue nach. Ohne ihn würden wir in beständigem Misstrauen leben, dass Unwahrheiten behauptet, Versprechen nicht gehalten, basale Normen des Zusammenlebens verletzt, Gefühle und Einstellungen unwahrhaftig geäußert werden. Dieser Impuls, den die Menschen in ihren Interaktionen und Kommunikationen trotz aller Enttäuschungen immer wieder verspüren, würde erodieren, und übrig blieben nur Misstrauen und Enttäuschung:

> „Immer aufs Neue hoffend, immer aufs Neue vertrauend und immer wieder bitter getäuscht, wie kann es anders möglich sein, als dass Misstrauen, böser Argwohn, Hass, Rachsucht der Seele sich festnisten und jede Spur des wahrhaft menschlichen Prinzips, das sich ausspricht in mildem Vertrauen, in frommer Gutmütigkeit, wegzehren muss?"[25]

Das Verhältnis der Menschen zueinander würde sich transformieren in eine soziale Welt, in der die Menschen „ohne Freude, ohne Hoffnung, ohne Schmerz, in dumpfer Gleichgültigkeit, die das Caput mortuum der Verzweiflung ist, wie durch eine unwirtbare trostlose Einöde" wandelten.[26] Der für die Sicherheit durch smarte Ordnungen zu zahlende Preis enthielte also nicht nur erhebliche Freiheitsverluste, sondern auch das Schicksal, zu einem Leben in Einsamkeit und Misstrauen verdammt zu sein.[27]

---

25 *E.T.A. Hoffmann* (Fn. 24), S. 217.
26 *E.T.A. Hoffmann* (Fn. 24), S. 216 f.
27 Gesprächen mit Gerhard Gamm verdanke ich die Überlegung, dass mit der Substitution normativer durch smarte Ordnungen auch die Möglichkeit verschwinden könnte, nach dem Bruch eines Versprechens und dem damit einhergehenden Vertrauensverlust zu verzeihen und sich zu versöhnen – nach *Hegel* ist die Versöhnung immerhin „der erscheinende Gott mitten unter" den sich entzweienden und wieder versöhnenden Menschen (*Hegel*, Phänomenologie des Geistes, stw-Ausg., S. 494).

Smartness und Freiheit.
Zwei konkurrierende Regierungsweisen

Sabine Müller-Mall

Der Einsatz datengetriebener Techniken, zumeist unter den mehr oder weniger passenden Begriffen „Techniken künstlicher Intelligenz"[1] oder „Algorithmische Systeme"[2] zusammengefasst, verändert gegenwärtig viele Bereiche der Lebenswelt. Neben Fragen nach Regulierungsbedarfen und -modellen für spezifische Situationen stellen sich rechtswissenschaftlich auch grundsätzliche Fragen: solche nämlich, die Reichweiten, Möglichkeiten und Bedingungen rechtlicher Weltgestaltung angesichts eines weiter ausgreifenden Einsatzes datengetriebener Techniken in den Blick nehmen. Danach zu fragen, wie Recht mit dieser Entwicklung und Konstellation umgehen *kann* und wie es damit umgehen *sollte*, dies setzt jedenfalls voraus, die Rolle dieser Datenmengen genauer zu verorten, und zwar im Verhältnis von Recht und menschlichem Handeln. Es gilt, die Möglichkeiten von Recht, Handeln mit und durch Daten zu bearbeiten, zu steuern und zu rahmen, genauer zu beschreiben. – Das alles hat an zentralen Stellen auch mit dem Verhältnis von Recht und Freiheit zu tun, und genau das will ich im Folgenden versuchen, im Ansatz offenzulegen.[3] Es handelt sich letztlich bei dieser Perspektivbildung um ein relativ umfassendes Forschungsprogramm, insofern es die Bedingungen der Möglichkeit von Recht, wie wir es kennen und denken, *überhaupt* betrifft. Meine hier vorzunehmenden Überlegungen sollen einen kleinen, präliminären und alles andere als abgeschlossenen

---

[1] Vgl. zum Begriff der Techniken künstlicher Intelligenz als Chiffre *Müller-Mall*, Freiheit und Kalkül. Die Politik der Algorithmen, 2020, S. 12.
[2] Regelmäßig beziehen sich gesellschaftlich relevante Einsätze von Algorithmen nicht auf einzelne, isolierte Algorithmen im Sinne formaler Schrittfolgen, sondern auf Systeme, die in vielfältiger Hinsicht auf algorithmische Anordnungen zurückgreifen, vgl. auch *Nosthoff* u. a., „Algorithmen der Alterität – Alterität der Algorithmen", Behemoth – A Journal on Civilisation, Special Issue 15 (2022). Vgl. zum Begriff des Algorithmus nur „Gillespie Algorithm".
[3] Vgl. grundlegend dazu entlang der Frage nach der Verhaltenssteuerung durch algorithmische Systeme und durch Recht schon *Günther*, Von normativen zu smarten Ordnungen?, in Forst/Günther (Hrsg.), Normative Ordnungen, 2021, S. 523 ff.

Beitrag leisten, der sich auf *eine* Achse dieses Programms konzentriert: die Frage nämlich, was das Problem der Möglichkeiten des Rechts in diesen Zusammenhängen mit den Begriffen der Freiheit und der Autonomie zu tun haben könnte. Ausgangspunkt und Horizont meiner Überlegungen, dies wird sich gleich zeigen, bildet eine These: dass nämlich die Art und Weise, wie datengetriebene Techniken die Welt gestalten, eine *Regierungsweise* ist, und als solche, als Regierungsweise, in Konkurrenz zum Recht bzw. zur Art und Weise, in der Recht seine Regierungsgewalt ausübt, treten kann. Diese Konkurrenz muss nicht zwangsläufig ein Problem sein. Jedenfalls aber wird sie dann problematisch, wenn Recht und datengetriebene Techniken aufeinander bezogen werden – typischerweise, wenn Recht den Einsatz solcher Techniken behandelt, beispielsweise aber umgekehrt auch, wenn entsprechende Techniken Recht und seine Verfahren behandeln sollen (Legal Tech). Denn unter solchen Umständen kann sich das Konkurrenzverhältnis insofern auswirken, als eine Regierungsweise die andere zu verdrängen droht. Vorliegend geht es mir allerdings weder darum, dieses Konkurrenzverhältnis genauer zu untersuchen, noch geht es darum, seine Folgen zu bewerten. Vielmehr bilden die folgenden Überlegungen eine Art Vorstudie zu Untersuchungen des beschriebenen Konkurrenzverhältnisses.[4] Zunächst werde ich in groben Zügen andeuten, wie eine entsprechende Perspektive auf Daten und datengetriebene Techniken überhaupt aussehen könnte – anhand einer Beispielkonstellation will ich kurz dafür plädieren, die Regierungsweise solcher Techniken über ein Prinzip der *Smartness* zu verstehen.[5] In einem zweiten Schritt wird es dann um die Frage gehen, wie sich ein solches Verständnis zur Verbindung von Recht und Freiheit verhält.

---

[4] S. zur Möglichkeit des Rechts bzw. zu den Spielräumen rechtlicher Normativität unter den Bedingungen der Digitalisierung die Arbeiten von *Mireille Hildebrandt*: etwa *Hildebrandt*, Legal and Technological Normativity, Techné: Research in Philosophy and Technology 12 (2008), S. 169 ff.; *Hildebrandt*, Smart Technologies and the End(s) of Law, 2015; *Hildebrandt*, The Adaptive Nature of Text-Driven Law, Journal of Cross-Disciplinary Research in Computational Law 1 (2020), S. 1 ff.; *Hildebrandt*, Data-driven prediction of judgment. Law's new mode of existence?, OUP Collected Courses Volume EUI Summer School, 2019.

[5] Zum in eine ähnliche Richtung tendierenden Begriff smarter Ordnungen s. nur *Günther* (Fn. 3), der Ordnungen dann als *smart* fasst, wenn sie „darauf ausgerichtet sind, durch intelligentes Design und mithilfe algorithmischer Operationen Abweichungen von ihren Normen zu minimieren oder ganz unmöglich zu machen" (dort S. 525). Die These der Smartness als Regierungsweise stammt von *Orit Halpern* und *Robert Mitchell*, s. zuletzt The Smartness Mandate, 2023. Vgl. für eine kritische Auseinandersetzung mit diesem Ansatz nur *Deuber-Mankowsky*, „Für eine Maschine gibt es kein echtes Virtuelles" – Zur Kritik des Smartness Mandate mit Felwine Sarrs Afrotopia und

Schließlich und drittens will ich dann einige Überlegungen dazu anstellen, was das alles für mögliche Angriffspunkte von Recht in und an smarten Systemen bedeuten könnte.

I. Smartness als Gestaltungsprinzip und als Regierungsweise

Um die Welt zu beschreiben, in der sich Gesellschaften bewegen, wenn sie weitgehend auf datengetriebene Techniken zurückgreifen, haben sich in den Geistes- und Sozialwissenschaften verschiedene Begriffe herausgebildet. Im deutschsprachigen Raum vielleicht am Prominentesten wird von der *digitalen Konstellation*[6] gesprochen, häufig auch von *digitalen Gesellschaften*[7] oder schlicht von *Digitalisierung*. Ich gehe davon aus, dass der Begriff des Digitalen nicht weit genug greift oder anders gesagt, dass das Digitale nur *eine* Dimension der Welt beschreibt, in die wir uns begeben, wenn wir umfassend auf datengetriebene Techniken zurückgreifen. Der Begriff des Digitalen lädt dazu ein, sich auf digital dargestellte Daten, die als Informationen verwendet werden, zu konzentrieren, wenn wir über das sprechen, was sich durch den Einsatz bestimmter Techniken verändert oder neu zeigt. Diese Konzentration ist natürlich nicht falsch – aber es gilt sie mit Blick auf den Einsatz so vielfältiger datengetriebener Techniken immer auch vorsichtig zu irritieren. Zwar spielen Daten zweifellos in allen diesen Verfahren eine zentrale Rolle, aber: Es sollte weder übersehen werden, dass möglicherweise der Blick auf digitale Repräsentationen nicht die *ganze* Umgebung erfasst, in der wir uns bewegen, wenn wir die Welt und uns auch mithilfe datengetriebener Techniken gestalten, noch sollten die Eigenlogiken und Eigenheiten der Techniken, die Daten gebrauchen, gleichzeitig aber nicht in diesem Datenbrauch aufgehen, marginalisiert werden. Was ist das also für eine Welt, wie können wir sie beschreiben und um welche Techniken geht es eigentlich, wenn wir von datengetriebenen Techniken sprechen? Grundsätzlich geht es nicht mehr vorwiegend um den Einsatz großer Datenmengen etwa in statistischen Büros oder Zensusverfahren,

---

Gilbert Simondons Philosophie der Technik, Internationales Jahrbuch für Medienphilosophie 6 (2020), S. 131 ff.
6 Vgl. für einen Überblick (allerdings in politikwissenschaftlicher Perspektivierung) nur *Berg/Rakowski/Thiel*, Die digitale Konstellation. Eine Positionsbestimmung, Zeitschrift für Politikwissenschaft 30 (2020), S. 171 ff.
7 *Nassehi*, Muster. Theorie der digitalen Gesellschaft, 2019.

wie noch im 18., 19. und auch 20. Jahrhundert.[8] Zwar bilden gerade auch in der Gegenwart datengetriebener Techniken extrem große Datenmengen das Material vieler Rechenoperationen. Datengetriebene Techniken verschränken aber gegenwärtig – und dadurch unterscheiden sie sich von bloß statistischen Verfahren etwa – digitale, soziale und physische Welt. In dieser Verschränkung liegt ihre Besonderheit. Dabei sind es ganz unterschiedliche Techniken, Systeme und Einsätze, die die Welt mithilfe dieser Datenmengen gestalten – und zwar auf ebenso unterschiedlichen Skalen, vom Lokalen, Dezentralen bis hin zum Planetaren. Es ist wohl kein Zufall, dass der gesellschaftsorientierte Blick auf den Einsatz dieser datengetriebenen Techniken inzwischen weniger einzelne Verfahren betrachtet, sondern die Gestaltung der Welt auf den Begriff zu bringen versucht: *Internet of things*, *smart cities* oder *cyber-physikalische Systeme*, und weniger technisch aber sicherlich am prominentesten das *Metaverse*, sind Begriffe, die solche Weltgestaltungen mithilfe datengetriebener Techniken beschreiben. Genaue Definitionen dieser Begriffe erweisen sich als immer schon problematisch, weil selbst auf der Ebene der Entwicklung ganz unterschiedliche Systeme subsumiert werden. Entscheidend ist jedenfalls und allen Begriffen gemeinsam, dass sie auf Verschränkungen digitaler, sozialer und physischer Welt in Echtzeit abzielen. Das *internet of things* verweist typischerweise auf vernetzte technische Geräte und deren menschlichen Gebrauch, *smart cities* sind soziale Räume, deren Infrastrukturen ganz oder teilweise *smart* gesteuert werden, und *cyber-physikalische Systeme* verknüpfen physische Objekte wie zum Beispiel produzierende Maschinen unmittelbar mit einem (vollständigen) digitalen Abbild. Es geht also nicht allein darum, Handlungen, Bewegungen oder Prozesse zu beobachten und in digitalen Daten abzubilden, in einem klassischen Sinne zu überwachen, um sie dann zu steuern oder zu verändern. Solche Verfahren spielen natürlich im Alltag vieler Menschen und Unternehmen nach wie vor eine große Rolle. Im Vordergrund der Entwicklung stehen allerdings zunehmend Vorhaben, die darauf abzielen, Infrastrukturen und Prozesse, Handlungen und Bewegungen von Menschen und/oder Maschinen von vornherein so zu gestalten, dass sie effizient, intelligent, ökonomisch, nachhaltig, kurz: *smart*, ablaufen. Physische, soziale und digitale Welt werden so eng verknüpft, dass sie nicht mehr trennbar sind. Veränderungen auf einer Ebene wirken auch auf den

---

8 Vgl. dazu *Desrosières*, La politique des grands nombres – histoire de la raison statistique, 2010.

anderen Ebenen. Für agierende Menschen wie für technische Systeme wird unübersehbar und letztlich irrelevant, Ursache und Wirkung von Veränderungen zu verorten bzw. überhaupt zu bestimmen. In der Folge orientieren sich Dynamiken und Prozesse auf ein formales Kriterium der *smartness*, das inhaltlich durchaus vielfältig ausgefüllt sein kann. Ein Beispiel für eine derartige Konstellation bilden etwa digitale Zwillinge. Digitale Zwillinge sind (oder: werden) vollständige digitale Repräsentationen von definierten Ausschnitten der physischen und sozialen Welt – etwa von Produktionsmaschinen, aber auch von Beleuchtungsinfrastrukturen in Städten oder vom gesamten Straßensystem. Diese digitalen Repräsentationen stehen nicht für sich allein, sondern werden an ihr physisches und soziales Ebenbild und in der Regel auch an weitere vernetzte Systeme so unmittelbar wie möglich gekoppelt. Die Idee ist, ein System zu erhalten, dass unmittelbar und in Echtzeit von der einen in die andere Richtung und jeweils umgekehrt übergreifen kann. Im Falle eines digitalen Zwillings des Straßensystems[9] geht es etwa darum, die digitale Repräsentation von Straßen (über intelligente Materialien, Sensoren, Drohnen und so weiter hergestellt) mit irgendwann vollautomatisierten und miteinander vernetzten Fahrzeugen sowie der öffentlichen Verkehrssteuerung zu koppeln und den Straßenverkehr so zu optimieren – die Versprechen in Richtung Nachhaltigkeit und Sicherheit sind regelmäßig groß. Solche Systeme zeichnet aus, dass sie unermesslich große Datenmengen produzieren, auch, dass sie unsichtbar machen, wer wo und wie steuert, aber vor allem, dass sie nicht mit Menschen als handelnden Subjekten rechnen, sondern mit *Nutzer:innen*, die überhaupt nur als Gruppe oder als Typus auftauchen.[10] Das Prinzip, nachdem sie gestaltet sind, lässt sich unter dem Begriff der *smartness* fassen, wie ich es eben schon skizziert habe. Smartness ist durchaus ein normativer Modus der Weltgestaltung, den etwa *Orit Halpern* und *Robert Mitchell* in ihrem Buch *The Smartness Mandate* beschreiben.[11] Genau dieser Modus der Weltgestaltung, das gilt es im Folgenden näher zu beschreiben, tritt nun in gewisser Weise in Konkurrenz zum rechtlichen Modus der Weltgestaltung. Diese Konkurrenz spielt sich unter anderem im Verhältnis zum Konzept der Freiheit ab.

---

9 S. zu einem entsprechenden Sonderforschungsbereich etwa www.sfbtrr339.de/de.
10 S. zum algorithmischen Regierung ohne Subjekt insb. *Rouvroy/Berns*, Algorithmic Governmentality and Prospects of Emancipation, 2013, S. X-XII.
11 *Halpern/Mitchell* (Fn. 5).

II. Smartness und Freiheit. Zwei Regierungsweisen.

Um das zu erläutern, muss ich nochmal einen kleinen Umweg nehmen, der an der Rolle von Freiheit in modernen, bürgerlichen Verfassungsstaaten anknüpft. Solche Systeme sind zunächst regelmäßig um die Idee der Autonomie zentriert. Es wird mir vorliegend nicht darauf ankommen, das schwierige Verhältnis von Freiheit und Autonomie zu diskutieren oder auch nur näher zu bestimmen. Ich werde sie mehr oder weniger synonym verwenden, auch wenn das philosophisch, gelinde gesagt, unterkomplex ist. Ganz unabhängig von der Antwort auf die Frage, ob es empirisch tatsächlich so etwas wie Autonomie, freien Willen oder Selbstbestimmung geben kann, nehmen moderne liberale Verfassungssysteme die menschliche Autonomie als Grundlage aller anderen Wertungen und Freiheit als Zielbestimmung an.[12] Das gilt auch für wesentliche organisatorische Momente – demokratische Verfahren und Systeme können ohne die Idee der Autonomie und eine Garantie der Freiheit nicht funktionieren. Freiheit und Autonomie in diesem Sinne anzunehmen, bedeutet zunächst nur, davon auszugehen, dass jeder Mensch selbstbestimmt entscheiden und handeln kann – dass jeder Mensch nicht aufgrund oder unter der Bestimmung anderer, sondern unter seiner eignen denken und handeln kann. Dies schließt die Möglichkeit ein, sich immer wieder neu und anders zu entscheiden,[13] irrational oder auch überhaupt nicht zu handeln.[14] Und es schließt ein, sich in seinen Entscheidungen und Handlungen an eigenen Maßstäben orientieren zu können. So verstandene Freiheit und Autonomie liefern die Bedingungen dafür, für sein eigenes Handeln Verantwortung übernehmen zu können und Menschen letztlich als Subjekte zu begreifen. Schön und gut, könnte man nun einwenden, aber was sollte eine durch Techniken künstlicher Intelligenz gestaltete Welt daran ändern? Weder Algorithmen noch cyber-physikalische Systeme zwingen uns im ersten Zugriff jedenfalls zu bestimmten Handlungen, sie lassen uns sowohl die Freiheit, uns immer wieder anders zu entscheiden, als auch unsere innere Freiheit, uns Meinungen zu bilden, Gründe für oder gegen Handlungen zu bestimmen. Inwiefern der smarte Modus der Weltgestaltung in Konkurrenz zum recht-

---

12 Vgl. *Müller-Mall* (Fn. 1), S. 29-33.
13 Klassisch zum Aspekt des „Anfangen-Könnens" vgl. *Hannah Arendt*, etwa Arendt, Freiheit und Politik, in dies., Mensch und Politik, 2017, S. 48-88, 86 f.
14 Vgl. zur „faktischen Freiheit", sich normabweichend zu verhalten nur *Günther* (Fn. 3), S. 537-541.

lichen Modus der Weltgestaltung tritt, das war ja meine These, zeigt sich entlang der Begriffe von Freiheit und Autonomie, aber eben in ihrem jeweiligen Verhältnis zu Techniken künstlicher Intelligenz bzw. zum Recht. Wir müssen diese Ebenen also hinzuziehen, um das Tableau zeichnen zu können, auf dem wir uns bewegen, wenn wir über diese Frage nachdenken. Zunächst zum Recht. Ich möchte an dieser Stelle auf Rekonstruktionen des modernen Rechts von *Christoph Menke* zurückgreifen, wie er sie in seiner *Kritik der Rechte*[15] vornimmt: *Menke* macht besonders deutlich, dass modernes Recht sich wesentlich auf eine äußere Freiheit, auf die äußeren Handlungen beschränkt, während die innere Freiheit, die Freiheit zu denken und zu glauben, was man will, vom Recht unberührt bleibt.

„Die Selbstbegrenzung der Regierungsgewalt des Rechts auf die äußeren Handlungen bedeutet nichts anderes als die Erlaubnis der Freiheit: die Erlaubnis, zu denken und glauben, was immer man will; was immer jemand zu glauben und denken als richtig beurteilt. Rechtliche Erlaubnis ist die Freigabe des Urteilens."[16]

Entscheidend ist in *Menkes* Rekonstruktion, dass Recht diese Freiheit erst *erlaubt*, und zwar indem es sich selbst auf die Regierung der äußeren Handlungen beschränkt. Unter anderem darin liegt die von ihm beschriebene Legalisierung des Natürlichen. Modernes Recht behandelt zwar die äußeren Handlungen, greift aber gerade nicht in die innere Willkür ein und entkoppelt sich insofern auch vom Sittlichen. Gerade dadurch wird das Subjekt als bürgerliches Subjekt allerdings erst hervorgebracht. Techniken künstlicher Intelligenz, um nun den großen Bogen zu schlagen, konzentrieren sich ebenfalls auf die äußeren Handlungen – indem sie uns beispielsweise Entscheidungs- oder Handlungsangebote, vor allem aber *Nutzungs*angebote machen. Die Ausrichtung von Techniken künstlicher Intelligenz auf äußere Handlungen zeigt sich aber auch, wenn sie *für* uns handeln, wie im Falle des cyberphysikalischen Großsystems, das von vornherein damit rechnet, dass wir ihm unsere Handlungsmacht überlassen. Techniken künstlicher Intelligenz behandeln ebenfalls die Sphäre äußerer Freiheit, so könnte man es fassen, aber, und hier liegt nun der entscheidende Unterschied zum modernen Recht, sie grenzen ihren Einsatzbereich nicht von der inneren Freiheit ab, indem sie sie erlauben und dadurch zum konstitutiven Gegenstück machen. Sondern: sie rechnen überhaupt nicht

---

15 *Menke*, Kritik der Rechte, 2018.
16 *Menke* (Fn. 15), S. 81.

mit innerer Freiheit. Mehr noch, sie rechnen gar nicht mit Handlungen von Subjekten im modernen Sinne, sondern mit Nutzungen, die nur im Ergebnis relevant werden. Es ist aber nicht so, und darauf kommt es an, dass ihre Gestaltung der Welt *nichtnormativ* wäre – stattdessen verfolgen die Techniken ein wie auch immer jeweils ausgestaltetes Prinzip der *smartness*, das sowohl den Planeten als auch die Menschen regieren soll. Wenn Recht sich selbst begrenzt, indem es unsere innere Willkür legalisiert,[17] operieren KI-Techniken gerade umgekehrt: sie versprechen eine Deutung dessen, was wir wollen, denken und fühlen, sie grenzen sich davon nicht ab, sondern interpretieren es mithilfe dessen, was *Halpern* und *Mitchell smartness* nennen. Dabei greifen sie das Innere als Gegenstück nicht an, erklären es aber implizit für irrelevant, weil *smartness* funktionaler erscheint als Subjekte und ihre innere Freiheit. Dies lässt sich schon an vielen algorithmischen Systemen erkennen, wird aber im Zusammenhang cyber-physikalischer Großsysteme (und dem *internet of things*), die natürlich auch extensiv auf Techniken künstlicher Intelligenz zurückgreifen, besonders deutlich: denn diese übergeben die Frage, ob und wie gehandelt wird nicht (wie ein Navigationssystem etwa) an uns, sondern verzichten ganz auf handelnde und denkende Subjekte. Techniken künstlicher Intelligenz greifen damit nicht unmittelbar in das Verhältnis von Recht und Freiheit, Verantwortlichkeit und Subjektivität ein, aber sie machen uns ein konkurrierendes Angebot, den Zusammenhang von Handeln, Entscheiden und Wollen zu organisieren und, darauf kommt es an, auch zu regieren – nämlich *smart*. Dieses Angebot kann auf Subjekte, Handlungen und Verantwortlichkeit verzichten, weil es gerade nicht die Autonomie zur Voraussetzung und Freiheit zur Zielbestimmung macht.

III. Was bedeutet das alles?

Was bedeutet das nun alles? Ich möchte abschließend ein paar skizzenhafte Überlegungen zur Bedeutung dieser Konkurrenz von rechtlicher und technischer Regierung, von Freiheit und Smartness als jeweiligen Ziel- und Formbestimmungen dieser konkurrierenden Regierungsweisen, anstellen. Natürlich stellt sich die Frage, wie sich die Konkurrenz auf die Möglichkeiten des Rechts, in die technische Gestaltung der Welt einzugreifen, aus-

---

17 Vgl. *Menke* (Fn. 15), S. 81 ff.

wirkt. Wenn Recht Freiheit voraussetzt und zu seiner Formbestimmung macht, während datengetriebene Techniken Freiheit zwar nicht faktisch angreifen, aber auch nicht voraussetzen und vor allem darauf ausgerichtet sind, die Möglichkeit, sich anders als *smart* zu entscheiden, im Design, über die Affordanzen eines Systems quasi auszuschließen, dann wird schnell klar, dass die Konkurrenz auch zum Konflikt werden kann. Freiheitsgebrauch ist nicht immer *smart*, folgt regelmäßig gerade keiner *algorithmic reason*,[18] Freiheit bedeutet ja gerade auch, die weniger naheliegenden Entscheidungen zu treffen, inkonsistent zu handeln oder irrational. Bei einer App, die mir Restaurantvorschläge macht, gibt es hier vielleicht kein größeres Problem – es hat kaum Folgen, wenn ich sie nicht nutze. Im Zusammenhang mit Infrastrukturen aber sieht die Sache schnell ganz anders aus: hier wird zum Problem, dass smarte und rechtliche Regierungsweise sich zwar nicht explizit widersprechen, aber auch nicht miteinander vereinbar sind. Aus dieser Perspektive setzt sich also fort, was beispielsweise *Mireille Hildebrandt* immer wieder mit Blick auf die unterschiedliche temporal-mediale Struktur von Recht und datengetriebener Techniken bemerkt hat: dass nämlich geschriebenes Recht schlicht nicht vermag, verstreuten, mobilen und sich in Echtzeit entwickelnden *smart computing*-Umgebungen beizukommen.[19] Die hier gezeichnete Perspektive verstärkt diese Einschätzung vielleicht noch – ich versuche, das anzudeuten, indem ich von *Regierungs*weisen spreche: Sowohl smarte Großsysteme als auch Recht sind darauf angelegt, zu regieren – es sind nicht nur Angebote. Fürs Recht dürfte das offensichtlich sein. Hinsichtlich smarter Systeme braucht die drastische Bezeichnung sicher eine Erläuterung: während viele Einsätze von Algorithmen aus meiner Sicht recht schnell als *regierend* eingeordnet werden, wird eine solche Einordnung jedenfalls dann zwingend, wenn datengetriebene Techniken auch zum Beispiel Infrastrukturen wesentlich steuern. Denn dann sind sie nicht wie viele *social media apps* verzichtbare Angebote, sondern sie verändern das Soziale notwendig. Diesen Übergang vom weitgehend folgenlos verzichtbaren Angebot zu einer Angelegenheit, von der ich mich nur zurückziehen kann, wenn ich erhebliche Einschränkungen und Verluste in Kauf nehme, einer Angelegenheit also, die meine Handlungen weitreichend beeinflusst, diesen Übergang kann der Begriff

---

18 *Aradau/Blanke*, Algorithmic Reason – The New Government of Self and Other, 2022, z.B. S. 3ff.
19 Vgl. etwa *Hildebrandt*, Smart Technologies (Fn. 4); *Hildebrandt*, Law As Computation in the Era of Artificial Legal Intelligence. Speaking Law to the Power of Statistics, Toronto Law Journal 68 (2018), S. 12 ff.

des Regierens markieren. Smarte Großsysteme lassen sich aber nicht durch Recht steuern, wie modernes Recht etwa die äußeren Handlungen von Subjekten unter einem Prinzip der Freiheit steuern kann. Allenfalls ihr Einsatz und ihr Design können rechtlich behandelt werden. Und insofern entstehen dann echte Konkurrenzsituationen: ob der Gebrauch des öffentlichen Straßenraumes etwa rechtlich regiert wird oder smart, muss aktiv politisch entschieden werden, denn die eine Regierungsweise schließt die andere aus. Eine andere Überlegung, die sich hier aufdrängt: das Problem der Überwachung stellt sich im Zusammenhang smarter Weltgestaltung entsprechend *anders* dar als im Bild des Panoptikums. Überwachung ist so eng mit smarter Optimierung verknüpft, dass es schwierig sein dürfte, Überwachung kritisch zu behandeln ohne *smartness* kritisch zu behandeln. Oder anders gesagt: in einem *smart* regierten öffentlichen Raum kann Überwachung keine Rückwirkungen auf rechtlich gesicherte Freiheitssphären haben, weil ein auf diese Weise regierter Raum gar keine Freiheitssphäre bildet oder voraussetzt, sondern eine smarte Nutzung. Wir müssen also neu über jene Probleme und Fragen, die wir bislang unter Begriffen wie Überwachung gefasst haben, nachdenken. An den Informationen darstellenden Daten bzw. an deren Digitalität anzuknüpfen, wird nicht ausreichen, um entsprechende Veränderungen der Konstellationen, in denen wir uns frei bewegen (wollen), zu erfassen – jedenfalls nicht angesichts datengetriebener Techniken des beschriebenen Ausmaßes.

Systematische und schwerwiegende Überwachung und Privatheit: Ein Kommentar aus datenwissenschaftlicher Sicht

Delphine Reinhardt

Die zentrale Frage des Symposiums bezieht sich auf einen möglichen Bedarf an einem Strafrecht gegen schwerwiegende systematische Datenschutzverletzungen durch Staat und Wirtschaft. Schon bei der Betrachtung der Adjektive „schwerwiegende" und „systematische" bei Datenschutzverletzungen entstehen weitere Fragen, die sich zurzeit schwierig beantworten lassen. Im Folgenden werden diese Fragen einzeln erläutert und mögliche Antworten skizziert, die dennoch nicht als Endlösungen betrachtet werden sollten. Im Gegenteil sollten sie als Grundlage für weitere Diskussionen dienen.

Die erste Frage, die sich stellt, ist, wann eine „systematische Überwachung" anfängt. Das Thema des Symposiums ist um die „Überwachung" durch den Staat und Unternehmen artikuliert. Mit der Benutzung des Begriffs „Überwachung" könnte man jedoch schnell tendieren, sich auf staatliche Akteure zu fokussieren, da diese in den meisten Fällen in Verbindung gebracht werden. Solcher voreilige Fokus könnte jedoch gefährlich sein, da „Überwachung" im Sinne von „Beobachtungen" sich nicht nur auf staatliche Akteure beschränken. Betrachtet man dabei besonders die „Systematik" der Überwachung als eine methodische Vorgehensweise statt durch ein politisches System, werden nicht nur z.B. kriminelle Aktivitäten und deren Täter als Ziel dieser Überwachung, sondern auch jeder Bürger*in. Diese flächendeckende Überwachung fängt zum Beispiel bei unseren täglichen (wenn nicht minutenweisen) Interaktionen mit herkömmlichen Geräten wie Handys, Tablets oder Computern an. Dabei kann unser Verhalten überwacht werden: Welche Webseiten wir besuchen, wann, wie lange und in welcher Reihenfolge, welche Klicks wir betätigen, wie wir unsere Maus bewegen. Diese flächendeckende und damit systematische Überwachung hört jedoch nicht auf, wenn wir etwa unsere Laptops zu klappen oder unsere Handys zur Seite legen. Daten über uns werden stätig durch neue intelligente Geräte wie smarte Uhren, smarte Lautsprecher oder vernetzte Geräte, die zur Realisierung der Vision von Smart Homes und zukünftigen

Smart Cities beitragen, gesammelt. Damit können mögliche Schlussfolgerungen ohne unsere Kenntnisse gezogen werden. Zum Beispiel können Stimmungen und Emotionen sowie sozio-wirtschaftlicher Status durch die Analyse von Sprachbefehlen an smarten Lautsprechern erkannt werden.[1] Basierend auf Sensordaten, die durch Handys und smart Uhren, getragen von Fahrradfahrer*innen, gesammelt werden, konnten wir in einer unserer jüngsten Arbeiten zeigen,[2] dass die Art des Fahrrads, der Gang, die Höhe des Sattels sowie die Art des Geländes erkannt werden können. Diese gesammelten sensor-basierten Informationen betreffen nicht nur die Hauptnutzer*innen, das heißt die Personen, die das Gerät angeschafft und hauptsächlich nutzen, sondern auch deren Umfeld inklusive Drittpersonen, die z.B. zum Besuch sind. Ohne den Einsatz dedizierter Schutzmechanismen ist eine „systematische Überwachung" im Sinne der Beobachtung deswegen schon Teil unseres Alltags.

In diesem Kontext stellt sich die weitere Frage, in welchen Fällen solcher Überwachung es sich um eine „schwerwiegende" Verletzung der Privatheit handelt. Diese Frage zu beantworten ist wegen verschiedener Faktoren besonders schwierig. Einerseits ist es bekannt, dass menschliche Privatheitseinstellungen individuell und komplex abzubilden sind (auch für die Individuen selbst). Die Personen müssen oft Verletzungen ihrer Privatheit gegen andere mögliche Vorteile wie Komfort durch Personalisierung, physische Sicherheit durch Überwachung gesundheitlicher Werte mittels z.B. smart Uhren, oder weitere Einbindung in deren sozialen Kreisen durch Sofortnachrichtendienste abwägen. Ihre Entscheidungen sind dabei bekannterweise abhängig von dem Kontext,[3] das heißt, z.B. wer sammelt die Daten für welchen Zweck und in welchem Umfang, sowie der Hintergründe der Person selbst (Gender, Alter, Kultur, Vorerfahrungen, technische Kenntnisse usw.). Durch diese Individualität und Komplexität erscheint es schwierig, eine gemeinsame Antwort für eine Gesellschaft zu skizzieren. Außerdem decken die verschiedenen existierenden Definitionen der Privatheit verschiedenen Dimension, die über die informationelle Selbstbestimmung

---

[1] *Hernández Acosta/Reinhardt*, A Survey on Privacy Issues and Solutions for Voice-controlled Digital Assistants. Pervasive and Mobile Computing (PMC), 2022.

[2] *Hernández Acosta/Rahe/Reinhardt*, Does Cycling Reveal Insights about You? Investigation of User and Environmental Characteristics during Cycling. Proceedings of the 19th EAI International Conference on Mobile and Ubiquitous Systems: Computing, Networking and Services (MobiQuitous), 2022.

[3] *Nissenbaum*, Privacy as Contextual Integrity, Washington Law Review 79 (2004). S. 119 ff.

hinaus gehen. Beispielsweise spielen soziale sowie physische Privatheit eine Rolle. Ein Vergleich dieser verschiedenen Facetten im Sinne einer Priorisierung ist dennoch nach bestem Wissen und Gewissen nicht bekannt und gestaltet sich auch zukünftig als schwierig. Auch ein Blick in die technischeren Fächer bietet keine richtige Hilfestellung. Bei den Untersuchungen möglicher Angriffe auf die Anonymität der Betroffenen, der Entdeckung neuer Schlussfolgerungen über sie oder der Evaluierung der Performanz neuer Schutzmechanismen werden keine einheitlichen Metriken eingesetzt. Ein direkter Vergleich wird dann genauso problematisch. Deshalb erscheint es auch hier zurzeit schwierig, basierend auf diesen Beobachtungen eine gültige Quantifizierung der schwerwiegenden Grade vorzunehmen. Ein Ansatzpunkt, der schon in der Datenschutzgrundverordnung beinhaltet ist, bezieht sich auf die Natur der gesammelten Daten. Dennoch können in dem Kontext einer systematischen Überwachung weitere Kriterien eine Rolle spielen wie (1) die Anzahl der betroffenen Personen, (2) ob und wie die Opfer ausgewählt wurden sind im Sinne einer möglichen Diskriminierung und (3) die Möglichkeit, mit den gesammelten Daten weitere Informationen abzuleiten oder vorherzusehen. Eine Abschätzung Letzteres, ohne zu wissen, ob weitere Daten mitgesammelt wurden oder zur Verfügung stehen, ist besonders herausfordernd. Außerdem können Daten, die vielleicht heute als harmlos erscheinen, später möglicherweise durch technologische oder methodische Entwicklungen gravierende Informationen über die Bevölkerung ableiten lassen. In anderen Worten: wie kann diese zeitliche Komponente sinnvoll berücksichtigt werden?

Auch wenn für die obengenannten Fragen noch keine definitiven Antworten in diesem Rahmen gefunden wurden, sollte dennoch handeln werden. Die Einführung der DSGVO hat zwar zu einer theoretischen Verstärkung der individuellen Rechte geführt. Dennoch erscheint oft schon eine sogenannte „Privatheitsmüdigkeit" in der Praxis, die wir in unseren Benutzerstudien sowie Interaktionen mit einem breiteren Publikum beobachten können. Dabei kann sich der Schutz der eigenen Privatsphäre als eine sinnlose und aussichtslose Aufgabe anfühlen. Diese Wahrnehmung sollte jedoch nicht kritisiert werden, da sie mit vielen Lösungen konfrontiert werden, die nicht dediziert für die Nutzer*innen konzipiert worden sind, aber um trotzdem so viel Daten wie möglich zu sammeln. In der Praxis wird dennoch wenig getan, damit sich die Lage ändert, trotz einer Steigerung der Bußgelder.[4] Ausnahmen sind z.B. die Aktion der CNIL wegen den Dark Patterns von Facebook und Google in Frankreich.[5] Eine Wirkung ist dennoch heutzutage noch nicht sichtbar. Mehr eigene Verantwortung an die Bevölkerung zu übertragen, besonders ohne nutzer-orientierte Lösungen zu implementieren und zu fördern, scheint auswegslos. Wie am Anfang dieses Beitrags schon erwähnt, können Entscheidungen mit Bezug auf die Privatheit komplex für die Benutzer*innen sein. Um diese Komplexität zu reduzieren, wird der Einsatz von Assistenten in der Forschung zurzeit verfolgt. Dabei werden verschiedene Ansätze untersucht, die auf Ähnlichkeiten mit anderem Benutzer*innen, Crowdsourcing, Expertenmeinungen oder basierend auf eigenen Daten setzen. Zum Beispiel haben wir in unserem DFG Projekt „Personalisierung von Datenschutzeinstellungen basierend auf der dynamischen Analyse von Inhalten und zwischenmenschlichen Beziehungen"[6] untersucht, ob es möglich ist, basierend auf schon vorhandenen Daten auf den Geräten der Nutzer*innen, zu helfen, das Teilen von möglichen sensitiven Informationen mit ihren sozialen Kreisen besser zu kontrollieren, um Privatheitsverletzungen zu verhindern. Bei der Entwicklung solcher Lösungen muss dennoch sichergestellt werden, dass diese keine zusätzliche Gefährdungen für die Privatheit der Nutzer*innen einführt. In der Tat ist deren Ziel, sich von der Überwachung zu entziehen und nicht zur weiteren Überwachung führen. Darüber hinaus adoptieren oft die durchgeführten Studien mit Bürger*innen, die entwickelten technischen Lösungen für sie, sowie die zurzeit verfügbare Gesetzgebung eine individuelle Perspektive ohne eine gemeinsame und gesellschaftliche Betrachtung.[7] Durch den resultierenden Individualismus lauert dennoch die Gefahr, dass die gemeinsame Erosion unserer Privatheit weiter voranschreitet. Wenn die einzelnen Nutzer*innen sich selbst nicht gegenüber Wirtschaft und Staat schützen können und Wirtschaft und Staat wenig Interesse daran haben, wer sonst sollte dann die Verantwortung übernehmen?

---

4 S. den Beitrag von *Dominik Brodowski*, in diesem Band, S. 70 ff.
5 S. www.cnil.fr/en/cookies-cnil-fines-google-total-150-million-euros-and-facebook-60 -million-euros-non-compliance.
6 S. https://gepris.dfg.de/gepris/projekt/317687129.
7 S. den Beitrag von *Sebastian Golla* in diesem Band.

Grundlagen eines Daten(wirtschafts)völkerstrafrechts: Ein Kommentar aus strafrechtstheoretischer Sicht

Jens Puschke

I. Einleitung

Die gesellschaftlichen und rechtlichen Veränderungen, die durch den Prozess der Digitalisierung bereits entstanden und im Entstehen begriffen sind, bilden die großen Themen unserer Zeit. Dabei changiert der Diskurs zwischen Herausforderungen, Versprechungen und Gefahren dieser Entwicklungen. Bei der Bearbeitung der Gefahren bzw. hiermit im Zusammenhang stehender Missbrauchshandlungen tritt auch das Strafrecht auf den Plan. Bestimmte Datenschutzverletzungen werden pönalisiert, um sie als Unrecht zu markieren und die Wahrscheinlichkeit ihres Eintretens zu verringern. Dies wird zunehmend bedeutsam, da durch die Computerisierung der Gesellschaft Daten nicht nur einen beachtlichen wirtschaftlichen Wert haben. Ihre Nutzung kann auch massive Rückwirkungen auf betroffene Personen, Handlungen, individuelle Teilhabemöglichkeiten und schließlich die Gesellschaft als Ganzes haben. Gefahren aus fehlenden Beherrschungsmöglichkeiten oder unregulierter Verwendung sind daher stets mitzudenken. Was allerdings einem Strafrecht zum Schutz von Daten unterfällt bzw. unterfallen sollte und wie es zu legitimieren und strafrechtstheoretisch zu systematisieren ist, bleibt bisher weitgehend ungeklärt. Angesichts der grenzüberschreitenden Dimension von Verletzungen des Datenschutzes sowie des bereits in der Vergangenheit unter Beweis gestellten besonders großen Missbrauchspotenzials in diesem wirtschaftlichen, sicherheitsbezogenen und für das menschliche Zusammenleben hochrelevanten Bereich erscheint es folgerichtig, auch die Frage aufzuwerfen, ob internationale oder gar völkerstrafrechtliche Regelungen von Nöten sind.[1]

Der Beitrag möchte dieser Frage auf einer grundlegenden Ebene nachspüren. Er kommentiert dabei Perspektiven, die *Sabine Müller-Mall* und *Delphine Reinhardt* in ihren Beiträgen aufgegriffen haben. *Sabine Müller-*

---

1 Hierzu der Beitrag von *Geneuss/Werkmeister* in diesem Band.

Jens Puschke

Mall[2] stellt die Gefahren der Digitalisierung bzw. Algorithmisierung[3] auf einer sehr grundlegenden Ebene in das Zentrum ihrer Betrachtungen. Es werden die Dynamiken dieser Entwicklungen und deren Risiken für die Autonomie und Freiheit auch auf einer gesamtgesellschaftlichen Ebene hervorgehoben. Dabei werden nicht nur die Erhebung und Verarbeitung von (personenbezogenen) Daten betrachtet. Vielmehr geht es um die Verschränkung von digitaler, sozialer und physischer Welt sowie um deren smarte Gestaltung.[4] Smarten Techniken wird dabei das Potenzial zugeschrieben, in Konkurrenz zu einer normativen Gestaltung der Welt zu treten.[5] Sie werden als Regierungstechnik angesehen, die Freiheitsräume beschränken oder ausschließen können.

Delphine Reinhardt erläutert in ihrem Beitrag technische Seiten digitaler Überwachung und nimmt konkrete Angriffsszenarien auf Privatheit und informationelle Selbstbestimmung in den Blick.[6] Herausgehoben wird ein individuelles Schutzinteresse, das sich durch einfache Verallgemeinerung persönlicher Betroffenheit nicht hinreichend abbilden lässt. Vielmehr stellt sich insbesondere im Zusammenhang mit Überwachung durch wirtschaftliche Akteur*innen die Frage nach einer Abwägung mit anderen Interessen, wie Komfort, Teilhabe und Sicherheit, die zum Teil von potenziellen Überwachungsunterworfenen selbst vorgenommen werden muss. Angesprochen sind somit Aspekte einer Rechtfertigung von Datenverarbeitung durch eine informierte Einwilligung, aber auch einer „Privatheitsmüdigkeit" sowie technische und rechtliche Möglichkeiten, Datenschutzaspekte vor diesem Hintergrund zu adressieren.

Damit sind zwei Perspektiven auf die Gefahren von Digitalisierung dargelegt. Es stehen sowohl individuelle wie überindividuelle gesellschaftliche Schutzinteressen im Raum, an die es möglicherweise auch strafrechtlich heranzutreten gilt. Entsprechend stellt sich aus einer strafrechtswissenschaftlichen Sicht die Frage, in welchem Verhältnis das Strafrecht zu diesen Entwicklungen steht bzw. in der Zukunft stehen kann. Herausgearbeitet

---

2 S. den Beitrag von *Sabine Müller-Mall* in diesem Band.
3 *Müller-Mall*, Freiheit und Kalkül – Die Politik der Algorithmen, 2020, S. 10 ff.
4 *Müller-Mall*, in diesem Band, S. 37 f.
5 S. auch *Günther*, Von normativen zu smarten Ordnungen?, in Forst/Günther (Hrsg.), Normative Ordnungen, 2021, S. 523 ff.; s. konkret für sog. „Impossibility Structures" *Rademacher*, Wenn neue Technologien altes Recht durchsetzen: Dürfen wir es unmöglich machen, rechtswidrig zu handeln?, JZ 2019, S. 702 ff.; grundlegend zu „Impossibility Structures" auch *Rich*, Should We Make Crime Impossible?, Harvard Journal of Law & Public Policy (36) 2013, S. 795 ff.
6 S. den Beitrag von *Delphine Reinhardt* in diesem Band.

werden sollen Grundlagen für ein (strafrechtliches) Konzept, um Gefahren im Zusammenhang mit der Digitalisierung einzudämmen. Ohne einen strafrechtstheoretisch systematisierenden Blick auf die in Rede stehenden Perspektiven lässt sich der im vorliegenden Band angelegte Anspruch eines Völkerstrafrechts als Schutzkonzept gegen schwerwiegende systematische Datenschutz(menschenrechts)verletzungen nicht einordnen und bewerten.

II. Strafrecht als Datenschutzgefahr

Ein erstes Schlaglicht soll jedoch auf Entwicklungstendenzen des Strafrechts im Allgemeinen geworfen werden. Denn dies zeigt, dass das Strafrecht aktueller Prägung in vielen Bereichen eher Teil und auch Motor der als gefährlich beschriebenen Entwicklung sein kann und Rechtfertigungen hierfür liefert. Das verwundert wenig, ist das Strafrecht als Macht-, Kontroll- und Überwachungsinstrument geradezu prädestiniert, auf zur Verfügung stehende Daten und Techniken in diesem Sinne zurückzugreifen. Das betrifft ganz basal die technische strafprozessuale Überwachung zur Sachverhaltsaufklärung, etwa wenn Telekommunikationsdaten vielzähliger Personen im Rahmen einer Funkzellenabfrage zur Standortbestimmung genutzt werden. Auch eine automatisierte Strafverfolgung durch den Einsatz von KI, etwa bzgl. Kinderpornografie, ist zu erwähnen.[7] Dies gilt aber insbesondere vor dem Hintergrund der zunehmend präventiven Ausrichtung des Strafrechts und der Verschmelzung von Strafrecht, Kriminalprävention und Gefahrenabwehr.[8] Das Bestreben, konformes Verhalten zu erzeugen, Risiken zu steuern und Rechtsgutsverletzungen präventiv zu unterbinden, zeigt sich des Weiteren im materiellen Strafrecht, etwa in einer Vorverlagerung der Strafbarkeit. Diese ist durch strafprozessuale Überwachungsansinnen mitinitiiert und wird flankiert durch entspre-

---

7 Hierzu *Gercke*, Die Entwicklung des Internetstrafrechts, ZUM 2021, S. 921, 922 ff.; vgl. den Vorschlag für eine Verordnung des europäischen Parlaments und des Rates zur Festlegung von Vorschriften zur Prävention und Bekämpfung des sexuellen Missbrauchs von Kindern (sog. Chatkontrollen), Brüssel, den 11.5.2022 – COM (2022) 209 final.
8 Hierzu *Puschke*, Sicherheitsgesetzgebung ohne Zweck. Die Vorratsdatenspeicherung von Verkehrsdaten der Telekommunikation als Prototyp einer verfehlten neuartigen Sicherheitsarchitektur, in Festschrift Eisenberg, 2018, S. 695, 696 ff.

chende Befugnisse.[9] Zusätzlich werden kriminalpräventiv Gefährdungen und sog. Gefährder*innen in den Blick genommen. Ein derartig präventiv ausgerichtetes Strafrecht und hierauf bezugnehmende Regelungssysteme sind strukturell in besonderem Maße angewiesen auf datenbasierte Prognoseinstrumente, die notwendig selektives Vorgehen steuern und auch legitimieren. Die von *Sabine Müller-Mall* dargelegte Produktion zukunftsbezogener vermeintlicher Wahrheiten[10] sind ein Baustein hierzu. So lassen sich etwa terroristische Gefährdungen als Unrecht konstruieren und verbunden mit weiterer umfassender Datenerhebung und -auswertung verfolgen, bevor ein gemutmaßter Anschlag auch nur am Horizont erscheint. Gefährliche Orte und Personen werden mit dem Instrument des Predictive Policing als Bedrohung ausgemacht und angegangen.[11] Auf der Ebene der juristischen Entscheidung können datenbasierte Gefährlichkeitsprognosen und Vergleiche mit Entscheidungen in ähnlich gelagerten Fällen unterstützen.[12] Das Strafrecht bzw. die Strafverfolgung bedient sich selbst smarter Techniken, die auf Big Data basieren, und rechtfertigt ihre Nutzung. Die hiermit einhergehenden Risiken der Produktion eindeutiger, kaum hinterfrag- und angreifbarer, vermeintlich wahrer Ergebnisse, die Risiken einer diskriminierenden Datennutzung und die Reduktion des Normativen zugunsten des Faktischen treffen auch die Strafverfolgung. Fernziel ist dabei die allumfassende Prädiktion, die Abweichung von Anfang an unmöglich macht.[13] Dieser Befund weist auf eine gewisse Widersprüchlichkeit bei

---

9 S. etwa *Brodowski/Jahn/Schmitt-Leonardy*, Gefahrenträchtiges Gefährderrecht, GSZ 2017, S. 7, 11; *Hellfeld*, Vorbereitung einer schweren staatsgefährdenden Gewalttat, 2011, S. 175, 182; *Paeffgen*, in NK-StGB, 6. Aufl. 2023, § 89a Rn. 1 ff.; vgl. auch *Pawlik*, Der Terrorist und sein Recht, 2008, S. 33 f. sowie *Puschke*, Interventionsstrafrecht, in Lange/Wendekamm (Hrsg.), Die Verwaltung der Sicherheit, 2018, S. 215 ff.
10 *Müller-Mall* (Fn. 3), S. 38, 40, 42.
11 S. zum Überblick und zur Kritik *Singelnstein*, Predictive Policing: Algorithmenbasierte Straftatprognosen zur vorausschauenden Kriminalintervention, NStZ 2018, S. 1 ff.; eingehend zum personenbezogenen Predictive Policing *Sommerer*, Personenbezogenes Predictive Policing, 2020; zu einer Bestandsaufnahme für den deutschsprachigen Raum *Bode/Seidensticker* (Hrsg.), Predictive Policing, 2020.
12 Vgl. hierzu auch *Wisser*, Pandora's Algorithmic Black Box: The Challenges of Using Algorithmic Risk Assessments in Sentencing, American Criminal Law Review (56) 2019, S. 1811.
13 Hierzu etwa *Burchard*, Von der „Strafrechts"ordnung der Prädiktionsgesellschaft zur Strafrechts„ordnung" des liberalen Rechtsstaats, in Forst/Günther (Hrsg.), Normative Ordnungen, 2021, S. 553 ff.; *Rademacher* (Fn. 5), S. 702 ff.; s. auch *Singelnstein*, Die Sicherheit der Zukunft – Künstliche Intelligenz und soziale Kontrolle. Vom Predictive Policing zum Social Scoring, in Festschrift Dölling, 2023, S. 963, 964 ff.

einer Erweiterung des Strafrechts mit Blick auf grundlegende Gefahren der Digitalisierung hin, die es im Blick zu behalten gilt.[14]

III. Daten als Materie des (Völker)Strafrechts

Dennoch erscheint die Frage berechtigt, ob es ein Daten(wirtschafts)völkerstrafrecht braucht bzw. anhand welcher Kriterien ein solches konzipierbar erscheint. In diesem Beitrag soll die Frage der Schutzrichtung im Zentrum stehen. Die aufgezeigten Perspektiven eines individuellen sowie gesellschaftsbezogenen Schutzes sind hierfür zu konkretisieren.[15] Diese können zwar ineinandergreifen, sind aber nicht in eins zu setzen.

1. Individueller Datenschutz durch das Strafrecht

Eine individuelle Ausrichtung eines Datenschutzstrafrechts soll primär personenbezogene Daten und die dahinterstehenden Rechte auf informationelle Selbstbestimmung und Privatheit schützen. Diese Schutzrichtung basiert auf Grund- und Menschenrechtsstandards, die sich aus Art. 2 Abs. 1 i.V.m. Art. 1 GG sowie Art. 8 EMRK herauslesen lassen. Ein hierauf ausgerichtetes Strafrecht kann als klassisches Datenschutzstrafrecht verstanden werden, wie es auch in Deutschland etabliert und hinsichtlich der Verhaltensnormen datenschutzrechtlich in Teilbereichen ausbuchstabiert ist. Dieses Recht ist inhaltlich europäisch durch die DSGVO geprägt und national durch die Nutzung der Öffnungsklausel des § 84 DSGVO mit Sanktionen unterlegt. Für Deutschland ist § 42 BDSG die zentrale, wenngleich in der Praxis weitgehend unbedeutende Strafvorschrift. Flankiert wird es durch eine Vielzahl weiterer Regelungen im Straf- und Ordnungswidrigkeitenrecht.[16]

Ziel dieses Datenschutzstrafrechts ist es, personenbezogene Daten vor unberechtigtem Zugriff und unberechtigter Verwendung zu schützen.[17] Die

---

14 Dies kann in Anlehnung an *Kölbel*, Die dunkle Seite des Strafrechts. Eine kriminologische Erwiderung auf die Pönalisierungsbereitschaft in der strafrechtswissenschaftlichen Kriminalpolitik, NK 2019, S. 249 ff. als eine (weitere) dunkle Seite (zukünftigen) Strafrechts angesehen werden.
15 S. zu zwei Schutzrichtungen auch *von Ungern-Sternberg*, in diesem Band, S. 88 ff.
16 S. eingehend hierzu *Brodowski*, in diesem Band, S. 60 ff.
17 Zu weiteren Schutzrichtungen s. *Brodowski*, in diesem Band, S. 68 ff.

adressierten Missbrauchshandlungen erfolgen dabei vornehmlich gegen oder ohne den informierten Willen der Dateninhaber*innen. Die Schutzdimension geht jedoch über den unberechtigten Zugriff auf die Daten hinaus. Sie betrifft auch die ggf. in der Zukunft liegenden Verwendungsmöglichkeiten mit ihren Auswirkungen auf Teilhabe, Freiheit und Gleichheit und entspricht insofern der im Recht auf informationelle Selbstbestimmung enthaltenen vorgelagerten Freiheits- und Gleichheitssicherung.[18] Dennoch verletzt bereits der unberechtigte Zugriff auf die Daten das auch strafrechtlich zu bestimmende Rechtsgut der informationellen Selbstbestimmung bzw. der Datensicherheit.[19] Für diese dogmatische Betrachtung streitet die verfassungsgerichtliche und europarechtliche Judikatur, wonach schon die Speicherung und nicht erst die Verwendung personenbezogener Daten einen Grundrechtseingriff darstellt,[20] was für die strafrechtliche Rechtsgutsbestimmung und die Angriffsintensität nutzbar gemacht werden kann. Entsprechend kann die unmittelbare Schwere der Individualrechtsgutsverletzung und damit des strafrechtlichen Unrechts an der Qualität der Daten gemessen werden. Von Bedeutung ist somit, aus welcher Sphäre die Daten stammen, auf die unberechtigt zugegriffen wird. Die Nähe zum Kernbereich privater Lebensgestaltung spielt hierbei ebenso eine Rolle wie die Frage, ob es sich um Daten handelt, die Art. 9 DSGVO unterfallen.[21] Auch die Form des Zugriffs, also etwa ob Sicherheitsvorkehrungen überwunden werden oder ob in ein Computersystem eingedrungen wird, ist beachtlich. Ebenso bestimmt der Grad fehlender Berechtigung die Schwere des Individualunrechts. Die Unrechtstiefe bemisst sich etwa danach, ob auf die Daten ohne Einwilligung zugriffen, der Zugriff durch Täuschung erschlichen wird oder ob eine Einwilligung lediglich (formal) fehlerbehaftet ist.

Nicht zu übersehen ist allerdings, dass der im Recht der informationellen Selbstbestimmung enthaltene, abstrakt wirkende Schutz auch bei der

---

18 *Buchheim*, in Barczak (Hrsg.), BKA-Gesetz, 2023, § 9 Rn. 14; *Poscher*, Die Zukunft der informationellen Selbstbestimmung als Recht auf Abwehr von Grundrechtsgefährdungen, in Gander/Perron/Poscher et al. (Hrsg.), Resilienz in der offenen Gesellschaft, 2012, S. 167 ff.; s. auch *von Ungern-Sternberg*, in diesem Band, S. 89 f. mit Beispielen und Nachweisen.
19 Hierzu *Zimmermann*, in diesem Band, S. 141 ff.
20 EuGH, Urt. v. 8.4.2014, C-293/12, C-594/12; EuGH, Urt. v. 21.12.2016, C-203/15; C-698/15; EuGH, Urt. v. 20.9.2022, C-793/19, C-794/19 u.a.; BVerfGE 125, 260, 311; zu einer entsprechenden Rechtsgutskonzeption auch *Puschke*, Legitimation, Grenzen und Dogmatik von Vorbereitungstatbeständen, 2017, S. 96 ff.
21 Hierzu auch *Reinbacher*, in diesem Band, S. 162 f.; *Zimmermann*, in diesem Band, S. 151 f.

Beurteilung der Schwere des Individualrechtsgutsangriffs zu beachten ist. Insofern sind insbesondere auch die (geplanten) Verwendungszusammenhänge mir Rückwirkungen auf das Individuum zu berücksichtigen. Die massenhafte Verletzung von Individualinteressen durch die Betroffenheit einer Vielzahl von Personen[22] erhält insofern auch bzgl. der Verwendungszusammenhänge Bedeutung. Können somit das Recht auf informationelle Selbstbestimmung als Rechtsgut im Strafrecht nutzbar gemacht und unterschiedliche Unrechtsdimensionen abgebildet werden, bleiben aktuelle strafrechtliche Regelungen nicht frei von Widersprüchlichkeiten und Kritik.[23] Während das Datenschutzrecht Risiken, die durch die Verarbeitung von personenbezogenen Daten entstehen, in großer Breite adressiert, bedarf es für das Strafrecht einer Fokussierung auf spezifisches Unrecht.[24] Ein weitgehend akzessorisches Datenschutzstrafrecht kann diese rechtsstaatlich notwendige Beschränkung nur bedingt leisten. Wann die Schwelle zur Strafwürdigkeit überschritten ist, bleibt jenseits der auch hier abstrakt vorgenommenen Gewichtungen undeutlich.

Vor diesem Hintergrund erscheint der individuelle Datenschutz auch als Materie des Völkerstrafrechts problematisch. Trotz der offenkundig grenzüberschreitenden Dimension eines solchen Datenmissbrauchs in einer vernetzten Welt könnte ein Völkerstrafrecht allenfalls in absoluten Grenzbereichen zum Einsatz kommen. Um einen universellen Geltungsanspruch eines Strafrechts, das nur bei gravierenden Grund- und Menschenrechtsverletzungen von systemischem Ausmaß greift, behaupten und für einen diskursiven Prozess in Anschlag bringen zu können, bedarf es einer Beschränkung auf schwerste Systemverbrechen und Beteiligung hieran. De lege lata dürfte ein systematischer Datenmissbrauch allenfalls dann als Materie des Völkerstrafrechts in Betracht kommen, wenn es um die hierin liegende Beteiligung an Kernverbrechen des Völkerstrafrechts geht. Hinsichtlich der Unrechtsbestimmung steht in diesen Fällen allerdings nicht das spezifisch Missbräuchliche an der Datenerhebung- und -verarbeitung im Zentrum, sondern die Förderung von Völkerstraftaten, die durch andere Begehungsformen verwirklicht werden. Ob bestimmte Formen eines systematischen, menschenrechtsverletzenden Datenmissbrauchs auch als eigenständiges Delikt, insbesondere als Verbrechen gegen die Menschlichkeit i.S.d. Art. 7 Römisches Statut, gewertet werden können, erscheint demge-

---

22 Vgl. § 42 Abs. 1 BDSG.
23 Eingehend *Brodowski*, in diesem Band, S. 61 ff., 67 f.
24 S. auch *Golla*, in diesem Band, S. 78 f.

genüber fraglich.[25] Steht die Schaffung neuer Regelungen im Raum, gilt es völkerstrafrechtlich relevantes Datenmissbrauchsverhalten von sonstigen (strafrechtlich relevanten) Missbräuchen auf einer abstrakten Ebene abzugrenzen. Dies ist eine konzeptionelle Aufgabe, die durchaus herausfordernd sein kann und die sich nicht ausschließlich an Missbrauchsformen der Vergangenheit[26] orientieren darf. Sie muss neben der Tiefe der unmittelbaren Verletzung des Individualrechtsgutes bzw. der Individualrechtsgüter auch die (abstrakte) systemische Komponente berücksichtigen und somit einerseits wirtschaftlichen[27] oder staatlichen Machtmissbrauch,[28] andererseits aber auch potenzielle Rückwirkungen durch die Verwendung der Daten berücksichtigen. Dabei wird man auch damit konfrontiert sein, dass sich gerade die staatliche Überwachung und damit verbundene Verletzungen des Rechts auf informationelle Selbstbestimmung im oben beschriebenen Sinne legitimatorisch auf die Notwendigkeit zur Gefahrenabwehr, Strafverfolgung sowie die äußere Sicherheit stützen. Die Akzeptanz von Überwachung vor diesen Hintergründen dürfte innerhalb einer Gesellschaft und zwischen unterschiedlichen Gesellschaften erheblich divergieren. Die Übergänge von der Vorratsdatenspeicherung, den sog. Chatkontrollen, der Infiltrierung von Encrochat, der Nutzung von Pegasus, dem Vorgehen der NSA bis zur flächendeckenden Überwachung für ein Social Scoring System und einem vollständigen Ausspähen und Unterdrücken der Bevölkerung können hier durchaus fließend sein. Entsprechend sind die Maßstäbe zur (verfassungs)rechtlichen Bewertung von Privatheitsschutz und dessen Grenzen nicht einheitlich.[29] Zwar können Ansätze zur Beschränkung auf einen hinreichend bestimmten Unrechtskern von individuell geprägten Datenmissbräuchen nutzbar gemacht werden. So verweist etwa *Sebastian Golla* auf die Notwendigkeit des Schutzes von Persönlichkeitsprofilen und das entsprechende Begrenzungspotenzial eines solchen Zuganges.[30] Eine

---

25 Hierzu abwägend *Böck/Kettemann*, in diesem Band, S. 118 ff.
26 S. zu einer entsprechenden Kritik am Datenschutzstrafrecht auch *Kubiciel/Großmann*, Doxing als Testfall für das Datenschutzstrafrecht, NJW 2019, S. 1050, 1051.
27 Grundlegend *Zuboff*, Das Zeitalter des Überwachungskapitalismus, 2018; zu möglichen Kriterien *Reinbacher*, in diesem Band, S. 159 ff.; s. auch *Wittig*, in diesem Band, S. 172 ff.
28 S. auch *von Ungern-Sternberg*, in diesem Band, S. 92 ff.
29 Hierzu eingehend unter Analyse der Maßstäbe des Bundesverfassungsgerichts, des Europäischen Gerichtshofs und des U.S. Supreme Court *Wischmeyer*, in diesem Band, S. 133 ff.
30 *Golla*, Die Straf- und Bußgeldtatbestände der Datenschutzgesetze, 2015, S. 235; *ders.*, in diesem Band, S. 79 ff. m.w.N.; vgl. hierzu bereits *Wittig*, Die datenschutzrechtliche

derartige Konturierung eines datenschutzstrafrechtlichen Individualrechtsgutes kann sich auf national[31] sowie international[32] anerkannte Maßstäbe besonders gravierender Datenschutzverletzungen berufen. Um die Schwelle für den Einsatz des Völkerstrafrechts zu erreichen, gilt es freilich auch hier eine systemische Unrechtskomponente zu ergänzen.

Bei allen Widersprüchlichkeiten und ungeklärten Fragen eines Individualrechtsgüter schützenden Datenschutzstrafrechts erscheinen Anknüpfungspunkte für eine völkerstrafrechtliche Adressierung am Horizont. Die Herausforderung besteht darin, die Unrechtsschwere auf Basis systemischen Unrechts abstrakt, aber dennoch hinreichend konkret zu fassen.

2. Schutz von Autonomie und Freiheit als gesellschaftliche Güter

Allerdings bleibt die Frage im Raum, ob ein derartig zu beschränkendes Datenschutzstrafrecht den von *Sabine Müller-Mall* aufgezeigten besonderen (internationalen) Zukunftsherausforderungen hinreichend Rechnung tragen kann.[33] Denn gesamtgesellschaftliche Veränderungen, die sich durch Digitalisierung und Algorithmisierung ergeben können, werden von einem im Ursprung Individualrechtsgüter schützenden Strafrecht nur unzureichend erfasst. Sollen Schutzziele wie Autonomie-, Freiheits-, Teilhabe- und Gleichheitssicherung auf einer grundlegenden gesellschaftlichen Ebene strafrechtlich adressiert werden, müssten Gefahren hierfür auch im Zentrum entsprechender Normierungen stehen, wodurch Legitimationszusammenhänge und die Normenausgestaltung beeinflusst werden. Im Vordergrund stehen dann abstrakte Gefährdungen grundlegender Werte des Zusammenlebens durch Techniken der Datenverarbeitung. Dass auch eine solche Perspektive mit dem Konzept eines klassischen Datenschutzstrafrechts in unmittelbarer Verbindung steht, ist offensichtlich und wurde bereits zuvor thematisiert. Gerade die Nutzung personenbezogener Daten ermöglicht ein Mikrotargeting zur Wahlbeeinflussung, führt zur Informationsreduktion in sog. sozialen Blasen oder lässt Möglichkeiten individuel-

---

Problematik der Anfertigung von Persönlichkeitsprofilen zu Marketingzwecken, RDV 2000, S. 59; s. auch *Werkmeister*, Erste Überlegungen zum Begriff der „politischen Datenwirtschaftsstraftat", GA 2021, S. 570, 582 ff.
31 BVerfGE 65, 1, 53 f.; 115, 320, 351; 120, 378, 407; 125, 260, 319 f.; 141, 220, 267; s. auch BVerfG, Urt. v. 16.2.2023, 1 BvR 1547/19, 1 BvR 2634/20.
32 Vgl. Erwägungsgrund 71 der DSGVO.
33 Ähnliche Zweifel auch bei *Golla*, in diesem Band, S. 76 ff.

ler sozialer und wirtschaftlicher Teilhabe schwinden. Entsprechend wurde festgestellt, dass die Intensität der Betroffenheit des Rechts auf informationelle Selbstbestimmung auch von den Nutzungsinteressen der Missbrauchenden und potenziellen Auswirkungen des Missbrauchs abhängt.[34]

Jedoch sind der Personenbezug und das Handeln gegen oder ohne den Willen der Dateninhaber*innen nicht oder jedenfalls nicht allein zentral für die angesprochenen grundlegenden Gefährdungen. Von besonderer Relevanz ist vielmehr die algorithmenbasierte statistische Auswertung, die bspw. Rückschlüsse auf mutmaßliches Verhalten von Angehörigen bestimmter Personengruppen zulässt oder in Verbindung mit Anwendungen in der analogen Welt bestimmte Verhaltensweisen von Anfang an verunmöglicht. Werden zwecks Auswertung oder späterer Rückanwendung personenbezogene Daten benötigt, können diese auch mit der (formalen) Einwilligung der Dateninhaber*innen erlangt und zur Anwendung gebracht werden, ohne dass die Gefahren für Autonomie und Freiheit entfallen müssten. Gerade die Selbstbeschränkungen, mit der auch Fremdbeschränkungen einhergehen, sind ein grundlegendes Problem,[35] worauf auch *Delphine Reinhardt* etwa mit dem Blick auf die „Privatheitsmüdigkeit" hingewiesen hat.[36] Entsprechend zeichnen sich die von *Sabine Müller-Mall* aufgezeigten Techniken der smartness gerade dadurch aus, dass ihnen Versprechungen von Nachhaltigkeit und Sicherheit unterlegt und sie damit häufig positiv konnotiert sind.[37] Soll vor diesem Hintergrund die Einwilligung in die Datenpreisgabe, ggf. auch im Sinne eines broad consent unter Verzicht auf umfassende Informiertheit, nicht aus einem übergeordneten Interesse heraus einschränkt werden, ist eine ausschließliche Konzeptionalisierung eines Datenstrafrechts über die Individualrechtsgüter nicht zielgenau. Auch die von *Andreas Werkmeister* vorgeschlagene Rückbeziehung auf die Menschenwürde mit kollektiver Dimension und ein diesbezügliches Vertrauen der Nutzergemeinschaft in den Datenumgang[38] erscheint für diese Konstellationen noch nicht vollständig ausbuchstabiert. So wird auch hier der Unrechtskern primär individuell hergeleitet, was für viele Fälle jedoch konstruiert erscheint und insoweit eine paternalistische Komponente aufweist. Selbst bei eindeutigen Verletzungen von Individualrechten aufgrund

---

34 S. hierzu noch einmal *Buchheim* (Fn. 18), § 9 Rn. 13 ff.; vgl. bereits unter III.1.
35 Hierzu auch *Burchard* (Fn. 13), S. 557 f.
36 *Reinhardt*, in diesem Band, S. 43.
37 S. auch *Werkmeister* (Fn. 30), S. 575 f.
38 *Werkmeister* (Fn. 30), S. 582 ff.; hierzu auch *Reinbacher*, in diesem Band, S. 165.

fehlender Einwilligung und vielzähligen Betroffenen werden die hierbei entstehenden Summationseffekte[39] von einem individuell abgeleiteten Unrechtsgehalt nicht vollständig abgebildet. Das Vorgehen von Cambridge Analytica[40] war nicht, jedenfalls nicht nur deswegen besonders einschneidend, weil die personenbezogenen Daten vieler Nutzer*innen täuschungsbedingt unberechtigt erlangt wurden. Entscheidend war ebenfalls die Nutzung der Daten mit dem Ziel der Wahlbeeinflussung, die auch unabhängig von einer potenziellen individuellen Betroffenheit der Dateninhaber*innen Unrechtsrelevanz haben kann.

Strafrechtliche Regelungen, die diese Unrechtskomponente abbilden sollen, müssten daher unabhängig von den Bedingungen der individuellen Datenpreisgabe ansetzen[41] und die erlangten Datenbestände, ihre Verknüpfung und bereichsbezogene Nutzung erfassen. Sollen entsprechende Beeinträchtigungsmodalitäten der Schutzinteressen konkret beschrieben werden, lässt sich jedoch schnell feststellen, dass Autonomie, politische Freiheit oder Chancen sozialer Teilhabe wegen ihrer Vielschichtigkeit kaum als strafrechtliche Rechtsgüter nutzbar gemacht werden können. Zudem wird die Anwendung der in Rede stehenden Techniken und Nutzungsmodalitäten weit im Vorfeld einer unmittelbaren Beeinträchtigung dieser Schutzinteressen stattfinden, eine reale Verletzung in vielen Fälle daher nicht auszumachen sein. Insofern kommt es auf konkret zu benennendes Missbrauchsverhalten an. Was missbrauchende oder aber gewollte bzw. hinzunehmende Techniken und Vorgehensweisen sind, muss allerdings zunächst klar definiert werden. Dieser Prozess ist durchaus kleinteilig und unter Einbeziehung unterschiedlicher Interessen durchzuführen.[42] Für den Bereich des Strafrechts müsste zudem extrahiert werden, welche Missbräuche als strafrechtliches Unrecht markiert werden können, und dies konzeptionell

---

39 Hierzu mit Blick auf die Ausgestaltung des § 42 BDSG als absolutes Antragsdelikt *Brodowski*, in diesem Band, S. 63 f.
40 Hierzu *Reinbacher*, in diesem Band, S. 156 ff.; Abschlussbericht des Kultur- und Medienausschusses des britischen Parlaments *House of Commons – Digital, Culture, Media and Sport Commitee*, Disinformation and 'fake news': Final Report, S. 5, 45; hierzu auch *Knorre/Müller-Peters/Wagner*, Die Big-Data-Debatte, 2020, S. 20 ff.; s. auch *Wylie*, Mindf*ck: Cambridge Analytica and the Plot to Break America, 2019; *Werkmeister* (Fn. 30), S. 570 m.w.N.; *Oganesian/Heermann*, China: Der durchleuchtete Mensch – Das chinesische Social-Credit-System, ZD-Aktuell 2018, 06124.
41 S. zu einer entsprechenden Datenschutzkonzeption auch *Poscher*, Artificial Intelligence and the Right to Data Protection, MPI-CSL Working Paper 2021 (3), S. 8 f., 12.
42 S. zur allgemeinen Diskussion um den Missbrauch staatlicher Datenmacht *Böck/Kettemann*, in diesem Band, S. 113 ff.

aufbereitet und dem Bestimmtheitsgebot entsprechend gefasst werden. Das Strafrecht oder gar das Völkerstrafrecht unabhängig von dem weitgehend noch zu führenden politischen und außerstrafrechtlichen Diskurs um sozial-technologische Fragen an die Spitze der Gefahreneindämmung zu setzen, erscheint problematisch. Eine Umgehung oder Vorwegnahme eines solchen Diskurses durch die Etablierung abstrakter Gefährdungstatbestände, die zur Bestimmung einer Gefährlichkeit, bzw. strafrechtlich gewendet eines Unrechtgehalts, auf eine Eignung zur Autonomiebeschränkung, zur Beeinträchtigung von Verfassungsgrundsätzen und Demokratie oder zur Reduzierung sozialer Teilhabe abstellen, sind ungeeignet, einen Unrechtskern hinreichend bestimmt zu umschreiben. Für die Bereiche, etwa eines Datenwirtschaftsrechts,[43] in denen konsentierte Verhaltensnormen bereits ausgemacht werden können und wonach bestimmte Techniken, wie etwa der Einsatz von algorithmischer Auswertung in bestimmten Lebensbereichen, als besonders gefährlich beurteilt werden, sind (zunächst) vor allem unternehmensbezogene Regulierungen das Mittel der Wahl.[44]

IV. Zeit für ein Daten(wirtschafts)völkerstrafrecht?

Die Gefahren, die sich für Einzelne und die Gesellschaft durch die Digitalisierung und hiermit im Zusammenhang stehendem Datenmissbrauch ergeben können, sind beachtlich. Sie sind zudem grenzüberschreitend und können eine Eingriffstiefe und -breite erreichen, die nach völkerstrafrechtlicher Normierung verlangt. Die Markierung von in dieser Hinsicht relevantem Missbrauchsverhalten in der Vergangenheit, wie Cambridge Analytica, oder die Beschreibung grundlegender gesellschaftlicher Veränderungen, die erhebliche Grundrechtseinschränkungen zur Folge haben können, dienen dem zu führenden Diskurs. Eine hinreichende strafrechtstheoretische Grundlage für die Etablierung eines Datenvölkerstrafrechts enthalten sie jedoch nicht. Hierfür müssen jenseits von Einzelfällen und allgemeinen Gefahren nachvollziehbare und verallgemeinerungsfähige Maßstäbe für

---

43 Zu einem Datenwirtschaftsrecht eingehend *Böck/Kettemann* in diesem Band, S. 109 f.
44 S. hierzu etwa die sog. KI-Verordnung (Vorschlag der Kommission für eine Verordnung des Europäischen Parlaments und des Rates zur Festlegung harmonisierter Vorschriften für Künstliche Intelligenz und zur Änderung bestimmter Rechtsakte der Union v. 21.4.2021, 2021/0106(COD)) oder der Digital Services Act (Verordnung (EU) 2022/2065 des Europäischen Parlaments und des Rates v. 19.10.2022 über einen Binnenmarkt für digitale Dienste und zur Änderung der Richtlinie 2000/31/EG).

eine Normierung erarbeitet werden. Der Diskurs hierzu ist noch im Fluss und weit davon entfernt in Gesetzesform gegossen zu werden. So ist zwar der Einsatz des Strafrechts zum individuellen Datenschutz weitgehend etabliert. Neben den beschriebenen Defiziten fehlt es für eine völkerstrafrechtliche Bearbeitung jedoch an hinreichend überzeugenden Konzepten, wie eine notwendige systemische Grund- und Menschenrechtsverletzung und das sich hieraus ergebende Völkerstrafrechtsunrecht gezielt erfasst werden könnten. Demgegenüber können die grundlegenden gesellschaftlichen Gefahren eines Datenge- oder -missbrauchs für Autonomie, Freiheit, Gleichheit und Teilhabe zwar ohne Weiteres eine entsprechende Schwere aufweisen. Wo allerdings die Grenzen zwischen Missbrauch und akzeptiertem Umgang mit den Gefahren liegen, ist gesellschaftlich und außerstrafrechtlich nicht hinreichend umrissen. Zum Schließen dieser Lücken können und sollten Strafrecht und Völkerstrafrecht keine Führung beanspruchen.

An dieser Stelle ist der notwendige Diskurs um den Zuschnitt eines (völker)strafrechtlichen Unrechtskerns fortzuführen. Ansätze, welche die aufgezeigte individuelle und gesamtgesellschaftliche Perspektive zu verbinden versuchen, erscheinen dabei vielversprechend. Der strafrechtlich besser zu fassende Individualrechtsgüterschutz kann dabei als Basis eines Schutzkonzeptes fungieren. Er ist jedoch um den Schutz vor systemischen Unrechtselementen und vor gesamtgesellschaftlicher Gefährdung zu ergänzen und so auf völkerstrafrechtliches Unrecht zu beschränken. Dies mag zwar nicht alle potenziell relevanten Unrechtsdimensionen abdecken. Ein entsprechender Zugang verringert jedoch Gefahren, die von einem Pönalisierungsdiskurs für die dunklen Seiten des Strafrechts[45] ausgehen können. Denn das Strafrecht wie auch das Völkerstrafrecht sind sowohl in ihrer Anwendung als auch bzgl. der Gegenstandsauswahl hoch selektiv. Die Selektionsmechanismen basieren dabei weitgehend auf anderen Prämissen als die Beurteilung von Unrecht, Gefährlichkeit und Schädigungspotenzial. Gerade die für ein Daten(wirtschafts)völkerstrafrecht als Adressat*innen in Rede stehenden Verantwortlichen in Staaten und Unternehmen haben erheblichen Einfluss bei dem Zuschnitt der Regulierung und zudem das Potenzial, sich einem strafrechtlichen Zugriff effektiv zu entziehen.[46] Dies gilt auch für Möglichkeiten der Delegation der persönlichen strafrechtlichen

---

45 *Kölbel* (Fn. 14).
46 *Ruggiero*, State Crime, KrimJ 2023, S. 53 ff.

Verantwortlichkeit bzw. einer entsprechenden Verantwortungsdiffusion.[47] Angesichts der bisherigen Unschärfe datenschutzstrafrechtlicher Unrechtskonzepte gilt es zu vermeiden, dass die Diskussion um ein Daten(wirtschafts)völkerstrafrecht beim Schutz vor systematischen Datenschutz(menschenrechts)verletzungen beginnt und bei einer Intensivierung der nationalen Strafverfolgung des Hackers aus dem Kinderzimmer und der Fake News Verbreitenden politischen Extremistin endet.[48]

Die wissenschaftliche Diskussion um ein Daten(wirtschafts)völkerstrafrecht hat gerade erst begonnen. Sie läuft entlang der Bestimmung adäquater Rechtsgüter, der Schwere ihrer Beeinträchtigung sowie einem dahinterstehenden systematischen Machtmissbrauch und kann so auch dazu beitragen nationales Datenschutzstrafrecht zu evaluieren. Die Zeit für eine völkerstrafrechtliche Regelung scheint aber noch nicht gekommen zu sein.

---

47 Vor diesem Hintergrund weist auch *Golla* auf die Vorteile eines Bußgeldmodelles hin, das sich unmittelbar an die Unternehmen richtet, in diesem Band, S. 83.
48 S. zur aktuellen Praxis der Verfolgung eher geringfügiger Verstöße aus dem Alltag *Golla*, in diesem Band, S. 75.

Zum Status quo des Datenschutzstrafrechts:
Grenzen für Datenmacht?

Dominik Brodowski

Dieser Beitrag untersucht, ob und inwieweit der bestehende Kanon materiell-strafrechtlicher Bestimmungen ausreichend ist, um schwerwiegende systematische Datenschutzverletzungen durch staatliche und wirtschaftliche Akteure[1] zu adressieren. Hierzu wird das materielle Datenschutzkriminalstrafrecht (I.) und Datenschutzsanktionenrecht (II.) ebenso überblicksartig skizziert wie weitere Straftatbestände, die Datenschutzverletzungen miterfassen (III.). Zwar bedürfen materiell-strafrechtliche bzw. sanktionenrechtliche Regelungen bei Regime- und Wirtschaftskriminalität in besonderem Maße einem engen Zusammenspiel mit dem Prozessrecht, doch ist eine hinreichende materiell-rechtliche Grundlage notwendige Voraussetzung für eine jede Rechtsdurchsetzung. Daher werden auf Basis der lex lata Schlaglichter auf mögliche Regelungsmodelle für ein materielles Daten(völker)strafrecht geworfen (IV.).

I. Status quo des Datenschutzstrafrechts im engeren Sinne

Mit dem Inkrafttreten der DSGVO[2] am 25. Mai 2018 (Art. 99 Abs. 2 DSGVO), die als unmittelbar anwendbares Unionsrecht die datenschutzrechtlichen Rechte und Pflichten im Rahmen ihres weiten, aber nicht allumfassenden Anwendungsbereichs[3] konturiert, wurde zugleich die Rechtsdurchsetzung des Datenschutzstrafrechts umgestaltet und europäisiert: Die

---

1 Zur Phänomenologie *Werkmeister*, Erste Überlegungen zum Begriff der „politischen Datenwirtschaftsstraftat", GA 2021, S. 570 ff.
2 Verordnung (EU) 2016/679 des Europäischen Parlaments und des Rates vom 27. April 2016 zum Schutz natürlicher Personen bei der Verarbeitung personenbezogener Daten, zum freien Datenverkehr und zur Aufhebung der Richtlinie 95/46/EG (Datenschutz-Grundverordnung), ABl. EU Nr. L 119 v. 4.5.2016, S. 1, zuletzt ber. ABl. EU Nr. L 74 v. 4.3.2021, S. 35.
3 Zur Konturierung des sachlichen und räumlichen Anwendungsbereichs siehe Art. 2 und 3 DSGVO.

ultima ratio im Werkzeugkasten der Datenschutz-Aufsichtsbehörden ist nunmehr die Verhängung einer europäisierten Geldbuße nach Art. 83 DSGVO (näher unten II.). Zugleich haben aber einige Mitgliedstaaten, darunter Deutschland, die Möglichkeit der Öffnungsklausel in Art. 84 DSGVO genutzt[4] und halten Straftatbestände des Kriminalstrafrechts vor, um „beispielsweise bei schweren Verstößen gegen diese Verordnung [...]" die Verhängung „wirksame[r], verhältnismäßige[r] und abschreckende[r] Sanktionen" (Erw.-Gr. 152 DSGVO), einschließlich Freiheitsstrafen, zu ermöglichen.

1. Licht und Schatten bei § 42 BDSG

Entgegen Kritik aus der Literatur[5] und zwischenzeitlichen rechtspolitischen Impulsen[6] befindet sich die zentrale datenschutzrechtliche Strafvorschrift unverändert im BDSG, seit der Neufassung 2018 in dessen § 42.

a. Erste Annäherung an den objektiven Grundtatbestand

Auf den ersten Blick ist der in dieser Strafvorschrift enthaltene Grundtatbestand[7] – Abs. 2 Nr. 1 – in der Tat weit gefasst und erfasst jegliches Verhalten, mit dem „personenbezogene Daten, die nicht allgemein zugänglich sind, [...] verarbeitet" werden, „ohne hierzu berechtigt zu sein". Taugliches Tatobjekt sind somit „alle Informationen, die sich auf eine identifizierte oder identifizierbare natürliche Person [...] beziehen" (Art. 4 Nr. 1 DSGVO). Unbeschadet ihrer analogen oder digitalen Speicherform – anders als im IT-Kernstrafrecht (z.B. bei § 202a Abs. 1 StGB) – ist nicht erforderlich, dass es sich um Daten i.S.d. § 202a Abs. 2 StGB handelt. Im Hinblick auf die viel besungene „Fragmentarität" und Subsidiarität strafrechtlichen Schutzes sind jedoch allgemein zugängliche Daten ausgeklammert, also Daten, „die von jedermann zur Kenntnis genommen werden können, ohne dass der

---

4 Instruktiv hierzu Sydow/Marsch/*Popp*, DSGVO | BDSG, 3. Aufl. 2022, Art. 85 DSGVO Rn. 1 ff., insb. Rn. 4.
5 Statt aller *Wybitul/Reuling*, Umgang mit § 44 BDSG im Unternehmen: Die weitreichenden zivilrechtlichen Folgen einer unscheinbaren Strafnorm, CR 2010, S. 829, 832; *Golla*, Die Straf- und Bußgeldtatbestände der Datenschutzgesetze, 2015, S. 235 ff.
6 Zuletzt BT-Drs. 19/31115, S. 7; zuvor BT-Drs. 19/28777.
7 BeckOK-DSR/*Brodowski/Nowak*, 43. Ed. 2023, § 42 BDSG Rn. 4.

Zugang zu den Daten rechtlich beschränkt ist".[8] Der Taterfolg – Verarbeitung – ist ebenfalls sehr weit gefasst und erfasst nach der Legaldefinition in Art. 4 Nr. 2 DSGVO „jeden […] Vorgang […] im Zusammenhang mit personenbezogenen Daten wie das Erheben, das Erfassen, die Organisation, das Ordnen, die Speicherung, die Anpassung oder Veränderung, das Auslesen, das Abfragen, die Verwendung, die Offenlegung durch Übermittlung, Verbreitung oder eine andere Form der Bereitstellung, den Abgleich oder die Verknüpfung," ja sogar „die Einschränkung, das Löschen oder die Vernichtung" solcher Daten. Letztere Trias ist zwar teleologisch zu reduzieren,[9] im Übrigen wird aber quasi jeglicher kausal und objektiv zurechenbar verursachte Umgang mit nicht allgemein zugänglichen personenbezogenen Daten erfasst. Das weitere normative Tatbestandsmerkmal[10] der fehlenden Berechtigung zeichnet wiederum die Grundkonstruktion des Datenschutzrechts – Verbot mit Eingriffsvorbehalt – strafrechtlich nach.

b. Komplikationen

Doch es ist reichlich Wasser in den Wein zu gießen:

So ist in sachlicher Hinsicht der Anwendungsbereich des § 42 BDSG gleich mehrfach begrenzt. Aufgrund seiner Lozierung in Teil 2 des BDSG ist die Vorschrift unmittelbar nur anwendbar auf Verarbeitungsvorgänge, die im von Art. 2 DSGVO vorgegebenen sachlichen Anwendungsbereich der DSGVO liegen.[11] Dabei ist weniger die Reduzierung auf „die ganz oder teilweise automatisierte Verarbeitung personenbezogener Daten sowie für die nichtautomatisierte Verarbeitung personenbezogener Daten, die in einem Dateisystem gespeichert sind oder gespeichert werden sollen," (Art. 2 Abs. 1 DSGVO) das Problem, da die in diesem Sammelband thematisierten Verhaltensweisen in heutiger Zeit breitflächig Informationstechnik zur Datenakquise, -aufbereitung und -speicherung einsetzen. Ausgeklammert werden aber in Art. 2 Abs. 2 bis 4 DSGVO verschiedene Verarbeitungskontexte, insbesondere Datenverarbeitungen zum Schutz der nationalen

---

8 BGH NJW 2013, S. 2530, 2533 zu § 44 BDSG a.F.
9 BeckOK-DSR/*Brodowski*/*Nowak*, 43. Ed. 2023, § 42 BDSG Rn. 46; a.A. Kühling/Buchner/*Bergt*, 3. Aufl. 2020, § 42 BDSG Rn. 32; Sydow/*Heghmanns*, § 42 BDSG Rn. 18.
10 BeckOK-DSR/*Brodowski*/*Nowak*, 43. Ed. 2023, § 42 BDSG Rn. 36, 47; Auernhammer/*Golla*, 7. Aufl. 2020, § 42 BDSG Rn. 11.
11 Siehe hierzu oben bei und mit Fn. 3.

Sicherheit, die nicht in den Anwendungsbereich des Unionsrechts fallen (Art. 2 Abs. 2 lit. a DSGVO), die Gemeinsame Außen- und Sicherheitspolitik (Art. 2 Abs. 2 lit. b DSGVO) und der Bereich der Straftatverhütung und -verfolgung (Art. 2 Abs. 2 lit. d DSGVO). Für den letztgenannten Bereich ordnet zwar § 84 BDSG die entsprechende Geltung des § 42 BDSG an, ebenso § 85 SGB X für „Sozialdaten" im Sozialverwaltungsverfahren. Entsprechende Verweisungen fehlen aber für sonstiges nicht unionsrechtlich determiniertes Staatshandeln, insbesondere für den Bereich der Nachrichtendienste.[12] Hinzu tritt, dass die Datenverarbeitung durch öffentliche Stellen der Länder nur subsidiär durch das BDSG geregelt wird (vgl. § 1 Abs. 1 Satz 1 Nr. 2 BDSG),[13] was den Anwendungsbereich des § 42 BDSG weiter schmälert.[14]

Sodann machte man es sich etwas zu einfach, wenn man das „Wer" im Tatbestand als Kennzeichen eines Allgemeindelikts missverstehen würde:[15] Nur „Verantwortliche" i.S.d. Art. 4 Nr. 7 DSGVO sind originäre Adressaten der unionsrechtlichen Verhaltensnormen. Da die Strafvorschrift diese Maßgaben flankiert, werden durch sie lediglich diese „Verantwortlichen" adressiert,[16] d.h. nur diejenigen (natürlichen) Personen, „die allein oder gemeinsam mit anderen über die Zwecke und Mittel der Verarbeitung von personenbezogenen Daten entscheide[n]". Im unternehmerischen Kontext lassen sich durch eine Anwendung der Tatbestandsergänzung des § 14 StGB (nur) die dort genannten Führungspersonen erfassen,[17] indes nur mit argumentativen Klimmzügen auch die „faktischen" Geschäftsführer*innen.[18]

Hinsichtlich des Tatobjekts – personenbezogene Daten – ist problematisch, ob auch die Deanonymisierung personenbezogener Daten erfasst wird, da Ausgangspunkt eines solchen Verarbeitungsvorgangs gerade *nicht* personenbezogene Daten zu sein scheinen. In diesem Sinne erfassen einige landesrechtliche Bestimmungen die Deanonymisierung personenbezogener

---

12 Zur umstrittenen Reichweite des Art. 2 Abs. 2 lit. a DSGVO siehe BeckOK-DSR/*Bäcker*, 43. Ed. 2023 Art. 2 DSGVO Rn. 7 ff. m.w.N.
13 Zu Landesdatenschutzgesetzen siehe unten I.2.
14 Zur über § 14 StGB vermittelten persönlichen Anwendbarkeit bei Unternehmen siehe sogleich bei und mit Fn. 16.
15 So wohl Kühling/Buchner/*Bergt*, 3. Aufl. 2020, § 42 BDSG Rn. 3; *Piltz*, BDSG Praxiskommentar für die Wirtschaft, 2017, § 42 BDSG Rn. 10; Sydow/*Heghmanns*, § 42 BDSG Rn. 7.
16 BeckOK-DSR/*Brodowski/Nowak*, 43. Ed. 2023, § 42 BDSG Rn. 15.
17 BeckOK-DSR/*Brodowski/Nowak*, 43. Ed. 2023, § 42 BDSG Rn. 16.
18 Hierzu NK-WSS/*Brodowski*, 2. Aufl. 2022, § 13 StGB Rn. 26 m.w.N.

Daten mit einem eigenständigen Verbot.[19] Indes: Wenn sich Daten deanonymisieren lassen, waren sie vorher nicht anonymisiert, sondern lediglich pseudonymisiert; um Tatobjekt des § 42 BDSG sein zu können, genügt es, „wenn die zur Identifizierung nötigen zusätzlichen Informationen zugleich Gegenstand der Tat sind und/oder dem Täter sowie dem (potenziellen) Empfänger der Informationen bekannt sind".[20]

Die fehlende Berechtigung als zentrales normatives Tatbestandsmerkmal wiederum wirft die Frage auf, wie umfassend die einzelnen datenschutzrechtlichen Kautelen durch § 42 Abs. 2 Nr. 1 BDSG abgesichert werden:[21] Führt bereits ein kleiner Fehler in der Beachtung von Formvorschriften dazu, dass eine datenschutzrechtliche Einwilligung unwirksam ist und daher auch i.S.d. § 42 Abs. 2 Nr. 1 BDSG die Berechtigung zur Verarbeitung fehlt? Führt eine unzureichende Gewährleistung der IT-Sicherheit (vgl. Art. 32 DSGVO) oder die unterbliebene Bestellung eines Datenschutzbeauftragten (vgl. Art. 37 DSGVO) dazu, dass die Berechtigung für die Datenverarbeitung entfällt? Vieles spricht insoweit zwar für eine teleologische Reduktion;[22] der Normenklarheit zuträglich ist dies aber nicht.

Ein weiteres Problemfeld des § 42 Abs. 2 Nr. 1 BDSG liegt im Erfordernis einer Bereicherungsabsicht:[23] Anders als das Betrugsstrafrecht setzt diese Strafvorschrift objektiv keinen konkreten Vermögensschaden voraus, auf den sich die Bereicherungsabsicht „stoffgleich" beziehen könnte. Das macht das Substrat der Bereicherung schwerer greifbar und führt insbesondere dazu, dass hier auch von dritter Seite für die Datenverarbeitung geleistete Honorare oder Provisionen erfasst werden – allerdings nur, soweit diese Zahlungen usw. *unmittelbar* mit der rechtswidrigen Datenverarbeitung im Zusammenhang stehen.[24]

Das Hauptproblem dürfte schließlich – neben der fehlenden Bekanntheit des § 42 BDSG in der Strafrechtspraxis – darin liegen, dass es sich bei dieser Strafvorschrift um ein absolutes Strafantragsdelikt handelt (§ 42 Abs. 3

---

19 Z.B. § 27 Abs. 1 Nr. 1 Alt. 7 SaarlDSG.
20 BeckOK-DSR/*Brodowski/Nowak*, 43. Ed. 2023, § 42 BDSG Rn. 23.
21 *Werkmeister* (Fn. 1), S. 580.
22 BeckOK-DSR/*Brodowski/Nowak*, 43. Ed. 2023, § 42 BDSG Rn. 38.1.
23 Die Alternativen der Entgeltlichkeit (als objektives Tatbestandsmerkmal) und vor allem der Schädigungsabsicht dürften für ein Daten(wirtschafts)völkerstrafrecht von geringerer Relevanz sein.
24 BeckOK-DSR/*Brodowski/Nowak*, 43. Ed. 2023, § 42 BDSG Rn. 51; zu § 44 BDSG a.F. instruktiv *Golla* (Fn. 5), S. 182.

BDSG):[25] Ein form- und fristgerecht gestellter Strafantrag einer antragsberechtigten Person oder Stelle – „die betroffene Person, der Verantwortliche, die oder der Bundesbeauftragte und die Aufsichtsbehörde" – ist zwingende Strafverfolgungsvoraussetzung und, anders als bei relativen Strafantragsdelikten, auch nicht bei einem besonderen öffentlichen Interesse an der Strafverfolgung verzichtbar. Das ist bei Datenschutzverstößen besonders problematisch: Es handelt sich nicht selten um Summationsdelikte, von denen die einzelnen Individuen nur geringfügig betroffen sind. Daher dürfte deren individuelle Motivation zum Stellen eines Strafantrags – sofern sie von ihrer Schädigung überhaupt Kenntnis erlangen – nur gering sein.

c. Zusammenführung

Es zeigt sich somit, dass dem Grundtatbestand eine klare Fokussierung fehlt: Innerhalb seines – begrenzten – Anwendungsbereichs ist er sehr weit gefasst und erfasst, vorbehaltlich teleologischer Reduktionen, nahezu beliebige Datenschutzverstöße, soweit sie nur „nicht allgemein zugängliche personenbezogene Daten" betreffen. Das Strafantragserfordernis wiederum trägt dazu bei, dass die Strafverfolgung in diesem Bereich nur erratisch – positiv gewendet: fragmentarisch – erfolgt. Der Tatbestand ist somit keine normenklare Typisierung schweren Unrechts und damit weit von einem idealtypischen Straftatbestand entfernt.

Auch die Qualifikation in § 42 Abs. 1 BDSG teilt dieses Schicksal: Sie ist zwar enger zugeschnitten, weil sie als Tatobjekt „nicht allgemein zugängliche personenbezogene Daten einer großen Zahl von Personen" verlangt und nur deren wissentliche und unberechtigte Übermittlung bzw. Zugänglichmachung erfasst. Doch auch hier stellen sich dieselben Fragen der Relevanz von Verstößen gegen datenschutzrechtliche Kautelen und vor allem das Problem des Strafantragserfordernisses.

In der Konsequenz von alledem liegt es, dass § 42 BDSG in der Praxis nahezu bedeutungslos ist: 2021 gab es lediglich 19 Aburteilungen wegen dieses Deliktes, darunter 16 Verurteilungen. Die Sanktionen bewegten sich dabei im unteren bis untersten Bereich, mit sechs Verurteilungen zu bis zu 30 Tagessätzen und zehn Verurteilungen zu 31 bis 90 Tagessätzen.[26]

---

25 Weitere Kritik bei *Bergt*, DuD 2017, S. 555, 556, 561; tendenziell auch Paal/Pauly/*Frenzel*, 3. Aufl. 2021, § 42 BDSG Rn. 9, 11; *Golla* (Fn. 5), S. 213 ff.
26 Statistisches Bundesamt, Strafverfolgungsstatistik 2021, S. 92, 264 abrufbar unter www.destatis.de/DE/Themen/Staat/Justiz-Rechtspflege/Publikationen/Downloa

2. Landesdatenschutzgesetze am Beispiel des § 27 SaarlDSG

Ebenfalls als bloße Scheinriesen erweisen sich landesdatenschutzrechtliche Strafvorschriften wie z.B. § 27 Abs. 4 SaarlDSG – eine Vorschrift, die sich auf die „in Absatz 1 genannten Handlungen" bezieht. Dort heißt es, dass „[o]rdnungswidrig handelt, wer entgegen der [DSGVO], diesem Gesetz oder einer anderen Rechtsvorschrift zum Schutz personenbezogener Daten geschützte personenbezogene Daten, die nicht offenkundig sind, unbefugt [...] verwendet [...]." Damit erweckt diese Vorschrift den irrigen Eindruck, sie erfasse quasi alle Datenschutzverstöße, obgleich der Anwendungsbereich solcher Landesdatenschutzgesetze deutlich begrenzter ist als derjenige des BDSG.[27] Hinzu tritt in der konkreten Ausgestaltung das Problem, dass das Tatobjekt unbestimmt, ja unbestimmbar ist: Dem SaarlDSG ist nicht zu entnehmen, welche personenbezogenen Daten im Sinne dieser Vorschrift „geschützt", welche hingegen nicht geschützt sind.[28] Doch auch wenn § 27 SaarlDSG nicht wegen mangelnder Bestimmtheit verfassungswidrig wäre, würde die Vorschrift – wie vergleichbare weitere Landesdatenschutzgesetze – an den Problemen der fehlenden Herausarbeitung eines strafrechtlichen Unrechts und am absoluten Strafantragserfordernis leiden.

II. Status quo des Datenschutzstrafrechts im weiteren Sinne

Im weiteren Sinne als Datenschutzstrafrecht bezeichnen lässt sich das europäisierte Sanktionenrecht, das aus der Verknüpfung von Art. 83 DSGVO und § 41 BDSG resultiert und insbesondere datenverarbeitende Unternehmen mithilfe der Androhung und Verhängung erheblicher Geldbußen unmittelbar adressiert (1.). Indessen sind auch hier Beschränkungen des Anwendungsbereichs, in vielerlei Hinsicht ungeklärte Tatbestandsvoraussetzungen und vor allem defizitäre Möglichkeiten zur Rechtsdurchsetzung zu konstatieren (2.).

---

ds-Strafverfolgung-Strafvollzug/strafverfolgung-2100300217004.pdf?__blob=publicationFile.
27 Marsch/Wohlfahrt/*Brodowski*, § 27 SaarlDSG Rn. 5.
28 Marsch/Wohlfahrt/*Brodowski*, § 27 SaarlDSG Rn. 19.

1. Europäisierte Geldbußen wegen Verstößen gegen die DSGVO als Quasi-Strafrecht

Anders als die wohl meisten Harmonisierungsinstrumente der EU nutzt die DSGVO nicht primär die Regelungstechnik, die Mitgliedstaaten zu verpflichten, wirksame, abschreckende und zugleich verhältnismäßige Sanktionen für Verstöße gegen Unionsrecht vorzusehen.[29] Stattdessen enthält die DSGVO selbst – wie eine Handvoll weiterer Unionsrechtsakte – in Art. 83 die zentralen Maßgaben zu den tatbestandlichen Voraussetzungen einer Sanktion sowie zu den angedrohten Rechtsfolgen. Konkret droht Art. 83 Abs. 5 DSGVO die Verhängung von Geldbußen von bis zu 20 Mio EUR oder, bei Unternehmen, von bis zu 4 % deren Jahresumsatzes bei Verstößen (u.a.) gegen „die Grundsätze für die Verarbeitung, einschließlich der Bedingungen für die Einwilligung, gemäß den Artikeln 5, 6, 7 und 9" an; bei Verstößen (u.a.) gegen „die Pflichten der Verantwortlichen und der Auftragsverarbeiter gemäß den Artikeln 8, 11, 25 bis 39, 42 und 43" ist der Sanktionsrahmen halb so hoch (Art. 83 Abs. 4 DSGVO). In Ermangelung eines europäischen „Allgemeinen Teils" und einer Verfahrensordnung sind diese flankierenden Bestimmungen der Regelung durch den nationalen Gesetzgeber überlassen; Deutschland hat sich, mit geringen Modifikationen, für einen Generalverweis auf das OWiG entschieden (§ 41 BDSG).[30]

Mit Ausnahme der Bezeichnung – Rechtsfolge sind „Geldbußen", nicht „Geldstrafen" – handelt es sich bei dem europäisierten Datenschutz-Sanktionenrecht um Quasi-Strafrecht:[31] In garantierechtlicher Dimension ist evident, dass es sich um repressive Sanktionen von einer erheblichen Schwere handelt; *nota bene* kann in Deutschland gegen natürliche Personen maximal eine *Geldstrafe* von etwa halber Höhe (10,8 Mio EUR) verhängt werden (§ 40 Abs. 1, Abs. 2 Satz 2 StGB). Prozedural ist – zumindest in Deutschland – der Weg zu den auch in Strafsachen zuständigen Gerichten der ordentlichen Gerichtsbarkeit eröffnet, und funktional treten hier Geldbußen als Äquivalent eines neuen Regelungssystems an die Stelle einer

---

29 Art. 84 DSGVO sieht dies nur für „andere Sanktionen [...] – insbesondere für Verstöße, die keiner Geldbuße gemäß Artikel 83 unterliegen –" vor.
30 BeckOK-DSR/*Brodowski/Nowak*, 43. Ed. 2023, § 41 BDSG Rn. 3.
31 Zum Begriff *Franssen/Harding* (Hrsg.), Criminal and Quasi-Criminal Enforcement Mechanisms in Europe. Origins, Concepts, Future, 2022; zum hier angewendeten mehrdimensionalen Ansatz der Abgrenzung *Brodowski*, Supranationale europäische Verwaltungssanktionen: Entwicklungslinien – Dimensionen des Strafrechts – Legitimität, in Tiedemann u.a. (Hrsg.), Die Verfassung moderner Strafrechtspflege, 2016, S. 141, 154 ff.

klassischen Geldstrafe – angesichts der Höhe der Geldbußen auch mit dem klaren Ziel eines „Tadels" im Sinne einer Reputationsminderung.

2. Komplikationen

Hinsichtlich der Effektivität der Rechtsdurchsetzung wäre es indes zu kurz gegriffen, allein auf die Bußgeldstatistiken zu verweisen, die zum Teil von beeindruckenden Sanktionierungen zu berichten wissen.[32] Denn augenfällig ist eine disparate Intensität der Rechtsdurchsetzung, vor allem aber die ausgesprochen geringe Zahl an Gerichtsverfahren, in denen die zahlreichen Streitfragen zur Auslegung der Tatbestände erörtert und damit das Datenschutzsanktionenrecht weiterentwickelt werden könnten.[33] Lediglich die Frage der Anwendbarkeit der §§ 30, 130 OWiG – mit der Konsequenz, dass ein Unternehmen nur sanktioniert werden kann, wenn ein individuelles Fehlverhalten einer Leitungsperson nachgewiesen werden kann – hat der EuGH inzwischen verneint.[34] Weitere zentrale Streitfragen harren hingegen weiterhin der gerichtlichen Aufarbeitung, etwa, ob die Aufsichtsbehörden ein Verfolgungsermessen haben,[35] ob auch Führungspersonen und Mitarbeiter*innen von Unternehmen mittels §§ 9, 14 OWiG mit Geldbußen sanktioniert werden können[36] und wie die Geldbußen zu bemessen sind.[37]

---

32 Siehe hierzu den Überblick www.enforcementtracker.com.
33 Verwaltungsverfahren, die in einen Bußgeldbescheid münden, eignen sich bereits wegen der mangelnden Publizität (vgl. VG Stuttgart NVwZ 2023, S. 280) hierzu nicht.
34 EuGH, Urt. v. 5.12.2023 – C-807/21.
35 So (u.a.) *Plath/Becker*, 2. Aufl. 2018, § 41 BDSG Rn. 4; BeckOK-DSR/*Brodowski/ Nowak*, 43. Ed. 2023, § 41 BDSG Rn. 41; Paal/Pauly/*Frenzel*, 3. Aufl. 2021, Art. 83 DSGVO Rn. 10 ff.; Gola/Heckmann/*Ehmann*, 3. Aufl. 2022, § 41 BDSG Rn. 14 ff.; Sydow/Marsch/*Heghmanns*, DSGVO | BDSG, 3. Aufl. 2022, § 41 BDSG Rn. 28; *Golla*, Das Opportunitätsprinzip für die Verhängung von Bußgeldern nach der DSGVO, CR 2018, S. 353; *Bülte*, Das Datenschutzbußgeldrecht als originäres Strafrecht der Europäischen Union?, StV 2017, S. 460, 463; *Martini/Wenzel*, „Gelbe Karte" von der Aufsichtsbehörde: die Verwarnung als datenschutzrechtliches Sanktionenhybrid, PinG 2017, S. 92, 94; a.A. *Bergt*, Sanktionierung von Verstößen gegen die Datenschutz-Grundverordnung, DuD 2017, S. 555 ff.; Kühling/Buchner/*Bergt*, 3. Aufl. 2020, Art. 83 DSGVO Rn. 30 ff. sowie § 41 BDSG Rn. 19; *Albrecht*, Das neue EU-Datenschutzrecht – von der Richtlinie zur Verordnung, CR 2016, S. 88, 96.
36 *Eckhardt/Menz*, Bußgeldsanktionen der DS-GVO, DuD 2018, S. 139, 143; Plath/ *Becker*, 2. Aufl. 2018, § 41 BDSG Rn. 7; BeckOK-DSR/*Brodowski/Nowak*, 43. Ed. 2023, § 41 BDSG Rn. 13; *Piltz*, BDSG Praxiskommentar für die Wirtschaft, 2017, § 43 Rn. 9; Specht/Mantz DatenschutzR-HdB/*Born*, § 8 Rn. 22; a.A. Gola/Heckmann/*Go-*

Vor allem aber zeigt sich auch in Art. 83 Abs. 4 und 5 DSGVO eine unzureichende Fokussierung: Diese Vorschrift erfasst tatbestandlich gleichermaßen leichteste Verstöße gegen Formvorschriften der Einwilligung wie schwerwiegende systematische Datenschutzverletzungen. Zwar eröffnet der weite Sanktionsrahmen Möglichkeiten der Differenzierung, doch ist diese Weite ein Störfaktor, um zielgenau gravierendes Datenschutzunrecht als solches zu adressieren. Zudem könnte die fehlende unmittelbare Inpflichtnahme der Entscheidungsträger*innen selbst – diese lässt sich allenfalls mittels §§ 9, 14 OWiG konstruieren[38] – abträglich sein, um schwersten Datenschutzverletzungen wirkungsvoll zu begegnen.

III. Strafrechtlicher Datenschutz als Rechtsreflex oder als miterfasste Rechtsverletzung anderer Straftatbestände

Ergänzend ist der Frage nachzugehen, ob weitere Straftatbestände, die unmittelbar andere Schutzrichtungen aufweisen bzw. andere Rechtsgüter zu schützen suchen, schwerwiegende systematische Datenschutzverletzungen miterfassen. Das wäre nämlich ein Argument dafür, dass ein spezifisches Daten(wirtschafts)(völker)strafrecht entbehrlich wäre.

1. Verletzung des persönlichen Lebens- und Geheimbereichs

In einem weiteren Sinne erfassen insbesondere die Vorschriften des 15. Abschnitts im Besonderen Teil des StGB (§§ 201 ff. StGB) Verhaltensweisen, die zwar nicht zwingend, aber doch häufig mit einer Verletzung der informationellen Selbstbestimmung einhergehen. So schützt das absolute Antragsdelikt (vgl. § 205 Abs. 1 Satz 1 StGB) des § 201 StGB die Vertraulichkeit des nichtöffentlich gesprochenen Wortes, indes nur in Bezug auf die Aufnahme, den Gebrauch und die Verbreitung einer Aufnahme, nicht aber die Folgenutzung der durch eine solche Vertraulichkeitsverletzung gewonnenen Erkenntnisse. Die gleiche Fokussierung auf Aufnahme, Gebrauch und Verbreitung findet sich auch in § 201a StGB hinsichtlich der Verletzung des höchstpersönlichen Lebensbereichs und von Persönlichkeitsrechten durch

---

la, 3. Aufl. 2022, Art. 83 DSGVO Rn. 8; Auernhammer/*Golla*, 7. Aufl. 2020, § 41 BDSG Rn. 5, 7; *Bülte*, StV 2017, S. 460, 467 f.
37 BeckOK-DSR/*Brodowski*/*Nowak*, 43. Ed. 2023, § 41 BDSG Rn. 22 m.w.N.
38 Zum diesbezüglichen Meinungsstreit siehe soeben bei und mit Fn. 36.

Bildaufnahmen. Der Schutz von Privatgeheimnissen (§ 203 StGB) erstreckt sich zwar auch auf deren Verwertung (§ 204 StGB); diese absoluten Antrags- (§ 205 Abs. 1 Satz 1 StGB) und Sonderdelikte für Berufsgeheimnisträger greifen aber nur, wenn ihnen in dieser Eigenschaft Geheimnisse oder sensible Informationen anvertraut oder sonst bekanntgeworden sind.

Die in §§ 202a ff. StGB lozierten Straftatbestände des IT-Strafrechts wiederum bezwecken einen formell ausgestalteten Schutz der Vertraulichkeit informationstechnischer Systeme und der darin gespeicherten Daten – seit 2015 auch mittels § 202d StGB vor einer weiteren Perpetuierung. Indessen ist das Schutzobjekt – Daten i.S.d. § 202a Abs. 2 StGB – formal und nicht inhaltsbezogen bestimmt; der Schutz erstreckt sich nicht nur auf sensible und vertrauliche Informationen, sondern gleichermaßen auch auf belanglose oder öffentlich bekannte Daten.[39] Den weiteren in § 202a Abs. 1 StGB enthaltenen Tatbestandsmerkmalen der Zugangssicherung und deren Überwindung hat die Rechtsprechung zwar nahezu jegliche Bedeutung genommen.[40] Da die Tatbestände des IT-Strafrechts jedoch bei einer freiwilligen Preisgabe von Informationen[41] oder bei einer andersartigen Datenerhebung (z.B. Verhaltensbeobachtung) nicht greifen und zudem der überschaubare Strafrahmen (§ 202a Abs. 1 StGB: Freiheitsstrafe bis zu drei Jahren oder Geldstrafe) nicht nach materiellen Kriterien differenziert, taugen die §§ 202a ff. StGB ebenfalls nicht dazu, schwerwiegende systematische Datenschutzverletzungen durch staatliche und wirtschaftliche Akteure zu adressieren.

---

39 *Brodowski*, Hacking 4.0 – Seitenkanalangriffe auf informationstechnische Systeme. Zugleich ein Beitrag zur Theorie und Dogmatik des IT-Strafrechts, ZIS 2019, S. 49, 54 f.; Schönke/Schröder/*Eisele*, 30. Aufl. 2019, § 202a Rn. 3; MK-StGB/*Graf*, 4. Aufl. 2021, § 202a Rn. 12 f.; LK/*Hilgendorf*, 13. Aufl. 2023, § 202a Rn. 7 ff.; SK/*Hoyer*, 9. Aufl. 2017, § 202a Rn. 1.
40 BGH StV-Spezial 2021, S. 136, 137 f. Rn. 18 ff., mit abl. Anm. *Hassemer*; ebenfalls kritisch *Klaas*, „White Hat Hacking" – Aufdecken von Sicherheitsschwachstellen in IT-Strukturen, MMR 2022, S. 187, 188 dort Fn. 7.
41 Schönke/Schröder/*Eisele*, 30. Aufl. 2019, § 202a Rn. 24; MK-StGB/*Graf*, 4. Aufl. 2021, § 202a Rn. 70; LK/*Hilgendorf*, 13. Aufl. 2023, § 202a Rn. 25, 38; SK/*Hoyer*, 9. Aufl. 2017, § 202a Rn. 17.

2. Weitere Straftatbestände

Auch weitere, an verschiedener Stelle lozierte Straftatbestände adressieren allenfalls punktuell Verhaltensweisen, die sich (auch) als schwerwiegende systematische Datenschutzverletzungen begreifen lassen:

Der sogenannte Feindeslisten-Tatbestand (§ 126a StGB) erfasst das Verbreiten (auch allgemein zugänglicher, arg. ex § 126a Abs. 2 StGB) personenbezogener Daten „in einer Art und Weise [...], die geeignet und nach den Umständen bestimmt ist, diese Person oder eine ihr nahestehende Person der Gefahr" auszusetzen, dass diese durch ein Verbrechen oder ein Vergehen „gegen die sexuelle Selbstbestimmung, die körperliche Unversehrtheit, die persönliche Freiheit oder gegen eine Sache von bedeutendem Wert" verletzt wird.[42] Damit ist dieser Tatbestand sehr eng geführt auf die Herbeiführung einer konkreten Gefahr einer selbst – markant – strafrechtswidrigen Folgenutzung.

Der Straftatbestand der Verletzung des Dienstgeheimnisses und einer besonderen Geheimhaltungspflicht (§ 353b StGB) greift materiell nur bei Geheimnissen (Abs. 1) oder geheimhaltungsbedürftigen Nachrichten oder Gegenständen (Abs. 2) und personell nur für die darin genannten Personen (Sonderdelikt); die Verletzung des Steuergeheimnisses (§ 355 StGB) ist materiell zwar weiter ausgestaltet (auch personenbezogene Daten, Abs. 1 Nr. 1, und Betriebs- oder Geschäftsgeheimnisse, Abs. 1 Nr. 2), aber personell und situativ auf Steuer(straf)verfahren eingegrenzt. Vergleichbares gilt für § 353d StGB (Verbotene Mitteilungen über Gerichtsverhandlungen). Umgekehrt ist der persönliche Anwendungsbereich bei § 23 GeschGehG zwar weit gefasst (teils Allgemeindelikt, teils Sonderdelikt), materiell ist dieser Tatbestand aber auf Geschäftsgeheimnisse begrenzt (Legaldefinition in § 2 Nr. 1 GeschGehG). Vergleichbar inhaltlich begrenzt ist § 184k StGB (Verletzung des Intimbereichs durch Bildaufnahmen). § 33 KunstUrhG ist – unabhängig von der umstrittenen Frage der Anwendbarkeit des KunstUrhG neben der DSGVO –[43] auf das Verbreiten oder öffentlich zur Schau stellen eines Bildnisses begrenzt und als absolutes Antragsdelikt ausgestaltet.

---

42 Zusammenfassend zu diesem Tatbestand *Korenke/Kühne*, Die Verbreitung von Feindeslisten, NK 2022, S. 457 ff.

43 Zu dieser Streitfrage BeckOK-DSR/*Stemmer*, 43. Ed. 2022, Art. 7 DSGVO Rn. 26.

IV. Regelungsmodelle für das Daten(völker)strafrecht

Für sich genommen – und auch in ihrer Summe – erfassen somit die (Straf-)Tatbestände des geltenden Rechts nicht das, was von *Geneuss* und *Werkmeister* als Daten(wirtschafts)völkerstrafrecht skizziert wurde.[44] Indes: Dieser Überblick kann Anhaltspunkte dafür liefern, welche Regelungsmodelle oder Bausteine für „Muster"-Tatbestände für ein solches Daten(wirtschafts)völkerstrafrecht zur Verfügung stehen, ohne sich zu diesem frühen Zeitpunkt bereits für oder gegen einzelne Modelle auszusprechen.

Unter Regelungsmodellen sind hierbei „logisch, systematisch und teleologisch bruchlose, gleichsam idealtypische Regelung eines typischen Sachverhalts [zu verstehen]. Strafrechtsdogmatisch gesprochen enthalten Regelungsmodelle Modelltatbestände, die im Unterschied zu den oftmals unvollkommenen Tatbeständen des positiven Rechts keine logischen, systematischen oder teleologischen Brüche aufweisen. Regelungsmodelle sind also einerseits abstrakter als positive Tatbestände des Besonderen Teils, andererseits konkreter als die im Allgemeinen Teil herausgearbeiteten ‚Deliktstypen' wie Verletzungs-, Gefährdungs-, Erfolgs- oder Tätigkeitsdelikte."[45] Solche Regelungsmodelle sind – in Ergänzung oder sogar als Ersatz für eine rechtsgutsfixierte Auslegung[46] – nicht nur Hilfsmittel zur Analyse der *lex lata*, sondern auch und vor allem für die Legistik, „für die Kriminalpolitik und die wissenschaftliche Kriminalpolitikberatung".[47]

1. Verarbeitungsstufe

Eine erste Grundentscheidung liegt darin, an welcher „Verarbeitungs-" bzw. „Nutzungsstufe" ein Daten(wirtschafts)völkerstrafrecht ansetzen soll: So verfolgt das deutsche und europäische Datenschutzrecht das Regelungsmodell, bereits früh und umfassend die Erhebung bzw. Generierung von Daten und zusätzlich deren Weiterverbreitung zu regulieren. Theoretische Alternative für ein Daten(wirtschafts)völkerstrafrecht wäre es, erst eine

---

44 Siehe den Beitrag von *Geneuss/Werkmeister* in diesem Band, sowie zuvor *Werkmeister* (Fn. 1), S. 570 ff.
45 *Vogel*, Wirtschaftskorruption und Strafrecht – Ein Beitrag zu Regelungsmodellen im Wirtschaftsstrafrecht, FS Weber, S. 395, 398.
46 Vgl. *Brodowski* (Fn. 39), S. 51. Zum „Rechtsgut" eines Datenwirtschaftsvölkerstrafrechts siehe *Werkmeister* (Fn. 1), S. 570 ff.
47 *Vogel* (Fn. 45), S. 398.

Weiterverarbeitung, Transformation oder sogar erst die Nutzung von Daten – personenbezogen oder nicht – zu sanktionieren, wenn dies die Autonomie menschlichen Verhaltens verletzt oder gefährdet. Dies würde zum Ausdruck bringen, dass nicht die erhobenen personenbezogenen Daten *selbst* als Mittel zur Verhaltensmodifikation genutzt werden („X hat am 14.3.2023 eine Packung Taschentücher gekauft"), sondern die aus aggregierten Daten gezogenen Schlüsse („Das Einkaufsverhalten von X deutet darauf hin, dass sie an Heuschnupfen leidet, sodass sie für personalisierte Werbung für Antiallergika empfänglich sein könnte"). Auf die Spitze getrieben wäre, bezogen auf den wirtschaftlichen Kontext, auch ein betrugsstrafrechtliches Regelungsmodell denkbar: Nicht die Datennutzung als solche wird strafrechtlich sanktioniert, sondern eine intransparente wirtschaftliche Verwertung, bei der eine Seite die Datennutzung nicht offenlegt und daher den Verletzten zu einer wirtschaftlich für diesen nachteiligen Verfügung veranlasst.

2. Tat- bzw. Schutzobjekt

Eine zweite zentrale Komponente ist das von (Modell-)Tatbeständen eines Daten(wirtschafts)völkerstrafrechts zu erfassende Tat- bzw. Schutzobjekt. Das geltende Recht weist hier eine kaum noch überschaubare Vielfalt auf:

Dies beginnt bei Daten i.S.d. § 202a Abs. 2 StGB, die jeglichen Inhalt haben können, sich aber wegen der Speicher- oder Übermittlungsform besonders leicht weiterverarbeiten lassen. Manche Tatbestände begrenzen die tauglichen Tatobjekte weiter, z.B. auf besonders zugangsgesicherte Daten (§ 202a Abs. 1 StGB) oder auf Daten rechtswidrigen Ursprungs (§ 202d Abs. 1 StGB). Das Datenschutzstrafrecht wiederum setzt bei Daten (nicht notwendigerweise i.S.d. § 202a Abs. 2 StGB) einen Personenbezug voraus, indes ohne nach besonderen Kategorien (Art. 9 Abs. 1 DSGVO) inhaltlich zu differenzieren. Zumeist aber verlangen die Tatbestände eine faktische Vertraulichkeit der Informationen („nicht allgemein zugänglich", so in § 42 BDSG, nicht aber in §§ 126a Abs. 1, 355 Abs. 1 Satz 1 Nr. 1 StGB).

Andere Tatbestände verlangen zwar keinen Personenbezug, aber eine besondere materielle Vertraulichkeit, sprich einen „geheimen" Inhalt (z.B. §§ 203, 204, 353b, 355 Abs. 1 Nr. 2 StGB; § 23 GeschGehG), wobei dies meist mit einem Anvertrauen der Information in einem besonderen Vertrauensverhältnis einhergeht (ausgesprochen deutlich in §§ 203, 204 StGB). Weitere Normen beziehen sich auf spezifische Medien (z.B. Bildaufnahmen,

§§ 184k, 201a StGB, § 33 KunstUrhG, oder Tonaufnahmen, § 201 StGB) oder auf einen besonderen Ursprung der Informationen (z.B. Wohnungen, § 201a Abs. 1 Nr. 1 StGB, oder Gerichtsakten, § 353d StGB).

Denkbar wäre es schließlich auch, auf einen wirtschaftlichen Wert – oder wirtschaftliche Nutzbarmachung – des Tatobjekts abzustellen. Ansatzweise findet sich ein solches Regelungsmodell in § 42 BDSG, soweit dieser Tatbestand ein gewerbsmäßiges Handeln (Abs. 1), ein Handeln gegen Entgelt oder in Bereicherungsabsicht (Abs. 2) voraussetzt.

3. Fehlende Berechtigung

Dritte wesentliche Stellschraube solcher (Modell-)Tatbestände ist es, die Voraussetzungen zu definieren, unter denen eine Verarbeitung und Nutzung der Daten berechtigt bzw., negativ gewendet, nicht vom Tatbestand erfasst sein soll. Dies bezieht sich zum einen auf Situationen, in denen eine Verarbeitung oder Nutzung auch gegen den Willen der betroffenen Personen erfolgen darf: Man denke etwa in strafrechtlichem Kontext an die Erhebung vertraulicher personenbezogener Daten im Wege einer Online-Durchsuchung (§ 100b StPO). Inwieweit sollen Verstöße gegen die strafprozessrechtlichen Vorschriften, etwa eine Überdehnung des Tatverdachts, dann materiell-strafrechtlich durchschlagen und zur Strafbarkeit des anordnenden Spruchkörpers bzw. der ausführenden Polizeibeamten führen?[48] Zum anderen ist angesichts der sehr detaillierten Vorgaben an die Einholung einer datenschutzrechtlichen Einwilligung einerseits, der Freigiebigkeit vieler Personen im Umgang mit ihren personenbezogenen Daten andererseits zu hinterfragen, inwieweit die klassische Einwilligungs- und Einverständnis-Dogmatik einer Modifikation bedarf: Wie weit sollen sich Aufklärungsmängel, Irrtümer und Unvorsichtigkeiten der betroffenen Personen materiell-strafrechtlich auswirken?

4. Mit-Denken der Rechtsdurchsetzung

Ein solches Denken in Regelungsmodellen und materiell-rechtlichen Stellschrauben erlaubt es schließlich, auch das Prozessrecht mitzudenken: Wel-

---

48 Für eine Übertragung des aus § 113 StGB bekannten „strafrechtlichen Rechtmäßigkeitsbegriffs" *Brodowski*, Verdeckte technische Überwachungsmaßnahmen im Polizei- und Strafverfahrensrecht, 2016, S. 543 ff.

che Tatbestandsmerkmale lassen sich forensisch feststellen und prozessual nachweisen, welche würden den unpraktikablen Nachweis belangloser Nebensächlichkeiten erfordern, welche würden den Fokus zielgerichtet auf den Kern dessen richten, was schwerwiegende systematische Datenschutzverletzungen durch staatliche und wirtschaftliche Akteure ausmachen? Das sind (weitere) Prüffragen, an denen sich zukünftig konkrete Regelungsvorschläge eines Daten(völker)strafrechts messen lassen sollten.

Persönlichkeitsprofile und Datenökosysteme.
Auf der Suche nach einem Rechtsgut
für das Datenwirtschafts(völker)strafrecht

Sebastian Golla

I. Das neue Datenverbrechen

Für Datenschutzverstöße hat sich das Strafrecht lange Zeit kaum interessiert. Wenn überhaupt, waren eher der durch das Strafgesetzbuch fragmentarisch geschützte persönliche Lebens- und Geheimbereich oder die Datendelikte nach den §§ 202a ff. Thema in Literatur und Rechtsprechung als das Datenschutzrecht im engeren Sinne. Dieses bezieht sich auf Risiken, die durch die Verarbeitung solcher personenbezogener Daten entstehen, welche nicht einem speziellen Geheim- oder Privatsphärenschutz zugeordnet sind.[1] Die hierauf gemünzten Straftatbestände der Datenschutzgesetze[2] führen auch heute noch ein Schattendasein. Nur selten bekommt es einmal ein Gericht mit diesen exotischen Regelungen zu tun.[3] Geschieht dies, dann geht es tendenziell nicht um Fälle, in denen sich die komplexen Risiken moderner Datenverarbeitung realisieren oder um die Machenschaften datenmächtiger Unternehmen. Eher geht es um vergleichsweise geringfügige Verstöße aus dem Alltag – beispielsweise um das Ausspionieren von Privatpersonen mit GPS-Empfängern,[4] das Veröffentlichen von Anschriften im Internet[5] oder unberechtigte Abrufe aus dem Melderegister[6].

---

1 Zu der Abgrenzung von Datenschutzrecht im engeren und im weiteren Sinne *Golla*, Die Straf- und Bußgeldtatbestände der Datenschutzgesetze, 2015, S. 25; *von Lewinski*, Die Matrix des Datenschutzes, 2014, S. 17 ff.
2 § 42 BDSG und entsprechende Regelungen in den Landesdatenschutzgesetzen, welche im Wesentlichen für die öffentlichen Stellen der Länder gelten, so etwa § 34 DSG NRW, § 29 BW LDSG, § 29 BlnDSG.
3 In der Strafverfolgungsstatistik waren für das Jahr 2021 etwa 16 Verurteilungen nach § 42 BDSG ausgewiesen; Statistisches Bundesamt, Fachserie 10, Reihe 3, 2021, S. 93.
4 BGH, Urt. v. 4.6.2013 – 1 StR 32/13.
5 LG Marburg, Urt. v. 24.11.2006 – 8 Ns 2 Js 17479/04.
6 BayObLG, Besch. v. 26.10.2021 – 202 StRR 126/21.

In jüngerer Zeit lassen sich jedoch Fälle nachvollziehen, die deutlich machen, dass Verstöße gegen den Datenschutz doch ein Thema für eine vertiefte strafrechtliche Beschäftigung sein könnten. Wenn Menschen massenhaft unbefugt Daten abrufen und diese auswerten, um Einfluss auf Wahlen zu nehmen, erscheint schon die Datenverarbeitung, die diese Manipulation ermöglichen soll, in besonderem Maße missbilligenswert.[7] Wenn Unternehmen mit datengetriebenen Geschäftsmodellen systematisch gegen Regeln des Datenschutzes verstoßen, um sich wirtschaftliche Vorteile zu verschaffen, stellt sich die Frage, ob dies nicht nur als Wettbewerbsverstoß, sondern womöglich schon als organisierte Datenkriminalität gelten sollte. Wenn staatliche Stellen moderne Überwachungstechnologien nutzen, um Bevölkerungsgruppen zu unterdrücken, provoziert dies gar die völkerstrafrechtliche Überlegung, ob es so etwas wie „Datenverbrechen gegen die Menschlichkeit" gibt oder geben sollte.[8]

Dabei ist es ist kein leichtes Unterfangen, die dem Datenschutzrecht zugrunde liegenden Schutzgedanken sinnvoll mit dem System des Strafrechts zu verbinden. Der Konflikt ist vorgezeichnet: Während das Datenschutzrecht einen weiten Ansatz wählt, um auch diffuse Risiken von Datenverarbeitungen zu erfassen, hat das Strafrecht fragmentarischen Charakter und ist dem Schutz bestimmter Rechtsgüter verpflichtet. Es stellt sich daher schon grundsätzlich die Frage, ob sich das Datenschutzrecht in seiner aktuellen Konzeption, die auf dem Recht auf informationelle Selbstbestimmung fußt, eignet, zur Grundlage strafrechtlicher Regelungen gemacht zu werden. Dieser Beitrag betrachtet zunächst den Konflikt zwischen dem fragmentarischen Prinzip des strafrechtlichen Rechtsgüterschutzes und der weitreichenden Konzeption der informationellen Selbstbestimmung (II.). Darauf aufbauend untersucht er konkrete Ansätze, um beruhend auf spezifischeren Rechtsgütern neue Konzepte eines Datenschutzstrafrechts zu entwickeln (III.). Er schließt mit einem Fazit (IV.).

II. Der Schutz der informationellen Selbstbestimmung durch das Strafrecht

Das Strafrecht dient nach einer weit verbreiteten Auffassung dem Schutz von Rechtsgütern.[9] Eine Strafvorschrift muss ein bestimmtes Rechtsgut

---

7 S. den Beitrag von *Tobias Reinbacher* in diesem Band.
8 S. den Beitrag von *Caroline Böck* und *Matthias C. Kettemann* in diesem Band.
9 *Neumann/Saliger*, in: NK-StGB, 6. Aufl. 2023, vor § 1 Rn. 108 m.w.N.

schützen, damit man sie auslegen und anwenden kann. Das Rechtsgut bildet auch die Grenze des zulässigen strafrechtlichen Schutzes. Wenn ein Verhalten kein geschütztes Rechtsgut beeinträchtigt, dann kann es auch nicht strafbar sein. Was genau ein Rechtsgut ist, ist im Einzelnen umstritten.[10] Für die Zwecke dieses Beitrags soll es allerdings ausreichen, unter Rechtsgütern angelehnt an das Bundesverfassungsgericht elementare Werte des Gemeinschaftslebens zu verstehen.[11]

Für das Datenschutzstrafrecht ist das Konzept des strafrechtlichen Rechtsgüterschutzes besonders interessant, weil es im Datenschutzrecht eine lebhafte Diskussion darüber gibt, was genau seine Regelungen schützen.[12] So fahnden Autoren unter anderem im Text der europäischen Datenschutzgrundverordnung nach Begriffen, die treffend beschreiben, was das Schutzgut ihres Rechtsgebietes sein könnte. Dahinter steht der Gedanke, dass Daten von der Rechtsordnung nicht selbstzweckhaft geschützt werden können. Aus Sicht des strafrechtlichen Rechtsgüterschutzes ließe sich die Frage formulieren: Welche elementaren Werte des Gemeinschaftslebens stehen dahinter, dass die Verarbeitung personenbezogener Daten grundsätzlich nicht erlaubt ist und einer Rechtsgrundlage bedarf?

Die naheliegendste Antwort auf diese Frage ist wahrscheinlich der Verweis auf die verfassungsrechtlichen Grundlagen des Datenschutzrechts. Die Regelungen der DSGVO fußen auf dem europäischen Datenschutzgrundrecht aus Art. 8 EU-Grundrechtecharta. Die deutschen Datenschutzgesetze sind von dem Recht auf informationelle Selbstbestimmung geprägt, das das Bundesverfassungsgericht vor vierzig Jahren aus dem allgemeinen Persönlichkeitsrecht (Art. 2 Abs. 1 i.V.m. Art. 1 Abs. 1 GG) hergeleitet[13] und seitdem zum Gegenstand zahlreicher Entscheidungen gemacht hat. Verfassungsmäßig gewährleistete Rechte lassen auf strafrechtlich schutzfähige Rechtsgüter schließen.

Doch nicht jedes verfassungsmäßig gewährleistete Recht ist auch unbedingt ein taugliches Rechtsgut, das von einem Straftatbestand geschützt werden kann. Wie sollte beispielsweise ein Straftatbestand, für den sich kein spezifischeres Rechtsgut benennen ließe als die allgemeine Hand-

---

10 Vgl. *Swoboda*, Die Lehre vom Rechtsgut und ihre Alternativen, ZStW 122 (2010), S. 24 ff.
11 Vgl. BVerfGE 27, 18, 29.
12 *Engeler*, Der Konflikt zwischen Datenmarkt und Datenschutz, NJW 2022, S. 3398, 3399; *Veil*, Die Datenschutz-Grundverordnung: des Kaisers neue Kleider, NVwZ 2018, S. 686, 690 jeweils m.w.N.
13 BVerfGE 65, 1.

lungsfreiheit (Art. 2 Abs. 1 GG), die Anforderungen des strafrechtlichen Bestimmtheitsgebotes erfüllen können? Die Grundrechte auf Datenschutz und informationelle Selbstbestimmung gehen zwar nicht so weit wie die allgemeine Handlungsfreiheit, der Umfang ihres Schutzbereiches ist aber dennoch beträchtlich. Ein Grund dafür ist, dass der Schutz von Daten dem Schutz einer Vielzahl anderer Rechte und Interessen dient. Das Bundesverfassungsgericht hat zum Recht auf informationelle Selbstbestimmung formuliert:

> „[Es] flankiert und erweitert den grundrechtlichen Schutz von Verhaltensfreiheit und Privatheit, indem es ihn schon auf der Stufe der Persönlichkeitsgefährdung beginnen lässt. Eine derartige Gefährdungslage kann bereits im Vorfeld konkreter Bedrohungen benennbarer Rechtsgüter entstehen."[14]

Diese Formulierung macht deutlich, warum das informationelle Selbstbestimmungsrecht sich in seiner reinen Gestalt kaum sinnvoll von einer Strafnorm schützen ließe. Ein Recht, das schon eingreift, bevor benennbare Rechtsgüter konkret bedroht sind, eignet sich nicht, um den Anwendungsbereich eines Straftatbestandes einzugrenzen oder als Grundlage für dessen Auslegung. Ein Tatbestand, bei dem nicht klar ist, vor welchen Bedrohungen er schützen soll, könnte kaum den Anforderungen an die gesetzliche Bestimmtheit aus Art. 103 Abs. 2 GG genügen. Er dürfte angesichts der Weite einer möglichen Strafbarkeit und der Unklarheit der verfolgten Zwecke auch kaum verhältnismäßig sein.

Die geltenden Straftatbestände der Datenschutzgesetze sind vor diesem Hintergrund kritisch zu betrachten. Sie sind akzessorisch zu den Verhaltensnormen des Datenschutzrechts. Diese Verhaltensnormen gehen davon aus, dass eine Verarbeitung personenbezogener Daten grundsätzlich rechtswidrig ist. Nur ausnahmsweise kann sie zulässig sein.[15] So will das Datenschutzrecht Risiken einhegen, die aus dynamischen technologischen Entwicklungen folgen. Dieser Ansatz ist nachvollziehbar. Welche Risiken bei der Datenverarbeitung etwa heute durch den Einsatz lernfähiger Systeme entstehen, war vor fünfzig Jahren schwer absehbar. Damals wurden die Fundamente für das heutige Datenschutzrecht gelegt. Im Verwaltungsrecht und im Privatrecht mag sich mit diesem Ansatz auch sinnvoll arbeiten

---

14 BVerfGE 120, 274, 312.
15 Vgl. Art. 6 Abs. 1 DSGVO: „Die Verarbeitung ist nur rechtmäßig, wenn mindestens eine der nachstehenden Bedingungen erfüllt ist".

lassen, im Strafrecht aber bereitet er Probleme. Die Straftatbestände der Datenschutzgesetze sind äußerst unbestimmt, was sie schwer anwendbar macht. Sie sind auch mit Blick auf ihre Verhältnismäßigkeit bedenklich. Die Literatur hat sich bereits mit diesen Problemen auseinandergesetzt.[16] Die Regelungen bedürfen einer grundlegenden Reform.

III. Neue Ansätze für das Datenschutzstrafrecht

Es ließe sich noch viel zur Kritik des geltenden Datenschutzstrafrechts ausführen. Allerdings erscheint es an dieser Stelle vorzugswürdig, sich auf Möglichkeiten zur Fortbildung dieses Regelungsbereiches zu konzentrieren. Im Folgenden werden zwei Ansätze diskutiert, die Rechtsgüter und Regelungen des Datenschutzstrafrechts auch in Gestalt eines Daten(wirtschafts)völkerstrafrechts zu konkretisieren: Den Schutz von Persönlichkeitsprofilen (1.) und den Schutz von Datenökosystemen (2.).

Beide Ansätze gehen davon aus, dass eine grundsätzlich neue Regelung zum Datenschutzstrafrecht zu treffen ist, die an Stelle von § 42 BDSG und den entsprechenden Vorschriften in den Landesdatenschutzgesetzen treten würde und im Strafgesetzbuch zu verankern wäre. Eine Verankerung im Kernstrafrecht hätte den Vorteil, dass der Regelungsgehalt der Vorschrift sich leichter unabhängig von außerstrafrechtlichen Verhaltensnormen bestimmen ließe und sie mehr Aufmerksamkeit von Seiten der Strafjustiz und der Bevölkerung erhalten würde als die vergleichsweise schwer auffindbaren und anwendbaren geltenden Straftatbestände der Datenschutzgesetze.

1. Der Schutz von Persönlichkeitsprofilen

Der erste dieser Ansätze ist eher individualistisch geprägt: Statt grundsätzlich jede Verarbeitung personenbezogener Daten für potentiell strafrechtlich relevant zu erachten, konzentriert sich der hier vorgestellte Ansatz darauf, vor der missbräuchlichen Erstellung und Verwendung von Persönlichkeitsprofilen schützen. Konkret ließe sich eine entsprechende Strafvorschrift etwa wie folgt fassen:

---

16 *Golla* (Fn. 1), S. 226 ff.; *Kubiciel/Großmann*, Doxing als Testfall für das Datenschutzstrafrecht, NJW 2019, S. 1050, 1054 ff.; exemplarisch anhand der Anwendung auf den Einsatz von AirTags *Leffer/Weber*, Technische und strafrechtliche Implikationen des unbemerkten Einsatzes von AirTags, DuD 2022, S. 137, 140 f.

§ 207 StGB-E – Erstellen von Persönlichkeitsprofilen[17]
(1) Wer sich oder einem anderen unbefugt personenbezogene Daten verschafft, die nicht allgemein zugänglich und dazu geeignet sind, die Leistungen einer Person bei der Arbeit, ihre wirtschaftliche Situation, ihren Aufenthaltsort oder ihren Gesundheitszustand systematisch zu analysieren oder vorauszusagen, um sich oder einen anderen zu bereichern oder einen anderen zu schädigen, wird mit Freiheitsstrafe bis zu zwei Jahren oder mit Geldstrafe bestraft.
(2) [1]Die Tat wird nur auf Antrag verfolgt, es sei denn, dass die Strafverfolgungsbehörde wegen des besonderen öffentlichen Interesses an der Strafverfolgung ein Einschreiten von Amts wegen für geboten hält. [2]Antragsberechtigt sind der Betroffene, die verantwortliche Stelle, der oder die Bundesbeauftragte für den Datenschutz und die Informationsfreiheit und die Aufsichtsbehörde.

Diese Regelung lehnt sich stark an die bisherigen Straftatbestände der Datenschutzgesetze an, schränkt aber das Tatobjekt ein. Als Persönlichkeitsprofile werden hier Sammlungen personenbezogener Daten verstanden, die dazu geeignet sind, die Leistungen einer Person bei der Arbeit, ihre wirtschaftliche Situation, ihren Aufenthaltsort oder ihren Gesundheitszustand systematisch zu analysieren oder vorauszusagen. Allgemein zugängliche Daten sind dabei ausgeschlossen. Der Begriff des Persönlichkeitsprofils steht schon seit Beginn der Datenschutzdiskussionen in den 1960er- und 1970er-Jahren für eine diffuse Sorge vor den schädlichen Folgen, die durch die Anhäufung und Kombination von Daten durch einzelne Stellen entstehen können.[18] In der Regel bezeichnet er eine Sammlung von Daten, die gewisse Schlüsse auf die Lebensführung eines Menschen zulassen.[19] Persönlichkeitsprofile sollen typischerweise Prognosen darüber ermögli-

---

17 Vorschlag aus *Golla* (Fn. 1), S. 235; vgl. zu der Begrenzung des Datenschutzstrafrechts anhand der Gefahr der Bildung von Persönlichkeitsprofilen auch *Haft*, Zur Situation des Datenschutzstrafrechts, NJW 1979, S. 1194, 1197; *Herb*, Verweisungsfehler im Datenschutz-Strafrecht, Eine empirische Untersuchung der Datenschutz-Kriminalität mit Reformvorschlägen, 1986, S. 206.
18 Zu der Befürchtung der Erschaffung „einer total gelenkten Welt" *van Rienen*, Frühformen des Datenschutzes?, 1984, S. 234.
19 Vgl. mit Ansätzen zur Definition des Begriffs *Baeriswyl*, Data Mining und Data Warehousing: Kundendaten als Ware oder geschütztes Gut, RDV 2000, S. 6, 7; *Peifer*, Persönlichkeitsrechte im 21. Jahrhundert – Systematik und Herausforderungen, JZ 2013, S. 853, 858; *Wittig*, Die datenschutzrechtliche Problematik der Anfertigung von Persönlichkeitsprofilen zu Marketingzwecken, RDV 2000, S. 59.

chen, wie sich Menschen in Zukunft verhalten werden. Solche Prognosen können Personen stark beeinträchtigen. Dies ist dann der Fall, wenn sie zur Grundlage wichtiger Entscheidungen gemacht werden – etwa über die Vergabe eines Kredits, die Einladung zu einem Bewerbungsgespräch oder den Abschluss eines Versicherungsvertrages. Werden derartige Entscheidungen auf Grundlage rechtswidriger Datenverarbeitungen vorbereitet, erscheint dies als strafwürdig. Das in § 207 StGB-E konkret gewählte Begriffsverständnis lehnt sich an den Begriff des „Profiling" nach Erwägungsgrund 71 Satz 2 DSGVO an und soll damit auch eine internationale Anschlussfähigkeit ermöglichen.[20]

Der Ansatz eines Profiling-Tatbestandes hat es für sich, dass er auf ein konkreteres Rechtsgut verweisen kann als das bisherige Datenschutzstrafrecht. Der Schutz vor der Erstellung von Persönlichkeitsprofilen gibt der Vorschrift eine wesentlich klarere Zielrichtung vor, als wenn sie grundsätzlich jeglichen Umgang mit personenbezogenen Daten einbeziehen würde. Zugleich kann eine derartige Regelung an eine datenschutzrechtliche Tradition anknüpfen, ohne auf weitreichende Verweisungen auf fachspezifische Regelungen angewiesen zu sein. Schließlich lässt sich bei diesem Ansatz auch der Vermögenswert von Daten für die strafrechtliche Bewertung berücksichtigen. Für ein Persönlichkeitsprofil als Sammlung von Daten, die spezifischen Anforderungen genügt, lässt sich in vielen Fällen ein konkreter Marktwert beziffern.

Freilich lassen sich gegen den Profiling-Ansatz auch Einwände vorbringen. Dass er noch stark an das informationelle Selbstbestimmungsrecht angelehnt ist, ist nicht nur ein Vorteil. Auch eine Regelung wie § 207 StGB-E bleibt tatbestandlich weit und ist in hohem Maße individualistisch geprägt. Bei der Erstellung eines Persönlichkeitsprofils geht es nach wie vor darum, dass Daten zu einer einzelnen Person zusammengetragen werden. Es fragt sich, ob sich auf diese Weise aktuelle und strafrechtlich besonders relevante Risiken von Datenverarbeitungen passgenau abbilden lassen. Gerade im Kontext eines Datenwirtschaftsvölkerstrafrechts erschiene es eher angemessen, auf systematische Datenschutzverletzungen abzustellen, die eine Vielzahl von Personen betreffen, als auf – wenn auch besonders schwerwiegende – Verletzungen von Einzelnen.

---

20 Zu dem Begriff im internationalen Kontext *Golla* (Fn. 1), S. 243.

2. Der Schutz von Datenökosystemen

Der zweite hier vorgestellte Ansatz ist deshalb weniger auf den Schutz von Individuen fokussiert. Er betrifft die systematische und kumulative Begehung von Datenschutzverstößen. Gerade Unternehmen der Datenwirtschaft können derartige Verstöße mit einer Vielzahl von Verletzten begehen. Was dieses Verhalten potentiell strafwürdig macht, ist nicht die Intensität der Beeinträchtigung eines Einzelnen. Es ist die systematische Verletzung des Rechts gegenüber vielen, die zu einem Geschäftsmodell wird. § 42 Abs. 1 BDSG berücksichtigt diesen Gedanken bereits ansatzweise. Er stellt es unter gewissen Umständen unter Strafe, die Daten „einer großen Zahl von Personen" zu verarbeiten. Wann in diesem Kontext eine große Zahl von Personen vorliegt, ist aber schwer zu bestimmen.[21] Es ist generell problematisch, schwerwiegende Datenschutzverstöße quantitativ zu bestimmen.[22] Was eine „große Zahl von Personen" ist, ist auch im Zusammenhang mit anderen Straftatbeständen umstritten[23] und erscheint bei Datenverarbeitungen besonders stark kontextabhängig.

Um den Ansatz einer Strafbarkeit systematischer und massenhafter Datenschutzverletzungen weiterzuverfolgen, müssten klarere tatbestandliche Kriterien gefunden werden, um diese einzugrenzen. Statt an den Schutz der informationellen Selbstbestimmung des Einzelnen anzuknüpfen, könnte ein derartiger Straftatbestand auf den Schutz von Datenökosystemen oder Dateninfrastrukturen[24] zielen. Dabei beziehen sich diese Begriffe nicht auf Umgebungen zur Datenverarbeitung im rein technischen Sinne. Unter einem Datenökosystem lässt sich eine kommunikative Umgebung verstehen, in der sich Personen frei entfalten können, ohne dem systematischen Missbrauch ihrer Daten ausgesetzt zu sein. Konkret könnte dies etwa ein soziales Netzwerk oder ein großes Online-Spiel sein. In den letzten Jahren wurden außerhalb des Strafrechts zunehmend Regelungen wie das Netzwerkdurchsetzungsgesetz oder der Digital Services Act geschaffen bzw. auf den Weg gebracht, die der wichtigen Rolle von Online-Plattformen für die Kommunikation und die Entfaltung der Persönlichkeit in einer digitalisierten Welt Rechnung tragen. Diese Gesetzgebungsakte zielen auf die Regulierung von Systemen und Geschäftsmodellen wie etwa jenen großen

---

21 Vgl. *Brodowski/Nowak*, in: BeckOK Datenschutzrecht, 43. Ed. 2023, § 42 Rn. 29.
22 S. den Beitrag von *Delphine Reinhardt* in diesem Band.
23 So bei § 306b Abs. 1 Var. 2 StGB (Besonders schwere Brandstiftung) und § 263 Abs. 2 Nr. 2 Var. 2 StGB (Besonders schwerer Betrug).
24 S. den Beitrag von *Sabine Müller-Mall* in diesem Band.

sozialen Netzwerken, die in der Lage sind, Menschen mit ihrer Datenmacht unterwerfen.

Tatbestandlich auf systematische oder massenhafte Datenschutzverletzungen begrenzte Strafvorschriften für den Umgang mit Daten durch die Betreiber von solchen Datenökosystemen oder durch Dritte, die von außen in diese eingreifen, könnten sich dazu eignen, die digitale Freiheitsentfaltung in diesem Bereich abzusichern. Sowohl der Anwendungsbereich als auch der Kreis der erfassten Tathandlungen wären im Vergleich zu § 42 BDSG und den entsprechenden Vorschriften der Landesdatenschutzgesetze anzupassen.

Auch dieses Modell eines Datenschutzstrafrechts als Schutz der Entfaltung in Datenökosystemen hat freilich seine Tücken. Wenn es hauptsächlich die Machenschaften von Unternehmen der Datenwirtschaft erfassen soll, stellen sich Zurechnungsfragen. Das Strafrecht kann nur natürliche Personen sanktionieren. Die Verantwortung einer einzelnen Person in einem Unternehmen für systematische Datenschutzverstöße muss erst einmal festgestellt werden. Es besteht die Gefahr, dass einer Strafbarkeit durch Verantwortungsdiffusionen entgangen wird. Unter Umständen ist das von Art. 83 DSGVO bereits etablierte Bußgeldmodell auch schon ausreichend, um gegen die Machenschaften großer Digitalunternehmen vorzugehen. Diese Sanktionen treffen Unternehmen direkt; und zumindest die Behörden einiger europäische Staaten haben bereits hohe Geldbußen gegen große Internetunternehmen verhängt. Niederlassungen großer Internetkonzerne mussten im europäischen Ausland wegen systematischer Datenschutzverstöße Summen im zwei- und dreistelligen Millionenbereich zahlen; zuletzt verhängte die irische Datenschutzbehörde sogar ein Bußgeld in Höhe von 1,2 Milliarden Euro gegen den Facebook-Konzern Meta wegen der Weitergabe von Nutzerdaten in die USA.[25] In Deutschland erklärte derweil das Landgericht Berlin ein Bußgeld in Höhe von etwa 14,5 Millionen Euro gegen die Deutsche Wohnen SE für unwirksam.[26] Ein Grund dafür war die fehlende Feststellung eines vorwerfbaren Verhaltens einer natürlichen Person in dem Bußgeldbescheid. Der Fall wirft ein Schlaglicht auf komplexe Fragen im Zusammenhang mit der Reichweite des Haftungssystems von Art. 83 DSGVO. Nach einer Vorlage des Kammergerichts[27] hat

---

25 S. www.dataprotection.ie/en/news-media/press-releases/Data-Protection-Commission-announces-conclusion-of-inquiry-into-Meta-Ireland.
26 LG Berlin, Beschl. v. 18.2.2021 – 526 OWi LG 212 Js-OWi 1/20 (1/20).
27 KG, Besch. v. 6.12.2021 – 3 Ws 250/21.

der Europäische Gerichtshof in diesem Fall mittlerweile entschieden, dass die Verhängung einer Geldbuße gegen eine juristische Person als Verantwortliche nicht der Voraussetzung unterliegt, dass festgestellt wurde, dass der Verstoß von einer identifizierten natürlichen Person begangen wurde.[28]

IV. Fazit

Mit ihrem kleinteiligen, akzessorischen Ansatz und ihrer Stellung im Nebenstrafrecht haben die geltenden Straftatbestände der Datenschutzgesetze schlechte Chancen, einen Beitrag zu leisten, um schwerwiegenden Datenschutzverletzungen in der heutigen Zeit entgegenzuwirken. Dabei sind gerade die Gefahren des Missbrauchs der Datenmacht großer Konzerne sehr ernst. Zwar besteht bereits die Möglichkeit, hohe Bußgelder gegen Unternehmen zu verhängen. Auch das Strafrecht sollte aber besonders sozialschädliches Verhalten in diesem Bereich erfassen.

Um der Bedeutung der Materie gerecht zu werden, sollte das Datenschutzstrafrecht auch unter Berücksichtigung des geschützten Rechtsguts grundlegend überarbeitet und aktualisiert werden. Dieser Bereich sollte nicht einer Regelung im Nebenstrafrecht überlassen bleiben. Vielmehr wären eine internationale Verständigung über Regelungen zur Strafbarkeit von Datenschutzverstößen und eine Verankerung im Strafgesetzbuch wünschenswert.

Das Datenschutzrecht hat einen großen Anwendungsbereich und arbeitet mit weitgehenden Verboten. Das Strafrecht kann diese Muster nicht übernehmen. Es kann nicht allen Datenschutzverstößen Rechnung tragen und muss sich hier ganz besonders auf seine fragmentarische Natur besinnen. Eine Zuspitzung des Datenschutzstrafrechts auf systematische und schwerwiegende Verstöße könnte auch dazu beitragen, dass anstatt alltäglicher Bagatellen zunehmend gesamtgesellschaftlich relevante Fälle des Datenmissbrauchs zum Gegenstand der Strafverfolgung gemacht würden.

Systematische Datenschutzverstöße nachzuvollziehen und zu verfolgen, die durch große Unternehmen und im internationalen Kontext begangen werden, erfordert außerdem einen großen technischen und organisatorischen Aufwand. Eine strafrechtliche Regelung, die deren Unrechtsgehalt treffender zum Ausdruck bringt als der bisherige § 42 BDSG, wäre hierfür aber ebenfalls ein wichtiger Schritt.

---

28 EuGH, Urt. v. 5.12.2023 – C-807/21.

Durch eine klare, eigenständige Beschreibung strafwürdigen Unrechts würde das Datenschutzstrafrecht nicht nur dazu beitragen, dieses Unrecht angemessen zu ahnden. Es würde auch wichtige gesellschaftliche Anliegen verdeutlichen und damit seiner kommunikativen Funktion gerecht werden. Der Schutz vor kriminellem Profiling oder gefährlichen Eingriffen in Datenökosysteme sind zwei Beispiele für Beschreibungen dieser Anliegen, die der Strafgesetzgeber in Erwägung ziehen sollte.

Warum Datenschutz? Warum (Völker-)Strafrecht?
Verfassungs-, europa- und völkerrechtliche Begründungsansätze

Antje von Ungern-Sternberg

I. Einleitung

Warum „Datenverbrechen" bestimmen, warum ein „Daten(wirtschafts)völkerstrafrecht" ausrufen? Diese Frage verweist auf mögliche Rechtsgüter, die dem Datenschutz zugrunde liegen und die das scharfe Schwert des Strafrechts rechtfertigen. Einer solchen Rechtfertigung bedarf es erst recht für eine völkerrechtliche Sanktionierung. Denn das Grundanliegen dieses Bandes bezieht sich ja nicht nur auf die grenzüberschreitende Sanktionierung von Straftaten im Sinne eines „internationalen Strafrechts" (§§ 3-7 StGB), sondern auf die Etablierung von Völkerstrafrecht, also die Sanktionierung auf völkerrechtlicher Grundlage. Datenverbrechen würden dann die bisherigen vier Völkerrechtsverbrechen – Genozid, Verbrechen gegen die Menschlichkeit, Kriegsverbrechen, Aggression (Angriffskrieg) – ergänzen.

Die beiden Beiträge von *Brodowski* und *Golla* zum nationalen Datenstrafrecht betonen beide zu Recht Grenzen für einen strafrechtlichen Ansatz. *Brodowski* zeigt zunächst, dass die bestehenden Normen des Datenstrafrechts nicht das erfassen, was in diesem Band mit Daten(wirtschafts)völkerstrafrecht bezeichnet wird. Sodann führt er mögliche strafrechtliche Regelungsmodelle auf, die an Stufen der Verarbeitung, unterschiedliche Schutzobjekte, die fehlende Berechtigung zur Datenverarbeitung oder die prozessuale Zweckmäßigkeit anknüpfen. Dabei weist er kritisch auf die besondere Offenheit und mangelnde Fokussierung des derzeitigen Rechts hin (§ 42 BDSG, § 27 SaarlDSG, Art. 83 Abs. 4 und 5 DSGVO als „Quasi-Strafrecht"). *Golla* stellt mögliche Schutzgüter in den Mittelpunkt seiner Überlegungen. Er kritisiert die Akzessorietät des geltenden Datenschutzstrafrechts zum Datenrecht, da dessen offenes Schutzgut – das Recht auf informationelle Selbstbestimmung – nicht zum strafrechtlichen Schutz geeignet sei. Stattdessen schlägt er den Schutz von Persönlichkeitsprofilen und von Datenökosystemen vor.

Im Folgenden sei an diese Überlegungen angeknüpft, um schutzfähige Rechtsgüter aus öffentlich-rechtlicher Sicht zu benennen. Dabei soll es nicht nur um das nationale Recht, sondern gerade auch um das überstaatliche Europa- und Völkerrecht gehen. Hierbei lassen sich Individualgüter (II.) und Gemeinschaftsgüter (III.) unterscheiden. Im Anschluss sei nach der *völkerrechtlichen* Strafwürdigkeit von Datenschutzverstößen gefragt (IV.). Nach diesen Überlegungen ist – so meine These – für völkerrechtliche Datenverbrechen wenig Raum.

II. Individualgüter

Datenschutz dient zunächst den Rechten und Interessen der betroffenen Datensubjekte. Allerdings ist es gar nicht so einfach, die Schutzrichtung des Datenschutzes zu präzisieren. Die Datenschutzgrundverordnung (DSGVO) etwa erfasst die Verarbeitung personenbezogener Daten (nicht aber beispielsweise statistischer oder technischer Daten) in automatisierter Form oder zur Speicherung in einem Dateisystem (Art. 2 Abs. 1 DSGVO). Relevant sind also allein der Personenbezug und die Verarbeitungsmodalität, nicht aber etwa eine besondere Nähe zur Privat- oder Intimsphäre des Datensubjekts oder die mangelnde Öffentlichkeit des Datums. Ein derart umfänglicher Schutz bedarf der Begründung. Die Debatte um die Schutzgüter des Datenschutzes wird inzwischen auch auf europäischer Ebene mit Blick auf den sekundärrechtlichen Datenschutz und Art. 8 EU-Grundrechtecharta geführt. Sie erhält ferner Impulse von der völkerrechtlichen Ebene mit Blick insbesondere auf den menschenrechtlichen Schutz des Privatlebens, namentlich nach Art. 8 EMRK und Art. 17 des Internationalen Pakts über bürgerliche und politische Rechte. Insgesamt ist festzustellen, dass Datenschutz zum einen die Privatsphäre schützt und zum anderen einen Vorfeldschutz zur Sicherung menschlicher Freiheit und Gleichheit beinhaltet.

1. Individuelle Verfügungsbefugnis zum Schutz der Privatsphäre

Datenschutz kann man zunächst als individuelle Verfügungsbefugnis über die eigenen personenbezogenen Daten begreifen. Das Bundesverfassungsgericht formuliert in seinem Volkszählungsurteil, das Grundrecht auf informationelle Selbstbestimmung „gewährleistet insoweit die Befugnis des Einzelnen, grundsätzlich selbst über die Preisgabe und Verwendung seiner persönlichen Daten zu bestimmen".[1] Es verfolgt hierbei aber keineswegs ein naives, eigentumsgleiches Verständnis von Datenschutz, was angesichts der unterschiedlichen Charakteristika von körperlichen Gegenständen und Daten auch nicht naheliegt.[2] Stattdessen kann man die Rechtsprechung so verstehen, dass sie das Individuum in die Lage versetzt, selbst über die Grenze zwischen Privat und Öffentlich zu entscheiden und somit die eigene Privatsphäre zu schützen.[3] Dieses Recht ist gerade im Verhältnis zu Privaten von Bedeutung, da diese ihrerseits grundsätzlich die Freiheit besitzen, Daten für ihre Zwecke zu erheben und zu verarbeiten. Dieser Aspekt des Datenschutzes ist aber auch im Verhältnis zum Staat nicht irrelevant: Zwar muss dieser sein Handeln stets rechtfertigen. Die Anforderungen hierfür sind aber umso strenger, je privater ein Datum ist. Die Breite des Datenschutzes ist somit dem Umstand geschuldet, dass die subjektiven Vorstellungen von schützenswerter Privatsphäre differieren. Es ist daher nur folgerichtig, wenn Datenschutz durch das Bundesverfassungsgericht aus dem Allgemeinen Persönlichkeitsrecht[4] oder durch den Europäischen Gerichtshof für Menschenrechte[5] und den UN-Menschenrechtsausschuss[6] aus dem Recht auf Privatleben abgeleitet bzw. in der Rechtsprechung des Europäischen Gerichtshofs in der Regel zusammen mit dem Recht auf Privatleben geprüft wird[7].

---

1 BVerfGE 65, 1, 43 (1983).
2 Daten zeichnen sich aus durch Nicht-Rivalität, Nicht-Exklusivität und Nicht-Abnutzbarkeit; zur aktuellen Debatte s. etwa *Kühling/Sackmann*, Irrweg „Dateneigentum", ZD 2020, S. 24 ff.
3 So etwa *Masing*, Herausforderungen des Datenschutzes, NJW 2012, S. 2305, 2308.
4 BVerfGE 65, 1, 41 ff. (1983).
5 S. etwa EGMR (GK) *S. und Marper/UK*, Nr. 30562/04, 30566/04, 4.12.2008, Rn. 66 ff.
6 S. etwa UN-Menschenrechtsausschuss, General Comment No. 16, Rn. 10.
7 S. etwa EuGH, Urt. v. 24.11.2011, C-486/10 *ASNEF*, Rn. 42; EuGH, Urt. v. 8.4.2014, C-293/12 u. C-294/12 *Digital Rights*, Rn. 38 ff.; EuGH, Urt. v. 13.5.2014, C-131/12 *Google Spain*, Rn. 80.

2. Vorfeldschutz zugunsten von Freiheit und Gleichheit

Datenschutz ist aber auch Vorfeldschutz und bezweckt, die Verletzung von Rechtsgütern mithilfe personenbezogener Daten zu verhindern.[8] Die Erhebung und Nutzung personenbezogener Daten können hierbei alle denkbaren Rechtsgüter gefährden oder beeinträchtigen: Sie beschränken Freiheit und Autonomie, wenn das Datensubjekt mithilfe seiner Schwächen, Vorlieben oder anderer Eigenschaften manipuliert und fremdgesteuert wird oder wenn sich ein Mensch in überwachten Räumen (Arbeitsplatz, öffentlicher Raum, digitaler Raum) in seiner Freiheitsbetätigung aus Furcht vor Sanktionen zurückhält.[9] Daten ermöglichen Diskriminierungen, wenn umfängliche Profile von Bewerbern, Arbeitnehmern, Kunden oder Bürgern erstellt und als Grundlage für nachteilige Entscheidungen genutzt werden.[10] Schließlich bilden Daten auch die Grundlage für Straftaten, die sich gegen eine ganze Bandbreite von Rechtsgütern richten können (Diebstahl, Betrug, Erpressung, Sexualdelikte...).[11] Den Vorfeldcharakter des Datenschutzes bringen auch zahlreiche Bestimmungen der DSGVO zum Ausdruck, etwa zur Beschränkung des Profiling und automatisierter Entscheidungen[12], zum Jugendschutz[13] oder zum Umgang mit besonders sensiblen Daten wie Gesundheit, Vorstrafen, sexuelle Orientierung oder politische Einstellung[14]. Stets geht es darum, die Datenverarbeitung als potentielle Grundlage für andere nachteilige Handlungen zu beschränken, beispielsweise das Hervorrufen und Steigern von Vorlieben bis hin zur Sucht oder das Ausnutzen von Schwächen für vertragliche Zwecke. Auch für den Menschenrechtsschutz durch Europäischen Gerichtshof für Menschenrechte oder den Zivilpakt

---

8 *Solove*, A Taxonomy of Privacy, University of Pennsylvania Law Review 154 (2006), S. 477 ff.; *Poscher*, Artificial Intelligence and the Right to Data Protection, in Voeneky/Kellmeyer/Mueller/Burgard (Hrsg.), The Cambridge Handbook of Responsible Artificial Intelligence, 2022, S. 281 ff.
9 S. hierzu BVerfGE 65, 1, 43; aus rechtsphilosophischer Sicht eindrücklich auch *Kœnig*, La fin de l'individu, 2019.
10 S. etwa *von Ungern-Sternberg*, Diskriminierungsschutz bei algorithmenbasierten Entscheidungen, in: Mangold/Payandeh (Hrsg.), Handbuch Antidiskriminierungsrecht – Strukturen, Rechtsfiguren und Konzepte, 2022, S. 1131 ff.
11 *Solove* (Fn. 8), 479 ff.
12 Art. 22 DSGVO.
13 Art. 6 Abs. 1 S. 1 lit. f, Art. 8 DSGVO.
14 Art. 9 und 10 DSGVO.

spielen die potentiell schädlichen Folgen der Datenverarbeitung eine Rolle.[15]

3. Datenverkehrsfreiheit im Binnenmarkt?

Der unionsrechtliche Datenschutz ist schließlich nicht nur dem Schutz der Datensubjekte, sondern auch dem freien Datenverkehr im Binnenmarkt verpflichtet, wie der Titel der Datenschutzgrundverordnung[16], die Kompetenzgrundlage[17] und die Zweckbestimmung der DSGVO[18] bezeugen. Die Vollharmonisierung weiter Bereiche des Datenschutzes[19] kommt insoweit auch Personen und Unternehmen zugute, die im Binnenmarkt personenbezogene Daten verarbeiten wollen. Allerdings wäre es missverständlich, die Datenverkehrsfreiheit als Schutzgut des Datenschutzes zu bezeichnen. Denn sie steht üblicherweise im Spannungsverhältnis zum Anliegen des Datenschutzes im engeren Sinne, die Verarbeitung personenbezogener Daten zu begrenzen. Außerdem fügt die „Datenverkehrsfreiheit" den klassischen Verkehrsfreiheiten des Binnenmarktes nichts hinzu, sondern umschreibt lediglich den einheitlichen Rechtsrahmen, auf den sich die datenverarbeitende Wirtschaft berufen kann.[20]

---

15 Der EGMR thematisiert etwa die negativen Auswirkungen staatlicher und privater Überwachung (Willkür, Missbrauch), s. z.B. EGMR (GK) *Zakharov/Russland*, Nr. 47143/06, 4.12.2015, Rn. 227 ff.; EGMR (GK) *Bărbalescu/Rumänien*, Nr. 61496/08, 5.9.2017, Rn. 121; zum UN-Menschenrecht etwa *Seibert-Fohr*, Digital Surveillance, Meta Data and Foreign Intelligence Cooperation: Unpacking the International Right to Privacy, in David/Ronen/Shany/Weiler (Hrsg.), Strengthening Human Rights Protections in Geneva, Israel, the West Bank and Beyond, 2021, S. 40 ff.; *United Nations High Commissioner for Human Rights*, Report, The Right to Privacy in the Digital Age, 3.8.2018, A/HRC/39/29, Rn. 12 ff.
16 Verordnung zum Schutz natürlicher Personen bei der Verarbeitung personenbezogener Daten und zum freien Datenverkehr.
17 Art. 16 Abs. 2 AEUV.
18 Art. 1 Abs. 1 DSGVO.
19 S. bereits EuGH, Urt. v. 24.11.2011, C-486/10 *ASNEF*, Rn. 24 ff.
20 So wohl auch *Botta*, Die Datenverkehrsfreiheit – Ein Beitrag zur Schutzgutdebatte im Datenschutzrecht, DVBl. 2021, S. 290 ff.; ferner *Klement*, Öffentliches Interesse an Privatheit, JZ 2017, S. 161, 163 ff.

III. Gemeinschaftsgüter

Da personenbezogene Daten zu ganz unterschiedlichen (schädlichen) Zwecken eingesetzt werden können, lässt sich Datenschutz auch als Vorfeldschutz zugunsten kollektiver Schutzgüter verstehen.[21] Aus der Fülle potentieller Schutzgüter seien Demokratie und Rechtsstaatlichkeit (1.) sowie die nationale Souveränität (2.) herausgegriffen.

1. Demokratie und Rechtsstaatlichkeit

Die großen Datenschutzskandale der jüngeren Zeit belegen, dass Verletzungen des Datenschutzes auch Demokratie und Rechtsstaatlichkeit untergraben können. Der Skandal um *Cambridge Analytica* zeigt, wie personenbezogene Daten für gezielte Wahlkampfmaßnahmen genutzt werden. Das rechtswidrige Ausspähen von Vorlieben und Schwächen potentieller Wählerinnen und Wähler und das Ausnutzen eines derartigen Wissensvorsprungs durch eine Seite im Wahlkampf – ggf. mittels Desinformation und Manipulationen – gefährden den demokratischen Wahlkampf, die Freiheit der Wahlentscheidung und die Chancengleichheit der Parteien.[22] Zugleich können entsprechende gezielte und ggf. verzerrende und manipulative Informationen auch den Zweck verfolgen, verfeindete Bevölkerungsgruppen gegeneinander aufzuhetzen, seien es die „Black Lives Matter"-Bewegung und ihre Gegner in den USA, seien es verfeindete Ethnien in Ländern, die ohnehin mit Spannungen und Bürgerkriegen zu kämpfen haben.[23] Dies hat gravierende Folgen für die Geltung des Rechts und das staatliche Gewaltmonopol. Die Enthüllungen zu behördlichen Überwachungen von *Edward Snowden* bis *Pegasus* verdeutlichen ebenfalls, dass die Verfügbarkeit von Überwachungstechniken Staaten und ihren Behörden eine Umgehung

---

21 Zur autonomen (Selbstzweck) und funktionalen (Mittel als Zweck) Konzeption von Grundrechten im Allgemeinen *von Ungern-Sternberg*, Autonome und funktionale Grundrechtskonzeptionen unter besonderer Berücksichtigung der Rechtsprechung des EGMR, EuGRZ 2011, S. 199 ff.
22 S. bereits *von Ungern-Sternberg*, Demokratische Meinungsbildung und künstliche Intelligenz, in Unger/dies., (Hrsg.), Demokratie und künstliche Intelligenz, 2019, S. 3 ff.
23 S. etwa die vielfältigen Beispiele in *Woolley/Howard*, Computational Propaganda: Political Parties, Politicians, and Political Manipulation on Social Media, 2018.

rechtsstaatlicher Verfahren ermöglicht – ggf. auch, um Regimekritiker und Journalisten einzuschüchtern und zu bekämpfen.[24]

2. Schutz staatlicher Souveränität?

Das Völkerrecht beruht auf dem Recht eines jeden Staates auf Souveränität. Auch diesem völkerrechtlichen Gut könnte der Datenschutz dienen. Diese Überlegung mag auf den ersten Blick überraschen, da das klassische Völkerrecht vor physischen Übergriffen in die staatliche Souveränität schützt, aber die reine Informationsbeschaffung und -verarbeitung kaum regelt (also etwa Spionage nicht per se verbietet[25]). Außerdem betrifft der klassische Datenschutz die Daten natürlicher Personen, nicht aber die des Staates. Allerdings können die gerade genannten Gefahren von Datenschutzverstößen für Demokratie und Rechtsstaatlichkeit auch eine völkerrechtliche Dimension erlangen. Gerade die Nutzung personenbezogener Daten für grenzüberschreitende Eingriffe in einen Wahlkampf, für das Anheizen von gesellschaftlichen Konflikten oder das Vorgehen gegen unerwünschte Personen, jeweils verantwortet durch einen Staat und gerichtet auf das Gebiet eines anderen Staates, berühren dessen Souveränität. Das Völkerrecht tut sich noch schwer damit, diese nichtkörperlichen Einwirkungen einzuordnen. Eine mögliche Option wäre es beispielsweise, das Interventionsverbot – das bislang ein Element des Zwangs voraussetzt[26] – auch bei vergleichbar gravierenden informationellen Einwirkungen (etwa auf demokratische Wahlen) für einschlägig zu erachten.[27] Die Beispiele zeigen jedenfalls, dass personenbezogene Daten eben auch für grenzüberschreitendes Einwirken

---

24 *European Parliament's Policy Department for Citizens' Rights and Constitutional Affairs*, Pegasus and Surveillance Spyware, PE 732.268, Mai 2022.
25 *Aust*, Spionage im Zeitalter von Big Data – Globale Überwachung und der Schutz der Privatsphäre im Völkerrecht, AVR 52 (2014), S. 375 ff.
26 IGH *Military and Paramilitary Activities in and Against Nicaragua (Nicaragua. v. U.S.)*, 1986 I.C.J. 14, Rn. 205: „Intervention is wrongful when it uses methods of coercion [...]. The element of coercion... defines, and indeed forms the very essence of prohibited intervention [...]".
27 Hierzu *Watts*, Low-Intensity Cyber Operations and the Principle of Non-Intervention, in Ohlin/Govern/Finkelstein (Hrsg.), Cyber War: Law and Ethics for Virtual Conflicts, 2015, S. 249 ff.; *Ohlin*, Did Russian Cyber Interference in the 2016 Election Violate International Law? Texas Law Review 95 (2017), S. 1579 ff.; *Kilovaty*, Doxfare: Politically Motivated Leaks and the Future of the Norm on Non-Intervention in the Era of Weaponized Information, Harvard National Security Journal 9 (2018), S. 146 ff.; *Tsagourias*, Electoral Cyber Interference, Self-Determination and the Prin-

auf andere Staaten, etwa für die Integrität der dortigen Wahlen und das friedliche Zusammenleben der dortigen Bevölkerungsgruppen genutzt werden können. Somit kann Datenschutz auch der völkerrechtlich geschützten Souveränität der Staaten zugutekommen.

IV. Strafwürdigkeit nach Völkerstrafrecht?

Anknüpfend an diese potentiellen Schutzgüter des Datenschutzes lässt sich nun nach der Strafwürdigkeit von Datenschutzverstößen fragen. *Brodowski* und vor allem *Golla* haben hier zu Recht eine gewisse Zurückhaltung angemahnt; stattdessen hat *Golla* eine Strafbarkeit nur bei spezifischen Unrechtstatbeständen vorgeschlagen. Diese Überlegungen gelten umso mehr für das Völkerstrafrecht, das sich bislang auf vier Kernverbrechen beschränkt. Soweit sich Datenschutz auf die Privatsphäre des einzelnen Individuums bezieht oder weiteren Individualrechtsgütern dient, erscheint es zweckmäßiger, auf völkerrechtlicher Ebene an einem gemeinsamen Verständnis und einer effektiven Beachtung der Menschenrechte zu arbeiten, als diese Menschenrechte gleich schon völkerstrafrechtlich sanktionieren zu wollen. Ein Datenschutzverbrechen, das einem Verbrechen gegen die Menschlichkeit[28] oder dem Kriegsverbrechen der Würdeverletzung[29] gleichkommt, kann man wohl nur in besonders krassen Ausnahmefällen, etwa bei der Totalüberwachung einer bestimmten Bevölkerungsgruppe, annehmen.

Eine ähnliche Zurückhaltung ist auch für den völkerstrafrechtlichen Schutz von Kollektivgütern wie der staatlichen Souveränität geboten, die nach bestehendem Völkerstrafrecht im Wesentlichen vor einem Angriffskrieg geschützt wird.[30] Auch hier müsste das Völkerrecht zunächst Normen für zulässige und unzulässige Formen des informationellen Handelns entwickeln, wie man es mit dem Tallinn Manual ja bereits versucht, bevor man das Völkerstrafrecht in Stellung bringt. Diese Weiterentwicklung des Völkerrechts ist eine drängende Aufgabe, denn das Beschaffen, Vermitteln und Nutzen bzw. Manipulieren von Informationen wirkt sich im Informationszeitalter ganz reell aus, etwa auf Wahlen, den gesellschaftlichen Frieden

ciple of Non-intervention in Cyberspace, in Broeders/van den Berg (Hrsg.), Governing Cyberspace: Behavior, Power, and Diplomacy, 2020, S. 45 ff.
28 Art. 7 IStGH Statut.
29 Art. 8 Abs. 2 lit. b) xxi) IStGH Statut.
30 Art. 8*bis* IStGH Statut.

oder die Funktionsfähigkeit der Infrastruktur. In einem zweiten Schritt könnten dann Überlegungen zur Strafwürdigkeit besonders schädlicher Handlungen (Cyberoperationen, Information Warfare) anschließen.

Totale Überwachung und (unterlassene) strafrechtliche
Aufarbeitung. Das Beispiel der deutschen Diktaturen

Moritz Vormbaum

I. Einleitung

Ein charakteristisches Merkmal jeder totalitären Diktatur besteht darin, dass der Schutz von Privatsphäre und persönlichen Daten der Bürgerinnen und Bürger zur Disposition der politischen Führung steht. Die deutschen Diktaturen bieten hierfür anschauliche Beispiele. Nach dem Ende einer Diktatur stellt sich sodann die Frage, wie mit den systemischen Verletzungen dieser geschützten Bereiche umzugehen ist. Das Strafrecht bietet hierfür womöglich eine geeignete Aufarbeitungsoption. Es sind aber – wie stets – auch andere Optionen in den Blick zu nehmen.

Der Beitrag stellt dar, wie Privatsphäre und persönliche Daten in der NS-Diktatur sowie in der DDR in systemischer Weise verletzt wurden, und untersucht, inwiefern dieses Systemunrecht nach dem Ende der jeweiligen Diktatur aufgearbeitet worden ist. Abschließend wird ein Fazit gezogen.

II. NS-Diktatur

Eine gesetzliche Weichenstellung für den nationalsozialistischen Überwachungsstaat erfolgte bereits wenige Wochen nach der sogenannten Machtergreifung im Wege der „Verordnung des Reichspräsidenten zum Schutz von Volk und Staat" vom 28. Februar 1933 („Reichstagsbrandverordnung"). § 1 der Verordnung setzte unter anderem das Brief-, Post-, Telegraphen- und Fernsprechgeheimnis aus Art. 117 der Weimarer Reichsverfassung außer Kraft.

Insbesondere der Geheimen Staatspolizei (Gestapo) und dem Sicherheitsdienst des Reichsführers SS (SD), die von Beginn an personell eng verflochten und ab 1939 im Reichssicherheitshauptamt auch organisatorisch verbunden waren,¹ öffnete der nationalsozialistische Gesetzgeber damit buchstäblich die Tür. Der private Raum bot im NS-Staat keinen Schutz vor polizeilichen und geheimdienstlichen Einheiten, man denke nur an die unzähligen Fälle gewaltsamen Eindringens in Wohnungen zur Verschleppung von Menschen. Ferner existierte ein aus tausenden V-Leuten bestehendes Spitzelwesen.² Ein umfangreiches Karteikartensystem zur Erfassung politisch und ideologisch unliebsamer Personen wurde eingerichtet.³ Briefe, zum Beispiel Feldpost, wurden kontrolliert.⁴ Eine Überwachung des Telefonverkehrs erfolgte durch das Forschungsamt des Reichsluftfahrtministeriums.⁵

Diese Maßnahmen stellten aber nur eine Seite des nationalsozialistischen Überwachungsstaates dar. Die Kontrolle der Bevölkerung erfolgte auch und gerade durch Einschüchterungen und Denunziationen. Ziel war „die sich selbst überwachende Gesellschaft".⁶ Heute geht man davon aus, dass

---

1 Zur Entwicklung dieser Institutionen siehe *Buchheim*, Die SS: Das Herrschaftsinstrument, in Buchheim/Broszat/Jacobsen/Krausnick (Hrsg.), Anatomie des SS-Staates, Band I, 1965, S. 13-253 (35-181); *Wildt*, Generation des Unbedingten: Das Führungskorps des Reichssicherheitshauptamtes, 2003, S. 209-417; *Darms/Stolle*, Die Gestapo: Herrschaft und Terror im Dritten Reich, 4. Aufl. 2017.
2 Siehe *Weyrauch*, Gestapo V-Leute: Tatsachen und Theorie des Geheimdienstes. Untersuchungen zur Geheimen Staatspolizei während der nationalsozialistischen Herrschaft, 1989; *Mallmann*, Die V-Leute der Gestapo: Umrisse einer kollektiven Biographie, in Gerhard/Mallmann (Hrsg.), Die Gestapo: Mythos und Realität, 1995, S. 268-287; *Schreiber*, Elite im Verborgenen: Ideologie und regionale Herrschaftspraxis des Sicherheitsdienstes der SS und seines Netzwerks am Beispiel Sachsens, 2008; *Hall*, An Army of Spies? The Gestapo Spy Network 1933-1945, Journal of Contemporary History (2009), S. 247-265; *Grundmann*, Die V-Leute des Gestapo-Kommissars Sattler, 2010.
3 Siehe *Eichler*, Die Frankfurter Gestapo-Kartei: Entstehung, Struktur, Funktion, Überlieferungsgeschichte und Quellenwert, in Gerhard/Mallmann (Hrsg.), Die Gestapo: Mythos und Realität, 1995, S. 178-199. Die Sicherheitsbehörden bedienten sich auch der vom Statistischen Reichsamt und anderen Behörden erhobenen Daten. Siehe hierzu die Studie von *Aly/Roth*, Die restlose Erfassung: Volkszählen, Identifizieren, Aussondern im Nationalsozialismus, 1984.
4 Siehe *Buchbender/Sterz*, Das andere Gesicht des Krieges: Deutsche Feldpostbriefe 1939-1945, 1982, S. 13-25.
5 Siehe *Gellermann*, Und lauschten für Hitler. Geheime Reichssache: Die Abhörzentralen des Dritten Reiches, 1991; *Fuhrer*, Krieg, Görings NSA: Das „Forschungsamt" im Dritten Reich. Die unbekannte Geschichte des größten Geheimdienstes der Nazis, 2019.
6 *Gellately*, Die Gestapo und die deutsche Gesellschaft: Die Durchsetzung der Rassenpolitik 1933-1945, 1993, S. 151-181; vgl. auch die Beiträge in *Paul/Mallmann* (Hrsg.), Die Gestapo: Mythos und Realität, Darmstadt 1995; *Broszat*, Politische Denunziationen in der NS-Zeit: Aus Forschungserfahrungen im Staatsarchiv München, Archivalische

Hinweise aus der Bevölkerung prozentual die häufigste Einzelursache aller Gestapo-Aktenvorgänge waren.[7]

Nach 1945 hat die Überwachung durch den NS-Sicherheitsapparat – anders als Denunziationen durch Bürgerinnen und Bürger[8] – für die Strafjustiz keine ersichtliche Rolle gespielt. Eine stichprobenartige Untersuchung am Lehrstuhl des Autors des vorliegenden Beitrags hat lediglich ergeben, dass einige der V-Leute für ihre Anzeigen bei der Gestapo strafrechtlich verfolgt wurden. Diese Fälle der „Denunzianten in staatspolizeilichem Auftrag"[9] werden in der Literatur dem allgemeinen Denunziationskomplex zugeordnet und deshalb vorliegend nicht weiter betrachtet.[10]

Selbstverständlich wurden zahlreiche Strafverfahren gegen Mitglieder der Gestapo und des SD durchgeführt. Gegenstand der Verfahren waren jedoch Gewaltverbrechen. Es bleibt somit unklar, ob es eine rechtliche Grundlage für eine Strafverfolgung der Verletzung von Privatsphäre und persönlichen Daten gegeben hätte. Falls ja – zu denken wäre etwa an § 202 StGB a.F. oder an den Auffangtatbestand der Verbrechen gegen die Menschlichkeit im Kontrollratsgesetz Nr. 10 („andere an der Zivilbevölkerung begangene unmenschliche Handlungen") –, hätten sich die Gerichte

---

Zeitschrift 1977, S. 221-238. Differenzierend *Boeckl-Klamper/Mang/Neugebauer*, The Vienna Gestapo, 1938-1945: Crimes, Perpetrators, Victims, 2022, S. 151-161.

7 *Gellately* (Fn. 6), S. 157.
8 Innerhalb der verfolgten Verbrechenskomplexe (Lager-, Kriegs-, Euthanasie-, Justizverbrechen etc.) besaßen Denunziationen mit 17,9 % sogar den größten Anteil an den Strafverfahren wegen NS-Verbrechen, die zwischen 1945 und 2005 in den westdeutschen Besatzungszonen und in der Bundesrepublik geführt wurden. Zwischen 1945 und 1949 betrug ihr Anteil sogar 38,3 %. Siehe *Eichmüller*, Die Strafverfolgung von NS-Verbrechen durch westdeutsche Justizbehörden seit 1945: Eine Zahlenbilanz, Vierteljahrshefte für Zeitgeschichte 2008, S. 621-640, hier S. 628. Siehe auch *Raim*, Justiz zwischen Diktatur und Demokratie: Wiederaufbau und Ahndung von NS-Verbrechen in Westdeutschland 1945-1949, 2013, S. 945-1006; *Ohlenroth*, Der Oberste Gerichtshof für die Britische Zone und die Aufarbeitung von NS-Unrecht: Unter besonderer Berücksichtigung der Bedeutung für die Fortentwicklung der Strafrechtsdogmatik, 2020, S. 246-298; *Koch*, Denunziationen im Nationalsozialismus und ihre strafrechtliche Beurteilung nach 1945, in Jerouschek/Rüping/Mezey (Hrsg.), Strafverfolgung und Staatsraison: Deutsch-Ungarische Beiträge zur Strafrechtsgeschichte, 2009, S. 171-185; *Szanajda*, Indirect Perpetrators: The Prosecution of Informers in Germany, 1945-1965, 2010.
9 *Dams/Stolle* (Fn. 1), S. 78
10 Siehe etwa *Rüter/de Mildt* (Hrsg.), Justiz und NS-Verbrechen: Sammlung deutscher Strafurteile wegen nationalsozialistischer Tötungsverbrechen seit 1945, Laufende Nummern 54, 79, 119, 135, 147, 312, 409, 778, 956. Siehe auch *Raim* (Fn. 8), S. 1001 (= Justiz und NS-Verbrechen, Laufende Nummer 409).

angesichts der Aufhebung der Grundrechte durch die Reichstagsbrandverordnung wohl mit der Frage der Rechtfertigung durch zur Tatzeit geltendes Recht auseinandersetzen müssen. Ob die *Radbruch*sche Formel oder andere Argumentationsansätze hierfür hätten herangezogen werden können, ist spekulativ. Auch über die Frage des Zeitpunkts der vermutlich schon relativ bald eingetretenen Verjährung der Taten kann man nur mutmaßen. Letztlich ist es aber auch müßig, über diese Rechtsfragen nachzudenken. Der Grund, warum eine strafrechtliche Auseinandersetzung mit der Verletzung von Privatsphäre und persönlichen Daten unterblieb, liegt nämlich wohl nicht in rechtlichen Herausforderungen. Denn auch wenn die Taten keineswegs Lappalien darstellen, sondern vielmehr, wie erwähnt, den Kernbereich des diktatorischen Systemunrechts berühren, verblassen sie gleichwohl vor dem Hintergrund der zahllosen Gewaltverbrechen der Nationalsozialisten. Und dies scheint auch der Grund zu sein, warum, soweit ersichtlich, keine anderen Aufarbeitungsmechanismen in Bezug auf Verletzungen von Privatsphäre und persönlichen Daten ergriffen wurden, zum Beispiel Initiativen zur Etablierung der Wahrheit über Überwachungsmethoden oder zur Entschädigung von Opfern von Spitzeleien.

III. DDR

Wie stellt sich die Lage hinsichtlich der DDR-Vergangenheit dar? Mit Blick auf Verletzungen von Privatsphäre und persönlichen Daten ist in der DDR in erster Linie auf das Ministerium für Staatssicherheit (MfS bzw. Stasi) Bezug zu nehmen. Auf Parallelen und Unterschiede zwischen der Gestapo bzw. dem SD und dem MfS kann vorliegend nicht im Detail eingegangen werden.[11] Es muss der Hinweis genügen, dass das MfS zwar auch nicht vor gezielten Tötungen zurückschreckte und natürlich auch Denunziationen in der Taktik der politischen Führung eine Rolle spielten. Das MfS bevorzugte aber vielfach ein flexibles und „lautloses" Vorgehen. Das Abhören von Telefonanschlüssen, das Öffnen von Briefsendungen, das heimliche Betreten von Wohnungen zum Zwecke von Durchsuchungen oder der Installation von Abhöreinrichtungen sowie die Bespitzelung durch hauptamtliche und

---

11 Siehe hierzu *Vormbaum*, Das Strafrecht der Deutschen Demokratischen Republik, 2015, S. 616-618.

inoffizielle Mitarbeiter[12] spielten somit eine größere Rolle als bei den Nationalsozialisten. Dafür stand dem MfS, neben für jene Zeit modernstem Gerät, ein enormer Personalapparat zur Verfügung. Nur um einen Eindruck von den Dimensionen zu vermitteln: Während für die Gestapo im Jahre 1935 im gesamten Reichsgebiet ca. 3.800 Beamte tätig waren, konnte die Stasi zum Zeitpunkt des Mauerfalls auf ca. 90.000 hauptamtliche Mitarbeiter zurückgreifen.[13]

Das MfS war damit das wichtigste Instrument des SED-Unterdrückungsapparats. Es ist deshalb nachvollziehbar, dass der Umgang mit den Hinterlassenschaften der Stasi die Debatten während der „Wende" prägte und einige ikonische Bilder jener Zeit hervorbrachte – etwa das des um Worte ringenden Erich Mielke vor der Volkskammer oder das der von Demonstrierenden besetzten MfS-Zentrale in der Berliner Normannenstraße. Die *strafrechtliche* Auseinandersetzung mit der MfS-Tätigkeit stand hingegen weit weniger im Zentrum des öffentlichen Bewusstseins. Auf Druck der ostdeutschen Bevölkerung fanden zwar bereits in der Phase zwischen Mauerfall und Vereinigung erste Strafverfahren wegen DDR-Systemunrechts statt; diese bezogen sich aber nicht auf „Stasi-Delikte", sondern auf Amtsmissbrauch und Korruption sowie Wahlfälschung.[14]

Nach der Vereinigung wurden insgesamt – so das Ergebnis des Forschungsprojekts „Strafjustiz und DDR-Vergangenheit"[15] – 142 Anklagen wegen MfS-Straftaten erhoben.[16] Es handelt sich damit um die Deliktsgruppe mit den drittmeisten Anklagen. Mehr Anklagen finden sich lediglich in den Deliktsgruppen Rechtsbeugung und Tötungen an der deutsch-deutschen

---

12 Siehe im Einzelnen zu diesen Vorgehensweisen *Marxen/Werle/Vormbaum*, Die strafrechtliche Aufarbeitung von DDR-Unrecht: Eine Bilanz, 2. Aufl. 2020, S. 102-105; *Marxen/Werle* (Hrsg.), Strafjustiz und DDR-Unrecht: Dokumentation, Band 6: MfS-Straftaten, 2006, S. XXXVIII-XLII.

13 *Vollnhals*, Geheimpolizei und politische Justiz im Nationalsozialismus und im SED-Staat, in Hertle/Schaarschmidt (Hrsg.), Strafjustiz im Nationalsozialismus, 2008, S. 161, 165. Bis Ende 1944 stieg die Zahl der hauptamtlichen Mitarbeiter der Gestapo zwar auf ca. 32.000 Personen an; wenn man das im Vergleich zur DDR erheblich größere Staats- und Besetzungsgebiet berücksichtigt, verbleibt aber immer noch ein signifikanter Unterschied zwischen den beiden Systemen. Siehe *Koch* (Fn. 8), S. 172.

14 Vgl. hierzu *Marxen/Werle/Vormbaum* (Fn. 12), S. 36 ff., S. 143 ff.

15 Das Projekt hat unter der Leitung von *Klaus Marxen* und *Gerhard Werle* sämtliche Strafprozesse, die Taten mit Bezug zum DDR-Regime zum Gegenstand hatten, ausgewertet.

16 Vgl. *Marxen/Werle/Schäfter*, Die Strafverfolgung von DDR-Unrecht. Fakten und Zahlen, 2007, S. 28.

Grenze. Freilich ist zu beachten: Die Deliktsgruppe „MfS-Straftaten" ist divers. Sie umfasst nach dem Ansatz des genannten Forschungsprojekts neben dem hier interessierenden Betreten von Wohnungen, Abhören von Telefonaten, Öffnen von Briefsendungen usw. auch so unterschiedliche Taten wie Tötungen, Entführungen, Entnahme von Wertgegenständen aus Briefsendungen, Repressalien gegen Ausreiseantragsteller, Unterbringung von RAF-Terroristen sowie nachrichtendienstliche Spionage gegen die Bundesrepublik.[17] Hieraus erklären sich auch die relativ hohen Zahlen.

Verfahren wegen der Verletzung von Privatsphäre und persönlichen Daten gab es zwar auch, sie führten aber in aller Regel nicht zu rechtskräftigen Verurteilungen. Nach dem sogenannten Zwei-Schlüssel-Ansatz des Einigungsvertrages (umgesetzt in Art. 315 Abs. 1 EGStGB i.V.m. § 2 StGB) war Voraussetzung für eine Strafverfolgung von DDR-Unrecht, dass die Tat sowohl nach DDR-Recht als auch nach bundesdeutschem Recht strafbar war. Einer Strafverfolgung des Abhörens von Telefonaten stand aber das Fehlen eines Tatbestands zum Schutz der Vertraulichkeit des Wortes im DDR-Strafgesetzbuch entgegen.[18] Damit schied auch eine Anwendung von § 201 StGB aus.[19] Hausfriedensbruch war nach § 134 Abs. 2 DDR-StGB nur im Falle einer mehrfachen Begehung strafbar, im Übrigen stellte der Hausfriedensbruch eine „Verfehlung" dar und war somit nach den Grundsätzen des Einigungsvertrages nicht zu beachten. Aber selbst bei Vorliegen einer mehrfachen Begehung stellten die meisten Staatsanwaltschaften die Verfahren mit Verweis auf einen nicht auszuschließenden unvermeidbaren Verbotsirrtum ein.[20] Eine Strafverfolgung der Kontrolle des Briefverkehrs

---

17 Vgl. zu den zuletzt genannten Verfahren, die hier nicht weiter thematisiert werden, *Marxen/Werle/Vormbaum* (Fn. 12), S. 106-108, 121. Zur hier ebenfalls nicht weiter behandelten Strafverfolgung von Denunziationen in der DDR siehe *Glatz*, Denunziation in der DDR und ihre strafrechtliche Bewertung, in Jerouschek/Rüping/Mezey (Hrsg.), Strafverfolgung und Staatsraison: Deutsch-Ungarische Beiträge zur Strafrechtsgeschichte, 2009, S. 255-270.

18 Erst im Juni 1990 wurde im Zuge des 6. Strafrechtsänderungsgesetzes § 135a DDR-StGB eingeführt, der das unberechtigte Abhören unter Strafe stellte, vgl. *Marxen/Werle* (Fn. 12), S. XXXIX.

19 *Marxen/Werle/Vormbaum* (Fn. 12), S. 109-110. Auch eine Anwendung der Amtsanmaßungstatbestände (§ 132 StGB; § 224 DDR-StGB) wurde vom BGH abgelehnt; s. BGHSt 40, 8, 11.

20 *Marxen/Werle/Vormbaum* (Fn. 12), S. 116-118. Das OLG Dresden hat hingegen vertreten, dass bei Tätern in gehobener Position mit juristischer Ausbildung besonders hohe Anforderungen an die Annahme eines unvermeidbaren Verbotsirrtums zu stellen seien. Siehe OLG Dresden, Urt. v. 24.9.1997 – Az. 1 Ss 402/97 und 1 Ss 323/97, abgedruckt in *Marxen/Werle* (Fn. 12), S. S.161-166.

scheiterte schließlich in der Regel an dem Ablauf der Fristen für den erforderlichen Strafantrag, die anders als im Falle der Verjährung[21] nicht wegen systembedingter Nichtverfolgung gehemmt waren.[22] Lediglich in zwei Fällen führte die Postkontrolle durch MfS-Mitarbeiter zu Verurteilungen.[23]

Als Zwischenfazit bleibt festzuhalten, dass faktisch keine strafrechtliche Aufarbeitung der Verletzung von Privatsphäre und persönlichen Daten in der DDR erfolgte. Dies muss freilich kein Systemfehler sein. Die Einschränkung der Strafverfolgung der Tätigkeit des MfS steht vielmehr im Einklang mit dem von der bundesdeutschen Justiz entwickelten Grundsatz der Konzentration der Strafverfolgung von DDR-Unrecht auf schwere Menschenrechtsverletzungen. Im Fokus der Justiztätigkeit standen damit Grenztötungen, Folter in DDR-Gefängnissen, Rechtsbeugungen, die zu langen Haftstrafen führten, etc. Dagegen wurden Taten unterhalb dieser Schwelle, zum Beispiel Rechtsbeugungen, bei denen es um die Verurteilung zu einer Bewährungsstrafe ging, grundsätzlich nicht verfolgt.[24]

Weitet man den Blick und bezieht andere Aufarbeitungsinstrumente mit ein, ist auf das Stasi-Unterlagen-Gesetz (StUG) vom 20. Dezember 1991 und die Bundesoberbehörde des Bundesbeauftragten für die Stasi-Unterlagen[25] einzugehen. Das Gesetz räumt Einzelpersonen ein Auskunfts-, Einsichts- und Herausgaberecht bezüglich der sie betreffenden Stasi-Unterlagen ein (§§ 3, 13 StUG). Während Informationen zu unbeteiligten Dritten für die Einsicht anonymisiert werden, werden die Namen der bei der Überwachung beteiligten hauptamtlichen MfS-Mitarbeiter, der inoffiziellen Mitarbeiter sowie der Denunzianten den Antragstellern, ggf. nach Entschlüsse-

---

21 § 315a Abs. 5 EGStGB. Siehe hierzu *Marxen/Werle/Vormbaum* (Fn. 12), S. 5-8.
22 *Marxen/Werle/Vormbaum* (Fn. 12), S. 112-114.
23 AG Zwickau, Urt. v. 25.9.1996 – Az. 7 Ds 820 Js 23565/95; AG Plauen, Urt. v. 13.9.1996 – Az. 3 Ds 820 Js 39429/96.
24 *Marxen/Werle/Vormbaum* (Fn. 12), S. 298-300. Die Fokussierung auf die genannten Unrechtsbereiche stellt keine Verharmlosung sonstigen Systemunrechts dar. Dies wird etwa klar, wenn der BGH mit Bezug auf das Abhören von Telefongesprächen äußerte, dass die Strafbarkeitslücke „unter Berücksichtigung der Intensität und des Umfangs der festgestellten Überwachungsmaßnahmen – dem Gerechtigkeitsgefühl ... deutlich zuwiderläuft", BGHSt 40, 8, 11.
25 „Gesetz über die Unterlagen des Staatssicherheitsdienstes der ehemaligen Deutschen Demokratischen Republik", BGBl. I, S. 2272-2287. Das Gesetz wurde zuletzt durch das Gesetz zur Änderung des Bundesarchivgesetzes, des Stasi-Unterlagen-Gesetzes und zur Einrichtung einer oder eines SED-Opferbeauftragten vom 9. April 2021, BGBl. I, S. 750-761, geändert und am 6. September 2021 neu bekanntgemacht, BGBl. I, S. 4129-4146. Mit der Gesetzesänderung wurde die Behörde des Bundesbeauftragten für die Stasi-Unterlagen in das Bundesarchiv überführt.

lung der verwendeten Decknamen, mitgeteilt (§ 13 Abs. 5 StUG). Daneben wird Aktenmaterial zu Forschungszwecken (§§ 32ff. StUG) sowie zur Überprüfung von Personen in gesellschaftlich und politisch herausgehobenen Positionen auf eine (inoffizielle) Mitarbeit beim MfS bereitgestellt (§§ 19ff. StUG).

Die Stasi-Akten nicht zu vernichten, sondern in einem transparenten Verfahren den betroffenen Personen, der breiteren Öffentlichkeit sowie der Wissenschaft zugänglich zu machen, war mutig und hat sich ausgezahlt. Bis November 2022 wurden ca. 7,4 Millionen Anträge auf Akteneinsicht gestellt, wovon rund 3,4 Millionen auf Bürgeranträge entfallen.[26] Heute gilt die Stasi-Unterlagen-Behörde als Vorbild für den Umgang mit Informationen, die während einer Diktatur unrechtmäßigerweise erlangt wurden.

IV. Fazit

Als Fazit bleibt festzuhalten: Eine strafrechtliche Auseinandersetzung mit den systemischen Verletzungen von Privatsphäre und persönlichen Daten hat nach beiden deutschen Diktaturen faktisch nicht stattgefunden. Mit Blick auf den Titel des vorliegenden Beitrags muss man also statuieren, dass es sich tatsächlich in beiden Fällen um eine „unterlassene" strafrechtliche Aufarbeitung handelt.

Eine an diesen Befund anknüpfende Frage, die provokanter klingen mag, als sie gemeint ist, lautet: Ist dies eigentlich schlimm? Die Beschränkung der Strafverfolgung auf bestimmte schwere Verbrechen, vor allem schwere Menschenrechtsverletzungen, stellt einen legitimen und anerkannten Ansatz der juristischen Vergangenheitsbewältigung („Transitional Justice") dar.[27] Wie gesehen, hat auch die bundesdeutsche Justiz bei der Strafverfolgung des DDR-Unrechts diesen Gedanken als Leitmotiv verfolgt. Dies ist nachvollziehbar. Denn nach einer Diktatur ist eine Strafverfolgung aller Systemverbrechen ohnehin illusorisch. Es muss also schon aus Kapazitätsgründen Einschränkungen geben. Dies muss aber keine Schwäche des Aufarbeitungsprozesses sein. Im Gegenteil, der Transitionsstaat bringt durch den partiellen Verzicht auf seinen Strafanspruch zum Ausdruck, dass er Strafverfolgung nicht als Selbstzweck betreibt, sondern auch Nachsicht kennt.

---

26 Siehe www.stasi-unterlagen-archiv.de/ueber-uns/bstu-in-zahlen/#c2391.
27 *Werle/Vormbaum*, Transitional Justice. Vergangenheitsbewältigung durch Recht, 2018, S. 54 f., 76 f.

Dies bedeutet freilich nicht, dass die in Rede stehenden Taten im Rahmen der Vergangenheitsbewältigung zu ignorieren sind. Die Errichtung der Stasi-Unterlagen-Behörde bietet ein Beispiel für einen gelungenen Aufarbeitungsansatz abseits des Strafrechts. Neben der umfassenden Aufklärung sowohl von individuellen Fällen als auch von größeren historischen Zusammenhängen lassen sich sogar retributive Effekte erkennen. Man denke nur an die öffentlichen „Entlarvungen" von MfS-Mitarbeitern und die hieraus resultierenden beruflichen Konsequenzen.

Insofern stellt sich die Frage, was eine – zwingend stark begrenzte – Anzahl von Strafverfahren darüber hinaus noch zum Prozess der Vergangenheitsbewältigung hätte beitragen können.

Rechtliche Ansätze an den Missbrauch von Datenmacht: Datenwirtschaftsvölker(straf)rechtliche Grundlegungen

Caroline Böck & Matthias C. Kettemann

I. Einleitung

Das Völkerstrafrecht ist grundsätzlich ein sehr eng gefasster Rechtsbereich. In materieller Hinsicht umfasst er die Tatbestände der Art. 5 Abs. 1 lit. a-d bzw. 6-8*bis* des Römischen Statuts des Internationalen Strafgerichtshofs (IStGH Statut). Die dort genannten Tatbestände beschränken sich auf die Verbrechen des Völkermordes (Art. 6), Verbrechen gegen die Menschlichkeit (Art. 7), Kriegsverbrechen (Art. 8) und das Verbrechen der Aggression (Art. 8*bis*). Allerdings enthält Art. 10 des Römischen Statuts eine Öffnungsklausel, wie folgt:

„Dieser Teil ist nicht so auszulegen, als beschränke oder berühre er bestehende oder sich entwickelnde Regeln des Völkerrechts für andere Zwecke als diejenigen dieses Statuts."

Insofern ist es denkbar, dass sich völkerstrafrechtliche Regelungen jenseits der genannten Verbrechenstatbestände entwickeln und somit auch erweitern. Eine solche Auslegung ist indes nicht unumstritten.[1] Aktuell fokussieren sich Diskussionen um eine Erweiterung der Straftatbestände hauptsächlich auf den Tatbestand des sogenannten Ökozides, der eine völkerrechtliche Verantwortlichkeit bei extrem schwerwiegenden Eingriffen in die Umwelt pönalisieren soll, wobei eine genaue Begriffsbestimmung nicht besteht.[2] Somit wäre auch ein Wirtschaftsvölkerstrafrecht, ebenso wie ein spezifisches Daten(wirtschafts-)völkerstrafrecht, denkbar, welches unter anderem die Verwendung von Spionagesoftwares, wie PEGASUS oder Prism, strafrechtlich sanktioniert, die Grund- und Menschenrechte in

---

[1] Vgl. etwa: *Bock*, Ökozid – ein neues völkerstrafrechtliches Kernverbrechen?, ZRP 2021, S. 187, 188 zum Ökozid.
[2] *Batura/Eschenhagen/Oidtmann*, Defining Ecocide: An Interview with Philippe Sands, Völkerrechtsblog, 24.4.2021. Im Juni 2021 hat eine unabhängiges Expert:innengremium eine Definition für Ökozid vorgeschlagen, s. www.stopecocide.earth/legal-definition.

einer nicht rechtfertigbaren Art und Weise beschränken. Dabei würde auf einen potenziellen Missbrauch staatlicher Datenmacht abgestellt.

Ein spezifisches Daten(wirtschafts-)völkerstrafrecht existiert momentan nicht. Beleuchtet man den Begriff des Datenwirtschaftsvölkerstrafrechts genauer, bemerkt man die Zusammensetzung aus verschiedenen Bezeichnungen für unterschiedliche Rechtsbereiche. Dies deutet eine potenzielle Betroffenheit mehrerer Rechtsbereiche an, die für sich genommen grundsätzlich auch eine strafrechtliche Verantwortlichkeit implizieren: das Strafrecht selbst, das Datenwirtschaftsrecht sowie im weiteren Sinne die (strafrechtliche) Verantwortlichkeit von international agierenden Unternehmen.

1. Strafrecht

Aktuell existiert als umfassendes völkerstrafrechtliches Regelungswerk im Zusammenhang mit dem Missbrauch von Daten ausschließlich die Budapest Convention on Cybercrime des Europarates.[3] Auf Ebene der Vereinten Nationen (UN) befasst sich das United Nations Office on Drugs and Crimes (UNDOC) mit Sachverhalten im Bereich des Cybercrime.[4] Die durch UN GA Res. 64/230 initiierte Open-ended Intergovernmental Expert Group on Cybercrime befasste sich zwischen 2011 und 2021 ausschließlich mit dieser Thematik. Diese Arbeitsgruppe erstellte eine umfassende Studie zu Cyberkriminalität. Darin enthalten waren Untersuchungen zu den Reaktionen der Vertragsstaaten, der internationalen Gemeinschaft und des Privatsektors auf solche Sachverhalte. Daneben wurde der Informationsaustausch sowie weitere Rechtshilfemaßnahmen zwischen den Akteuren im Einklang mit nationalen Rechtsvorschriften untersucht, sowie bewährte Praktiken und die technische Unterstützung dieser Zusammenarbeit. Ziel war es, Optionen zur Stärkung bestehender und zum Vorschlagen neuer nationaler und internationaler rechtlicher oder sonstiger Reaktionen auf Cyberkriminalität zu erarbeiten.[5]

---

3 Council of Europe, Convention on Cybercrime, 23.11.2001, www.refworld.org/docid/47fdfb202.html.
4 Cybercrime: www.unodc.org/unodc/en/cybercrime/index.html.
5 Open-ended Intergovernmental Expert Group Meeting on Cybercrime, www.unodc.org/unodc/cybercrime/egm-on-cybercrime.html.

Zudem gibt es im Völkerrecht kein strafrechtliches Verbot der Spionage, also der angriffsmäßigen, verdeckten Beschaffung von „geheimen" Daten[6], welche nicht unbedingt auf die wirtschaftliche Nutzung gerichtet ist, aber zumindest einige Gemeinsamkeiten mit dem Begriff des Datenwirtschaftsstrafrechts aufweist. Allerdings ist rechtlich auch keine allgemeine Zulässigkeit von Spionage anerkannt, da hierüber keine Erlaubnisnorm existiert. Daher besteht zumindest die Möglichkeit, dass einige Arten von Spionage gegen allgemeine völkerrechtliche Normen verstoßen. Gleiches gilt für Teile der Datenwirtschaft, die in Zusammenhang mit „geheimen Daten" stehen.[7]

2. Datenwirtschaftsrecht

Der Begriff sowie der Rechtsbereich des Datenwirtschaftsrechts sind relativ neu. Datenwirtschaftsrecht rekurriert vorwiegend auf Vorschriften aus dem EU-Recht, wobei – auch mangels unionaler Gesetzgebungskompetenz – kein konkreter Diskurs zu einem unionalen Datenwirtschaftsstrafrecht besteht. Verstanden wird unter dem Begriff jene Rechtsmaterie, welche sich mit Daten und deren Stellung als Wirtschaftsgut beschäftigt.[8] Untersucht und reguliert werden sollen in diesem Rechtsbereich die Nutzbarkeit, der Zugang, die Marktfähigkeit, aber auch mögliche Grenzen einer (nicht-) kommerziellen, allgemeinwohlorientierten Verwendung von Daten.[9]

Zu den existierenden und zukünftigen Rechtsgrundlagen zählen die E-Commerce Richtline (2000/31/EG), (die „Richtlinie über audiovisuelle Mediendienste"), Abl. 1989 Nr. L 331/51; geändert durch Richtlinie 2007/65 EG, Abl. 2007 Nr. L 332/27 (ehemals Fernseh-RL) und der Digital Services Act (DSA). Darüber hinaus zählen zum Datenwirtschaftrecht Regelungen im Bereich des Immaterialgüterrechts (Internet of Things; insbesondere

---

6 Zum Begriff etwa: *Wagener*, Begriff Spionage, in Görres-Gesellschaft, Staatslexikon.
7 So etwa: *Ewer/Thienel*, Völker-, unions- und verfassungsrechtliche Aspekte des NSA-Datenskandals, NJW 2014, S. 30, 31.
8 *Specht-Riemenschneider/Blankertz/Sierek/Schneider/Knapp/Henne*, Die Datentreuhand, MMR-Beil. 2021, S. 25, 25; *Louven*, Datenmacht und Zugang zu Daten, NZKart 2018, S. 217, 217 mit Verweis auf das Arbeitspapier der Kommission „BUILDING A EUROPEAN DATA ECONOMY", die den Aufbau einer europäischen Datenwirtschaft zum Ziel hat.
9 Genauer zur Begriffsbestimmung und -einordnung: *Steinrötter*, Gegenstand und Bausteine eines EU-Datenwirtschaftsrechts, RDi 2021, S. 480, 481 f.

Reform der Warenkauf-RL (RL 2019/771, „embedded software") und solche im Bereich der Künstlichen Intelligenz (Artificial Intelligence Act), ebenso Gesetzesänderungen im Bereich des Kartellrechts durch den Digital Markets Act (DMA), Verordnung über bestreitbare und faire Märkte (Gesetz über digitale Märkte). Das Datenschutzrecht kann aufgrund zahlreicher Schnittstellen ebenso als Teil angesehen werden.[10] Daher bilden auch die DSGVO und der jüngst verabschiedete Data Governance Act einen Teil dieses Rechtsgebiets.

Sowohl die DSGVO als auch DMA und DSA enthalten umfassende Bestimmungen mit Sanktionscharakter. Beispielhaft sei hier auf Art. 84 DSGVO iVm. § 42 Abs. 2 BDSG verwiesen, wonach das Erschleichen von personenbezogenen Daten – sogar – strafrechtlich sanktioniert wird.[11] Zu erwähnen sind auch die potenziell hohen Zwangsgelder, welche nach Art. 76 DSA erlassen werden können. Diese können sich auf bis zu 5 % des weltweiten Jahresumsatzes eines Unternehmens erstrecken, wenn dieses etwa den einschlägigen Bestimmungen der Verordnung sowie den weitreichenden Auskunftsansprüchen nicht Folge leistet, vgl. Art 76 Abs. 1 lit. e DSA.

Auf regional völkerrechtlicher Ebene finden sich erste grobe Datenschutzregelungen in der Convention 108 des Europarates aus dem Jahr 1981.[12] Diese enthalten keine Sanktionen und stellen nur grobe Richtlinien für (un)-zulässige Datenverarbeitung dar, aber sie lassen eine Richtung dahingehend erkennen, dass die wirtschaftliche Nutzung von Daten aus Sicht der Unternehmen nicht uneingeschränkt erfolgen kann.

Es handelt sich somit nicht um eine abgeschlossene Rechtsmaterie. Vielmehr findet das Datenwirtschaftsrecht in verschiedenen Gesetzes- sowie Rechtsbereichen seinen Niederschlag, wenn es um die wirtschaftliche Nutzung der Daten geht.

---

10 Im Ergebnis auch: *Steinrötter* (Fn. 9), S. 481 f., sieht das Datenschutzrecht zwar als einzelnes Rechtsgebiet an, aber er verweist selbst auf wesentliche Schnittmengen und dass die Fragestellungen nicht isoliert betrachtet werden können.

11 Vgl. genauer zum Straftatbestand etwa: Gola/Heckmann/*Gola*, 3. Aufl. 2022, DS-GVO Art. 84 Rn. 10 ff.

12 Council of Europe, *Convention for the Protection of Individuals with Regard to the Automatic Processing of Individual Data*, 28.1.1981, ETS 108, www.refworld.org/docid/3dde1005a.html.

3. Unternehmensverantwortung

In Deutschland hat sich die Diskussion über mehr strafrechtliche Verantwortlichkeit von Unternehmen in dem – nunmehr vorerst gescheiterten – Entwurf über ein sog. Verbandssanktionengesetz kanalisiert. Damit sollten Unternehmen unter Androhung von teils hohen Geldstrafen wegen im Unternehmen begangener Straftaten zu mehr Compliance-Anstrengungen angeregt werden. Ziel sollte es sein, strafrechtliche Handlungen von Mitarbeitenden im Unternehmen von vornherein zu unterbinden.[13] Dennoch werden Unternehmen in Zukunft aufgrund des beschlossenen Lieferkettensorgfaltspflichtengesetzes zumindest zu mehr Verantwortlichkeit im Umgang mit Menschenrechtsverletzungen und Umweltverstößen genommen.[14] Zudem wird in Deutschland zumindest im Zivilrecht eine neue Form von Sammelklagen gegen Konzerne auf den Weg gebracht, wodurch Verbraucher*innen in (zivilrechtlichen) Verfahren schnelle, kollektive Entschädigungen erhalten können sollen, ohne selbst ein Gerichtsverfahren anstrengen zu müssen. Der Entwurf wurde Ende März 2023 vom Bundeskabinett gebilligt und muss nun noch durch Bundestag sowie Bundesrat bewilligt werden.[15]

Auch in anderen europäischen Ländern, wie Frankreich und Schweden, wird die Frage von internationaler strafrechtlicher Verantwortlichkeit von Unternehmen thematisiert. Diese Initiativen beschränken sich anders als das deutsche Vorbringen auf Gerichtsverfahren und deren konkrete Parteien. Das französische Verfahren, gegen das Zementunternehmen *Lafarge*, ist das weltweit erste Gerichtsverfahren, in welchem ein Unternehmen als juristische Person und nicht nur dessen Führungskräfte wegen Beihilfe zu Verbrechen gegen die Menschlichkeit bezichtigt wurden. Es soll in den

---

13 *Rotsch/Mutschler/Grobe*, Der Regierungsentwurf zum Verbandssanktionengesetz – kritische Analyse und Ausblick, CCZ 2020, S. 169, 169 f.
14 Vgl. hierzu etwa: *Bomsdorf/Blatecki-Burgert*, Lieferketten-Richtlinie und Lieferkettensorgfaltspflichtengesetz, ZRP 2022, S. 141; auch: *Berg/Kramme*, LkSG (im Erscheinen).
15 Vgl. hierzu etwa: Kabinett bringt neue Form von Sammelklagen gegen Konzerne auf den Weg, 29.3.2023, www.zeit.de/wirtschaft/2023-03/abhilfeklage-verbraucher-samm elklagen-konzerne-kabinett-marco-buschmann?utm_referrer=https%3A%2F%2Fww w.google.com%2F.

Jahren 2013 und 2014 Schutzgeld an den IS in Syrien gezahlt zu haben, um die eigene Fabrik weiterbetreiben zu können.[16]

Darüber hinaus gibt es aktuell Diskussionen zur internationalen strafrechtlichen Verantwortlichkeit von Unternehmen auf globaler Ebene, insbesondere von Transnationalen Corporations (TNCs). Diskutiert wird die Frage, wie Unternehmen für ethisch oder sogar rechtlich vorwerfbares Verhalten zur Verantwortung gezogen werden sollen resp. gezogen werden können. Die Meinungen hierbei sind vielfältig. Einerseits wird progressiv gefordert, eine direkte Unternehmensverantwortlichkeit ohne Umweg über leitende Angestellte international zu etablieren, um die kollektive Macht und Dynamik eines Unternehmens ausreichend rechtlich zu würdigen.[17] Andererseits wird darauf abgestellt, zunächst eine Verantwortlichkeit von leitenden Angestellten zu fordern und erst in einem zweiten Schritt eine daran anschließende, zusätzliche Verantwortlichkeit von Unternehmen.[18] Zudem solle dies nur ein Teil eines Maßnahmenbündels darstellen, welches insbesondere völker- sowie menschenrechtliche Mindeststandards festlegt.[19] Deutlich wird indes der internationale Trend hin zu mehr unternehmerischer Verantwortlichkeit in straf- sowie zivilrechtlichen Verfahren, welche auch den Einsatz von Sanktionen vorsehen soll.

---

16 *Fock*, War Lafarge an IS-Verbrechen beteiligt?, 24.5.2022, www.lto.de/recht/hintergrunde/h/lafarge-syrien-buergerkrieg-beihilfe-unternehmen-verbrechen-gegen-menschlichkeit; *Riello/Furtwengler*, Corporate Criminal Liability for International Crimes: France and Sweden Are Poised To Take Historic Steps Forward, 6.9.2021, www.justsecurity.org/78097/corporate-criminal-liability-for-human-rights-violations-france-and-sweden-are-poised-to-take-historic-steps-forward.

17 *Lambridis*, Corporate Accountability: Prosecuting Corporations for the Commission of International Crimes of Atrocity, 24.5.2021, www.nyujilp.org/corporate-accountability-prosecuting-corporations-for-the-commission-of-international-crimes-of-atrocity.

18 *Ambos*, International Economic Criminal Law: The Foundations of Companies' Criminal Responsibility Under International Law, Criminal Law Forum 29 (2018), S. 499, 565.

19 *Ambos* (Fn. 18), S. 565.; vgl. wohl auch *Engelhart*, International Criminal Responsibility of Corporations, in Burchard/Triffterer/Vogel (Hrsg.), The Review Conference and the Future of the International Criminal Court, 2010, S. 187 ff.; *Burchard*, Regulating Business with Bad Actors: Aiding and Abetting and Beyond, Texas International Law Journal: The Forum 50 (2015), S. 2; *Buzanich-Sommeregger*, Menschenrechte und Berichtspflicht, ÖstAnwbl 2016, S. 580, 580 f.

4. Zwischenergebnis

Ein spezifisches Daten(wirtschafts-)völkerstrafrecht existiert weltweit aktuell nicht. Das liegt mitunter daran, dass der Begriff des Datenwirtschaftsrechtes als solcher vornehmlich innerhalb der Europäischen Union und im Rahmen der entstehenden Digitalstrategie verwendet wird.

Allerdings ist insgesamt eine Tendenz zu mehr Verantwortlichkeit von Unternehmen als solchen erkennbar. Zwar besteht kein konkretes Gesetzesvorhaben oder die Erstellung eines völkerrechtlichen Vertrages zur internationalen (strafrechtlichen) Verantwortlichkeit von Unternehmen, aber die gerichtlichen Sachverhalte sowie das Lieferkettensorgfaltsgesetz zeigen einen Trend hin zu einer stärkeren Verantwortlichkeit. Dies wird selbst von weniger progressiven Stimmen in der internationalen rechtswissenschaftlichen Literatur gefordert.

Die Entstehung eines Datenwirtschaftsvölkerstrafrechts auf internationaler Ebene würde sich in diese Diskussion einbetten, ist somit denkbar und liegt im Interesse einiger rechtlicher Interessengruppen. Dies gilt umso mehr, als unionale Gesetzesinitiativen meist breite globale Ausstrahlungswirkung entfalten.

II. Mögliche Anwendungsfelder: Missbrauch staatlicher Datenmacht

Mit technologischem und digitalem Fortschritt haben sich die Möglichkeiten und Bedingungen der Informationsbeschaffung und -aufarbeitung erheblich verändert. Insbesondere gilt dies für die verdeckte Informationsbeschaffung. Nicht nur Unternehmen und große Konzerne müssen daher in den Fokus der (strafrechtlichen) Verantwortlichkeit von missbräuchlicher Datennutzung gerückt werden. Auch Staaten nutzen häufig Unternehmen, um ihr Informationsinteresse über die eigene Bevölkerung, aber auch global, zu befriedigen. Dabei verändert sich das Verhältnis von Staaten zu Individuen, da diese und rechtlich relevante Tatbestandsmerkmale vermehrt über Datenpunkte konstruiert, im Wege automatisierter Verfahren verarbeitet und letztlich gesteuert werden.[20] Individuen verlieren so ein Stück weit die Kontrolle über preisgegebene Daten.

---

20 Detailiert: *Johns*, Governance by Data, Annual Review of Law and Social Science, 17 (2021), S. 53 ff.

Dies führt dazu, dass zahlreiche private Akteure eine Vermittlungsrolle zwischen staatlicher Dienstleistung und staatlicher Gewaltanwendung geworden sind.[21] So hat das US-amerikanische Unternehmen *Palantir* bei der Entwicklung von Plattformen zur „effektiven" Polizeiarbeit einen maßgeblichen Beitrag geleistet. Dieses kritisch beäugte Data-Mining Programm wird von einigen Polizeibehörden in den Vereinigten Staaten von Amerika, aber auch deutschen Polizeibehörden,[22] verwendet, um zukünftige Verbrechen durch Auswertung von Verbrechens- und Verhaftungsberichten vorherzusagen. *Palantirs* Programme stehen in der Kritik, rassistische Ergebnisse zu produzieren.[23]

Die staatlich beauftragte Datenbeschaffung und -auswertung mittels privater Unternehmen oder von diesen entwickelten Software-Programmen gehtnoch viel weiter.[24] Europäische Nachrichtendienste verarbeiten in großem Ausmaß kommerziell erworbene Daten aus teils sehr fragwürdigen Quellen. Ein Erwerb findet häufig bei Datenmarklern, aber auch im Darknet statt. Woher diese Daten stammen, aber auch ob die Daten verifiziert oder illegal erworben sind, wird dabei nicht geprüft. Die Exekutive verarbeitet so eine immense, zugleich auch sensible Datenmenge in Zusammenarbeit mit Privaten und erhält ein Werkzeug, um die Bevölkerung in Bezug auf potenzielle Straftaten besser einschätzen zu können. Dies ist nicht nur aus dem eben erwähnten Argument missbrauchsanfällig. Vielmehr ist zusätzlich fragwürdig, wie und ob die privaten Akteure die erlangten Daten weiter nutzen, wenngleich dies nicht rechtmäßig wäre.

Daneben werden Daten auch in großem Umfang von internationalen Organisationen, wie der Global Working Group on Big Data for Official Statistics erhoben und verwertet, die 2015 von der Statistischen Kommission der Vereinten Nationen ins Leben gerufen wurde.[25] Diese erhebt Daten in zahlreichen Lebensbereichen, wie etwa anonymisierte Mobiltelefondaten

---

21 *Johns* (Fn. 20), S. 57 f.
22 *Harlan/Kartheuser/Schöffl*, Schafft die Polizei den gläsernen Bürger?, 3.6.2022, www.tagesschau.de/investigativ/br-recherche/polizei-analyse-software-palantir-101.html.
23 Vgl. etwa: *Hvistendahl*, How the LAPD and PALANTIR use data to justify racist policing, 30.1.2021, https://theintercept.com/2021/01/30/lapd-palantir-data-driven-policing.
24 *Wetzling/Dietrich*, Disproportionate Use of Commercially and Publicly Available Data: Europe's Next Frontier for Intelligence Reform?, 2022, www.stiftung-nv.de/de/publikation/disproportionate-use-commercially-and-publicly-available-data.
25 *Johns* (Fn. 20), S. 62 f.

zur Erstellung von Migrations- und Tourismusstatistiken oder Supermarkt-Scannerdaten zur Erstellung von Inflationsstatistiken. Auch diese Datenerhebungen bergen erhebliches Missbrauchspotenzial.[26]

Anders als bei klassischen Statistiken sind solche Datenerhebungen umfangreicher, und aufgrund der Anonymität der Daten werden die betroffenen Personen nicht über die Datenerhebung informiert. Durch wen und wie diese Daten anonymisiert werden, ist weitgehend unbekannt. Staatliche Akteure können so einen stärkeren sowie schnelleren Einfluss auf das Verhalten der einzelnen Bürger nehmen, als es noch vor einigen Jahrzehnten der Fall war, als klassische Statistiken die Mehrheit der erworbenen Daten darstellten.

Diese großen Sicherheitsrisiken und Missbrauchspotenziale sollten von regulatorischer Seite in den Blick genommen werden, um sich aus Sicht des Gesetzgebers selbst eindeutige Grenzen zu setzen und einen menschenrechtsfreundlichen Umgang mit Datenerwirtschaftung zu ermöglichen. Insbesondere sollte die Tätigkeit der Nachrichtendienste beim kommerziellen Erwerb von – aus ihrer Sicht öffentlich zugänglichen - Daten reguliert werden, denn fehlende rechtliche Beschränkungen und unzureichende Aufsicht können das Risiko eines unverhältnismäßigen Zugangs zu personenbezogenen Daten ohne ausreichende Rechenschaftspflicht erhöhen.[27] Dies gilt umso mehr, als die bestehenden datenschutzrechtlichen und die Privatsphäre regelnden Normen vorwiegend nicht auf nachrichtendienstliche Tätigkeit anwendbar sind.

Anstatt sich auf „einzelne missbräuchliche Datenverarbeitungsvorgänge zu fokussieren, sollte zudem die Gefahr systematisch datenbezogenen Machtmissbrauchs adressiert werden".[28] Um effektive Governance-Regelungen zu schaffen, ist es zudem wichtig, verschiedene Interessensgruppen in den Gesetzgebungsprozess miteinzubeziehen. Aus Sicht demokratischer Staaten sollte eine Regelung dabei immer auf einen potenziellen Missbrauch untersucht und ggfs. angepasst werden, da diese sonst von autoritären Regimen missbraucht werden könnte (sog. Dictator-proof rules). Gleichzeitig muss eine Überregulierung vermieden werden. Hier ist es notwendig, einen Mittelweg zu finden und stets die geschützten Interessen der Individuen im Blick zu behalten, die Ausgangspunkt einer Regulierung sein sollten.

---

26 *Johns* (Fn. 20), S. 62 f.
27 *Wetzling/Dietrich* (Fn. 24), S. 4.
28 *Wetzling/Dietrich* (Fn. 24), S. 53.

Diskutiert werden sollte daher eine Nachbesserung der DSGVO; insbesondere die Zuständigkeitsbereiche des Europäischen Datenschutzbeauftragten sollten überdacht werden.[29] Zudem sollten die Mitglieder des Europarats das Übereinkommen 108+[30] ratifizieren.

III. Konkret: NSA-Skandal, Pegasus und Co. – Völker(straf-)rechtliche Bewertung

1. Sachverhalt(e): NSA (Prism); Pegasus (NSO Israel); ECHELON (5 Eyes); HackingTeam

In der letzten Dekade des 21. Jahrhunderts hat sich die digitale Technik so rasant wie noch nie entwickelt. Allerdings bringt diese Technik auch einige Schattenseiten mit sich, gerade wenn es um die Überwachung anderer Personen sowie staatlicher Akteure geht, wie soeben beschrieben. Mittlerweile sind zahlreiche Sachverhalte in der Weltgemeinschaft bekannt, in denen staatlicher Akteure selbst oder unter Zuhilfenahme von privaten Unternehmen systematisch Gruppen von Individuen oder anderen Staaten teils über mehrere Jahre hinweg überwacht sowie die erhobenen Daten gespeichert haben.

Wir erinnern uns: Im Jahr 2011 entwickelte das israelische Unternehmen NSO Group Technologies (NSO) die Spionagesoftware Pegasus (*zero-touch exploit*). Obwohl die Software ursprünglich zur Bekämpfung von Terrorismus und Kriminalität entwickelt wurde, wurde die Technologie von autoritären Staaten zur Überwachung und Spionage weltweit genutzt. Dazu zählt, neben autoritären Staaten, auch eine lange Liste von EU-Mitgliedstaaten.[31] Auch der deutsche Bundesnachrichtendienst sowie das Bundeskriminalamt haben jüngst den Einsatz einer modifizierten Software „Pegasus" zugegeben.[32] Es folgte eine öffentliche sowie politische Verurteilung dieser Aktivitäten durch eine Vielzahl von anderen EU-Institutionen.[33] Ähnliche Soft-

---

29 *Wetzling/Dietrich* (Fn. 24), S. 53.
30 Übereinkommen zum Schutz des Menschen bei der automatischen Verarbeitung personenbezogener Daten vom 28.1.1981, https://rm.coe.int/1680078b38.
31 *Marzocchi/Mazzini*, Pegasus and Surveillance Spyware, In-Depth Analysis, 2022, www.europarl.europa.eu/RegData/etudes/IDAN/2022/732268/IPOL_IDA(2022)732268_EN.pdf.
32 *Marzocchi/Mazzini* (Fn. 31), S. 11.
33 *Marzocchi/Mazzini* (Fn. 31), S. 15 ff.

ware wurde bzw. wird durch das italienische Unternehmen HackingTeam, das mittlerweile den Geschäftsbetrieb eingestellt hat und unter dem neuen Namen MementoLabs agiert, entwickelt und an Dritte verkauft, die diese unbeschränkt nutzen können.[34]

Daneben sei mit Bedacht auf die Vereinigten Staaten von Amerika und Großbritannien auf die internationale Geheimdienstallianz Five Eyes (AUS/CAN/NZ/UK/US) und mittlerweile auch Nine Eyes (+DEN, FR, NL, NOR) sowie 14 Eyes (+DE, S, BE, ES, IT) verwiesen. Zu dieser Geheimdienstallianz gehört im erweiterten Kreis nun auch Deutschland, wobei bei Weitem nicht alle Informationen wie im engen Kreis der 5 Eyes-Staaten ausgetauscht werden.

Zu Zeiten des Kalten Krieges entwickelten die 5-Eyes-Staaten das Überwachungsnetzwerk ECHELON, welches sämtliche staatliche Kommunikation erfassen, sammeln und analysieren können sollte. Mit dem Zusammenbruch der Sowjetunion fokussierte das Überwachungsnetzwerk auch auf private sowie kommerzielle Kommunikation weltweit. Dies mündete unter anderem im NSA-Skandal.[35]

Der NSA-Skandal wurde 2013 nach den Enthüllungen von geheimen Dokumenten durch den Whistleblower Edward Snowden publik. Demnach hatten die US-Regierung und das Vereinte Königreich unter Mitwirkung von Internetkonzernen im großen Umfang global und dazu noch verdachtsunabhängig Kommunikation überwacht. Dazu nutzten die Staaten Software wie Prism sowie deren Weiterentwicklung von ECHELON. Prism ermöglichte die massenhafte Speicherung und Auswertung von Internetkommunikation. In diesem Zusammenhang wurde durch Edward Snowden auch das ähnlich funktionierende britische Programm TEMPORA des britischen Geheimdienstes Government Communications Headquarters (GCHQ) offengelegt. Nach Offenlegung fiel die Rechtfertigung des Einsatzes solcher umfassender Überwachungsmechanismen recht knapp aus. Als Rechtfertigung wurde lediglich die Terrorismusbekämpfung im Allgemeinen angeführt.[36] Dies scheint vor dem Hintergrund der umfassenden Überwachung eine juristisch schwache Argumentation dazustellen.

---

34 *Brien*, HackingTeam: Mitgründer erklärt Spionagesoftwarefirma für tot, 30.5.2020, https://t3n.de/news/hacking-team-mitgruender-fuer-1284946.
35 Vgl. zu der genauen Geschichte: *Shim*, Diese Augen sind überall: So agieren Geheimdienste im Internet, 27.7.2021, www.computerbild.de/artikel/cb-Tests-Software-Tipps-Five-Eyes-14-Eyes-VPN-erklaert-27863421.html.
36 Vgl. zur Geschichte etwa: *Ewer/Thienel* (Fn. 7), S. 30 f.

Diese Sachverhalte haben medial große Wellen geschlagen und für viel Unmut sowie Sorgen betreffend die Wahrung von Menschenrechten, wie der Meinungsfreiheit sowie Privatsphäre, gesorgt. Der Unmut ist sogar so weit gegangen, dass das Europäische Parlament die Einsetzung eines Untersuchungsausschusses beschlossen hat, um die Nutzung von Staatstrojanern, wie PEGASUS, innerhalb der EU zu untersuchen.

Aufgabe des Ausschusses ist es, etwaige Verstöße oder Missstände bei der Anwendung des EU-Rechts im Zusammenhang mit der Verwendung von PEGASUS und gleichwertiger Spionage-Software zu untersuchen. Im Fokus der Untersuchung steht dabei die Frage, inwiefern die Mitgliedsstaaten (oder Drittländer) durch Überwachungsmaßnahmen gegen die Grundrechte-Charta der EU verstoßen.

Im Verfahren des PEGASUS-Untersuchungsausschusses ging *David Kaye*, der ehemalige Sonderberichterstatter für Meinungsäußerungsfreiheit, am 27. Oktober 2022 in Bezug auf die PEGASUS Software von einer Rechtswidrigkeit der Anwendung ex ante vor:[37]

„In Anbetracht all dessen, was ich festgestellt habe, habe ich ernsthafte Zweifel daran, dass Überwachungstechnologien mit ähnlichen Merkmalen wie PEGASUS jemals den Anforderungen der internationalen Menschenrechtsvorschriften genügen können. Ihr Einsatz sollte daher als rechtswidrig angesehen werden."

Darüber hinaus forderte *Kaye* im Moratorium für die „Entwicklung, die Vermarktung, der Verkauf, die Weitergabe und der Einsatz von Instrumenten wie PEGASUS", um Schutzmaßnahmen zu ermöglichen:

„Strenge, international vereinbarte Exportkontrollen, echte Transparenz und Aufsicht, eine radikale rechtliche Reform der Überwachungspraktiken und -gesetze, die Beseitigung von Hindernissen für die Immunität von Staaten".

Insofern scheint es naheliegend, die Gefährlichkeit von solchen eingesetzten Softwares umfassend rechtlich und insbesondere strafrechtlich zu untersuchen.

---

37 *Kaye*, Testimony to the PEGA Committee of the European Parliament vom 27.10.2022; abrufbar unter https://cpb-us-e2.wpmucdn.com/sites.uci.edu/dist/2/4290/files/2022/10/Testimony-before-the-European-Parliament-PEGA-Committee-KAYE-27-Oct-2022.pdf.

2. Rechtliche Würdigung

Wie solche Sachverhalte rechtlich zu bewerten sind und anhand welcher Normen sie rechtlich fixiert werden können, wird im nachfolgenden Abschnitt genauer analysiert. Dabei werden zunächst die möglichen bestehenden völkerstrafrechtlichen Tatbestände dargestellt, in einem zweiten Schritt eingeordnet sowie subsumiert, und schließlich werden ausgewählte Problemfragen beleuchtet, die mit einer solchen Strafbarkeit einhergehen.

a. Völkerstrafrechtliche Tatbestände de lege lata

Wie bereits beschrieben, existiert kein klar konturiertes Datenwirtschaftsvölkerstrafrecht. Allerdings existieren allgemeine völkerrechtliche Normen, welche einschlägig sein können. Diese finden sich hauptsächlich im Römischen Statut des Internationalen Strafgerichtshofs wieder.

In Betracht kommt de lege lata lediglich eine Strafbarkeit nach Art. 7 des Römischen Statuts. Dieses ist an strenge Voraussetzungen geknüpft und erfüllt den Tatbestand, wenn es sich bei dem zu untersuchenden Sachverhalt um einen solchen handelt, der ein Verbrechen gegen die Menschlichkeit darstellt. Nach Art. 7 Abs. 1 IStGH Statut ist ein solches anzunehmen, wenn es sich um eine der dort aufgezählten Handlungen handelt und diese „im Rahmen eines ausgedehnten oder systematischen Angriffs gegen die Zivilbevölkerung und in Kenntnis des Angriffs begangen wird". Zu den aufgezählten Handlungen gehört etwa nach lit. a die vorsätzliche Tötung, lit. b die Ausrottung oder nach lit. c die Versklavung. Internationale Strafgerichte prüften diese Strafbarkeit etwa in Verfahren der ad-hoc Tribunale für das ehemalige Jugoslawien sowie Ruanda.[38] Dies sowie die aufgezählten Straftaten zeigen, dass es sich bei der begangenen staatlichen Handlung um eine schwerwiegende Straftat als solche handeln muss.

Art. 7 des Römischen Statuts sieht in lit. h allerdings auch dann ein Verbrechen gegen die Menschlichkeit, wenn es sich bei der Tathandlung um eine „Verfolgung einer identifizierbaren Gruppe oder Gemeinschaft aus politischen, rassischen, nationalen, ethnischen, kulturellen oder religiösen Gründen, Gründen des Geschlechts im Sinne des Absatzes 3 oder aus

---

38 Vgl. näher der Thematik etwa: *Barthe*, Der Straftatbestand der Verbrechen gegen die Menschlichkeit in § 7 VStGB, NStZ 2012, S. 247, 247 f. m.V.a. die internationalen ad hoc Tribunale JStGH und RStGH, die 1993 respektive 1994 jeweils durch Resolutionen des UN-Sicherheitsrats errichtet wurden.

anderen nach dem Völkerrecht universell als unzulässig anerkannten Gründen im Zusammenhang mit einer in diesem Absatz genannten Handlung oder einem der Gerichtsbarkeit des Gerichtshofs unterliegenden Verbrechen" handelt. Daneben besteht der Auffangtatbestand, wonach „andere unmenschliche Handlungen ähnlicher Art, mit denen vorsätzlich große Leiden oder eine schwere Beeinträchtigung der körperlichen Unversehrtheit oder der geistigen oder körperlichen Gesundheit verursacht werden", ebenso ausreichend seien, um den Tatbestand zu erfüllen, vgl. Art. 7 lit. k IStGH Statut. Beide Tathandlungen sind bei der eben geschilderten massenhaften sowie systematischen Überwachung der Gesamtbevölkerung sowie einzelner Gruppen prima facie einschlägig.

Einige der genannten Tatbestandsmerkmale sind in Art. 7 Abs. 2 IStGH Statut genauer definiert. So wird unter dem Begriff der „Verfolgung" nach Art. 7 Abs. 2 lit. g ein „völkerrechtswidriger, vorsätzlicher und schwerwiegender Entzug von Grundrechten wegen der Identität einer Gruppe oder Gemeinschaft" verstanden.

Die handelnden Staaten (in Verbindung mit den privaten Akteuren) müssten zusätzlich auch in den persönlichen Verantwortlichkeitsbereich des Statuts fallen. Innerhalb des Römischen Statuts ist die persönliche Verantwortlichkeit vor dem Internationalen Strafgerichtshofs auf Grundlage des Statuts geregelt. Diese findet sich in Art. 25 Abs. 3 des Römischen Statuts, wonach eine strafrechtliche Verantwortlichkeit auch dann anzunehmen ist, wenn eine Person nach lit. c „zur Erleichterung eines solchen Verbrechens Beihilfe oder sonstige Unterstützung bei seiner Begehung oder versuchten Begehung leistet, einschließlich der Bereitstellung der Mittel für die Begehung". Ebenso ist strafrechtlich verantwortlich nach Art. 25 Abs. 3 lit. d IStGH Statut, wer „auf sonstige Weise zur Begehung oder versuchten Begehung eines solchen Verbrechens durch eine mit einem gemeinsamen Ziel handelnde Gruppe von Personen beiträgt." Natürliche Personen, die für einen Staat oder dessen Organe, alleine oder mittels beauftragten privaten Unternehmen die oben beschriebenen Sachverhalte vornehmen, können somit grundsätzlich im Sinne des Römischen Statuts strafrechtlich verantwortlich sein, wenn die sachlichen Tatbestandvoraussetzungen erfüllt sind.

Schließlich müsste auch – ähnlich wie im nationalen deutschen Recht – der subjektive Tatbestand erfüllt sein, es dürften keine rechtfertigenden sowie schuldausschließenden Gründe vorliegen.

b. Einordnung und Subsumtion

Fraglich ist nun, ob diese potenziell mögliche Strafbarkeit im Einzelnen auch alle Tatbestandvoraussetzungen und die weiteren Voraussetzungen erfüllt, um im Ergebnis eine Strafbarkeit anzunehmen. In Betracht kommt jedenfalls ein Verbrechen gegen die Menschlichkeit nach Art. 7 Abs. 1 lit. h oder k IStGH Statut wegen einer systematischen, massenhaften sowie umfassenden staatlichen Überwachung durch „Cyber Surveillance Instrumente" der Weltbevölkerung sowie besonders überwachter, einzelner Gruppen durch die genutzten Programme.

aa. Rechts- und Deliktsnatur im Allgemeinen

Dazu ist zunächst die Rechts- und Deliktsnatur des Straftatbestands im Allgemeinen zu beleuchten. Verbrechen gegen die Menschlichkeit meinen solche Verbrechen, die als Massenverbrechen anzusehen sind. Die Verbrechen müssen daher systematisch gegen eine bestimmte Bevölkerung begangen werden. Historisch gesehen werden Verbrechen wie die gezielte Ausrottung und die Tötung von Bevölkerungsgruppen, aber auch die Verpflichtung zur Zwangsarbeit, die Deportation von Menschen aus ihren eingesessenen Siedlungsgebieten, das Foltern von politischen Gegnern sowie die massenhafte Vergewaltigung von Frauen und Männern, die systematische Verbringung von Menschen oder die Verfolgung von Bevölkerungsgruppen aufgrund diskriminierender Gesetze erfasst.[39]

Daher stellen gerade die Interessen der Völkergemeinschaft als Ganzes, also deren grundlegende Menschenrechte sowie der Mindeststandard der Regeln mitmenschlicher Existenz, das geschützte Rechtsgut dar.[40] Aus historischer Perspektive sind noch keine Sachverhalte mit digitalem Bezug erörtert worden, was jedoch auch an der mangelnden technischen Entwicklung liegt. Betrachtet man die zuvor beschriebenen Fälle, dann kommt man zu dem Ergebnis, dass die staatlichen Überwachungsmaßnahmen zu schwerwiegenden Bedrohungen der Meinungsfreiheit, der Privatsphäre,

---

39 MüKoStGB/*Werle/Jeßberger* VStGB § 7 Rn. 2 f. (Kommentierung zum deutschen Völkerstrafgesetzbuch (VStGB), das sich als deutsche Implementierung des Römischen Statuts des Internationalen Strafgerichtshofs sieht und die Ziele sowie Werte der Mutternorm erfüllen soll, wenngleich geringe textliche Abweichungen bestehen.)

40 MüKoStGB/*Werle/Jeßberger* VStGB § 7 Rn. 1.

der Vereinigungsfreiheit und anderer Grundrechte führen (können), was einen Rückzug der Menschen aus dem demokratischen Diskurs mit verheerenden Folgen bedingen kann.[41] Die Maßnahmen haben somit das Potenzial, schwerwiegende Eingriffe in zahlreiche Menschenrechte darzustellen.

Ob diese betroffenen Menschenrechte ausreichen, um den Tatbestand zu erfüllen, kann zum jetzigen Zeitpunkt nicht abschließend bewertet werden. Gerichtliche Entscheidungen des Internationalen Strafgerichtshofs fehlen. Zwar ist bei Schaffung des Art. 7 Römischen Statuts nicht an eine massive „Cyber Surveillance" gedacht worden, da im Wesentlichen andere Schutzgüter, insbesondere die persönliche Freiheit und die körperliche Unversehrtheit, umfasst sein sollen, wie die bisherigen Fälle zeigen. Allerdings hat die Norm offene Elemente, wie nachfolgend genauer dargelegt wird, sodass eine Beeinträchtigung des Schutzbereichs der Norm denkbar ist.

bb. Subjektive und objektive Tatbestandsmerkmale

Demnach müssen sowohl die objektiven als auch die subjektiven Tatbestandsvoraussetzungen vorliegen. Auf objektiver Seite sind „Handlungen [..] im Rahmen eines ausgedehnten oder systematischen [vorsätzlichen] Angriffs gegen die Zivilbevölkerung" nach Art. 7 Abs. 1 Hs. 1 IStGH Statut notwendig.

Das Merkmal der „Ausgedehntheit sowie Systematik" sollte vorliegend anzunehmen sein. Überwachungsmaßnahmen – insbesondere solche, die der Cyber Surveillance zuzurechnen sind – dürften grundsätzlich als ausgedehnt und systematisch eingestuft werden, da sie durch bestimmte staatliche Programme, wie PEGASUS, über einen unbegrenzten Zeitraum sämtliche Online-Kommunikation filtern und auswerten können. Nationalstaatliche Grenzen stellen ebenso wie die Anzahl der überwachten Personen kein Hindernis dar.

Zur Voraussetzung des „Angriffs" lässt sich folgendes festhalten: Fest steht, dass eine militärische Aggression sowie jegliche körperlich wirkende Gewalt gegen die Zivilbevölkerung nicht als notwendig erachtet werden, wenngleich vergangene Fälle eine solche Komponente beinhaltet haben. Daher ist die massive Ausübung von Druck auf eine Zivilbevölkerung ausreichend, wenn sie ausgeübt wird, um sie zu einem bestimmten Verhalten

---

41 Vgl. *Kaye* (Fn. 37).

zu zwingen. Bereits dann kann von einem Angriff gesprochen werden.[42] Durch eine umfassende sowie dauerhafte Überwachung von nationalen sowie internationalen Bevölkerungsgruppen durch einen staatlichen Akteur kann ein immenser Druck auf die betroffenen Personengruppen ausgeübt werden. Dadurch kann es zu einer Beeinflussung der Verhaltensweisen, etwa einer Vermeidung der Nutzung von online Kommunikation, kommen oder zu anderen Verhaltensweisen, die einen Rückzug aus der öffentlichen Gesellschaft mit sich bringen. Welche besonderen Auswirkungen umfassende Überwachungsmaßnahmen für die Gesellschaft und den einzelnen mit sich bringen, lässt sich an zahlreichen Sachverhalten aus Zeiten der DDR zeigen. Dies ist indes nicht zwingend der Fall, sodass hier nicht eindeutig von einem Angriff gesprochen werden kann. Hier wird eine Auslegung durch die Judikatur maßgeblich sein.

Auf subjektiver Seite ist ein Vorsatz und somit das Wissen und Wollen aller als Tatbestandsvoraussetzung notwendig. Dass die umfassende Nutzung von Spionagesoftware und deren systematische Auswertung eine besonders schwerwiegende Beeinträchtigung von Menschenrechten darstellt, müssen die anwendenden Behörden – auch aufgrund des breiten medialen Diskurses darüber – notwendigerweise wissen, und da solche Software fortwährend eingesetzt wird, nehmen sie diese billigend in Kauf. Der Vorsatz kann insofern angenommen werden.

Daneben müssten die Voraussetzungen nach Art. 7 Abs. 1 lit. h oder k IStGH Statut erfüllt sein. Die Formulierung, wie oben beschrieben, ist recht offengehalten, sodass eine Subsumtion dem Wortlaut nach denkbar wäre:

In Bezug auf Art. 7 Abs. 1 lit. h IStGH Statut geht es um eine Handlung, die auf die Verfolgung einer identifizierbaren Gruppe aus politischen, rassischen, nationalen, ethnischen, kulturellen, religiösen Gründen oder Gründen des Geschlechts gerichtet ist. Es muss sich insofern um eine abgrenzbare Gruppe und nicht die Gesamtbevölkerung handeln. Sofern die umfassende Überwachung die gesamte Bevölkerung eines Landes betreffen würde, wird das Merkmal mangels Bestimmtheit nicht erfüllt sein, da in einem solchen Fall alle Personen betroffen sind, wenngleich auch die Gesamtbevölkerung eine Gruppe darstellt. Allerdings werden Softwares, wie etwa die polizeiliche Software *Palantir,* als rassistisch eingestuft, da

---

42 MüKoStGB/*Werle/Jeßberger* VStGB § 7 Rn. 23 f. m.V.a. RStGH, Urt. v. 2.9.1998 (Akayesu, TC), para. 581. Vgl. auch RStGH, Urt. v. 6.12.1999 (Rutaganda, TC), para. 68 und RStGH, Urt. v. 27.1.2000 (Musema, TC), para. 205.

sie ethnischen Gruppen besondere Straffälligkeit unterstellen und diese daher häufiger kontrollieren oder es leichter zu einer Festnahme kommt. In solchen Fällen könnte eine Bestimmbarkeit der Gruppe denkbar sein. Allerdings werden hierbei Probleme der Nachweisbarkeit bestehen. Es müsste aufgezeigt werden, dass die Software gerade zur Verfolgung dieser identifizierbaren Gruppe geschaffen wurde, und dies wird in der Praxis nur schwer möglich sein. Zusätzliches Hindernis im Rahmen von Art. 7 Abs. 1 lit. h IStGH Statut ist die Akzessorietät, die der Tatbestand – laut dem Statut des Internationalen Strafgerichtshofs – mit sich bringt. Das bedeutet, dass nur solche Verbrechen umfasst sind, die neben diesem Tatbestandsmerkmal ein weiteres Verbrechen gegen die Menschlichkeit oder einen anderen Tatbestand des Römischen Statuts darstellen.[43] Ziel ist es, die Weite des Tatbestands einzudämmen.[44]

In Bezug auf den Auffangtatbestand des Art. 7 Abs. 1 lit. k IStGH Statut, welcher die Strafbarkeit von „anderen unmenschlichen Handlungen ähnlicher Art, mit denen vorsätzlich große Leiden oder eine schwere Beeinträchtigung der körperlichen Unversehrtheit oder der geistigen oder körperlichen Gesundheit verursacht werden", normiert, lässt sich folgendes festhalten: Obwohl es denkbar und abhängig von der Qualität der Überwachungsmaßnahmen sogar naheliegend sein mag, dass auch Überwachungsmaßnahmen negative Auswirkungen auf die körperliche Integrität haben können, wäre eine solche jedenfalls mittelbar und daher nicht vom Tatbestand des Art. 7 Abs. 1 lit. k IStGH Statut umfasst. Überwachung an sich wird als nicht ausreichend für die Erfüllung des genannten Tatbestandes angesehen, zumal die anderen Einzeltaten gemäß dem Wortlaut der Norm einen unmittelbaren Zwang und eine Beeinträchtigung der körperlichen Unversehrtheit erfordern. Das gilt umso mehr, wenn man die Systematik und den Charakter der Norm betrachtet. Diese kann als Ausnahmetatbestand angesehen werden. Solche werden grundsätzlich eng ausgelegt, sodass mittelbare Eingriffe in die körperliche Unversehrtheit nicht umfasst sein werden.

---

43 MüKoStGB/*Werle/Jeßberger* VStGB § 7 Rn. 115. Beachtlich ist in diesem Zusammenhang, dass dieses Akzessorietätserfordernis im deutschen Umsetzungsgesetz nicht zu finden ist. Dies ist zutreffend, da dem Tatbestand sonst kein eigener Raum zukommt, zumal eine anderweitige Strafbarkeit jedenfalls immer vorliegen muss. Dieser läuft somit ins Leere. Der deutschen Umsetzungsregelung kommt somit ein strafbarkeitserweiternder Anwendungsspielraum zu.

44 MüKoStGB/*Werle/Jeßberger* VStGB § 7 Rn. 115, m.V.a. Ambos/*Hall/Powderly* ICC Statute Art. 7 Rn. 141.

Zusammenfassend ist somit festzuhalten, dass eine eindeutige Betroffenheit der Art. 7 Abs. 1 lit. h oder k des Römischen Statuts nicht anzunehmen ist. Je nach Ausgestaltung des Sachverhalts könnte allerdings zumindest der Art. 7 Abs. 1 lit. h IStGH Statut erfüllt sein, wobei hierbei die Nachweisbarkeit sowie das Akzessorietätserfordernis[45] problematisch sein wird. Zudem wird Überwachung bislang als Teil eines Verbrechens und systematischer Menschenrechtverletzungen angesehen und daher im strafrechtlichen System häufig im Vorbereitungsstadium angesiedelt. Dieser ist nach Art. 7 Römisches Statut nicht unter Strafe gestellt.

Eine Unterscheidung zwischen systematischer Überwachung *an sich* und als Teil und Ermöglichung anderer Tatbestandsmerkmale wäre für eine strafrechtliche Beurteilung allerdings hilfreich und notwendig. Damit gemeint ist, dass eine umfassende Überwachung, sofern sie dem staatlichen oder dem privaten Akteur für die Begehung einer weiteren Straftat dient, zumindest die Nachweisbarkeit für diese weitere Strafbarkeit erhöht. Sie weist aber gleichzeitig auch als solche bereits einen starken Unrechtgehalt auf und sollte daher selbst als strafrechtlich missbilligend eingestuft werden, da hierdurch bereits tiefgehende Eingriffe in Menschenrechte ausgeübt werden. Zudem wäre eine solche Unterscheidung sinnvoll für die Beurteilung des Art. 25 Römisches Statut im Hinblick auf Täterschaft und Teilnahme.

cc. Zwischenergebnis

Eine Betroffenheit des Art. 7 IStGH durch umfassende Überwachungstätigkeiten ist insofern de lege lata daher nicht ausgeschlossen, aber es bestehen einige Bedenken hinsichtlich einzelner Tatbestandmerkmale. Hinzukommt, dass der Artikel aus historischer Sicht nicht auf digitale Verbrechen ausgelegt war, insofern wäre eine weite Auslegung der Tatbestandsmerkmale jedenfalls erforderlich. Ob eine solche Auslegung von den Richter*innen des

---

45 Dieses Erfordernis wurde jedoch zumindest durch den JStGH, Urt. v. 14.1.2000 (Kupreškić u.a., TC), paras. 580 f.; auch JStGH, Urt. v. 26.2.2001 (Kordić und Čerkez, TC), para. 194 eingedämmt, da der Gerichtshof befand, dass dieses Erfordernis durch den Auffangtatbestand von Art. 7 Abs. 1 lit. h IStGH Statut umgangen werden könne und die Möglichkeit beziehungsweise der Wille des Gesetzgebers des Statuts bestehe, das Völkerrecht fortlaufend weiterzuentwickeln sowie Definitionen anzupassen. Dies wurde mit Art. 10 IStGH Statut begründet.

Internationalen Strafgerichtshofs angenommen wird, kann nicht treffsicher vorausgesagt werden.

c. Ausgewählte Problemfragen im Zusammenhang mit der Strafbarkeit

Daneben stellen sich weitere einzelne Problemfragen, die erörtert werden sollen, wenn über die Etablierung eines Datenwirtschaftsvölkerstrafrechts nachgedacht wird. Diese werden nachfolgend gesondert diskutiert.

aa. Problem 1: Spionage ist völkerrechtlich nicht verboten

Ein Problemkreis ergibt sich daraus, dass Spionage als solche völkerrechtlich nicht verboten ist. Allerdings verstoßen tatsächlich durchgeführte Spionageakte regelmäßig gegen Menschenrechte, wie das Recht auf Privatsphäre aus Art. 12 AEMR und Art 8 EMRK. Daneben sind diese Handlungen zusätzlich in den meisten nationalen Rechtsordnungen strafrechtlich sanktioniert.[46]

In diesem Zusammenhang wird insbesondere auf den Verstoß von Normen aus dem Internationalen Pakt über bürgerliche und politische Rechte (ICCPR) rekurriert, welche sich gerade auf Privatunternehmen beziehen. Spionagesoftware beeinträchtigt zahlreiche Rechte aus diesem Pakt, so etwa das Recht auf Privatsphäre (Art. 17), da der Einzelne nicht bestimmen kann, wer im Besitz von Informationen über ihn ist und wie diese Informationen genutzt werden. Daneben das Recht auf Meinungsfreiheit und freie Meinungsäußerung (Art. 19), zumal potenziell überwachte Personen und deren Umfeld abgeschreckt sind von dem potentiellen Einsatz der Softwaren. Zudem möglicherweise das Versammlungs- bzw. Vereinigungsrecht (Art. 21, 22), wenn Versammlungen durch Abhörung leichter unterbunden werden können. Mittelbar werden das Recht auf Leben (Art. 6), das Verbot von Folter (Art. 7), willkürliche Festnahmen (Art. 9) und das Recht auf Freizügigkeit (Art. 12) und ein ordnungsgemäßes Verfahren (Art. 14) beeinträchtigt, wenn man den Untersuchungen von Citizen Lab, Amnesty International, Mexico's R3D und ARTICLE 19 folgt.[47] Solche Beeinträchtigungen müssen, ähnlich wie im deutschen sowie unionalen Recht, auf-

---

46 *Schaller*, Spies, Oxford Public International Law, 2015, s. 2, https://opil.ouplaw.com/view/10.1093/law:epil/9780199231690/law-9780199231690-e295?prd=MPIL.
47 *Kaye* (Fn. 37).

grund des Pakts gerechtfertigt werden, also jedenfalls verhältnismäßig sein. Innerhalb der Verhältnismäßigkeitsprüfung ergeben sich insbesondere Bedenken hinsichtlich des relativ mildesten Mittels. Strafverfolgungs- oder Sicherheitsdienstbehörden steht meistens eine weniger restriktive, alternative Ermittlungsmethode zur Verfügung. Zudem ist es Staaten nicht bzw. begrenzt möglich, den Einsatz von Spionagesoftware nur auf verhältnismäßige Fälle zu begrenzen, da eine Verhältnismäßigkeit im Einzelfall häufig erst ex post bestimmt werden kann.

Daher stellt sich die Frage, ob solche Software generell als rechtswidrig einzustufen ist, wie dies etwa *David Kaye* in dem dazugehörigen Untersuchungsausschuss gefordert hat. Fraglich ist jedoch, ob und inwiefern ein politischer Wille zu einer solchen Einstufung besteht.

Daneben sind Verstöße gegen Art. 8 EMRK denkbar. Diese können indes nur durch die Vertragsstaaten, also im Fall von PEGASUS durch Großbritannien, begangen werden. Begründet werden könnte ein Eingriff damit, dass Personen wegen der Überwachung ihrer Kommunikation von Meinungsäußerungen abgehalten werden könnten („chilling effect"). Auch dieser Eingriff müsste durch ein Gesetz gerechtfertigt werden sowie verhältnismäßig sein. Großbritannien hat in Zusammenhang mit dem Einsatz von TEMPORA durch GCHQ ein Gesetz erlassen. Dieses hat der EGMR allerdings als rechtswidrig eingestuft, da es an Bestimmtheit fehle. Das Gesetz sah vor, dass „ein Minister anordnen durfte und wohl auch angeordnet hatte, alle Datenströme in allen Unterseekabeln, die eine britische Station haben, zu überwachen und im Hinblick auf die nationale Sicherheit und das wirtschaftliche Wohlergehen des Landes zu durchsuchen". Dies sei nach Ansicht des EGMR rechtswidrig, weil die Befugnisse zu weitreichend seien und anlasslos erscheinen. Zudem würden etwa Vorschriften zur Festlegung von Suchbegriffen fehlen.[48] Dieses Urteil zeigt, dass Spionage nach Ansicht des EGMR nur unter bestimmten sowie engen Voraussetzungen möglich sein darf, wenngleich einzelne Staaten – vielleicht auch mangels Vollstreckungskompetenz des EGMR – dem keine Folge leisten.

Insofern ist festzuhalten, dass Spionage unter gewissen Umständen aus völkerrechtlicher Sicht gegen Menschenrechte verstößt und somit zumindest mittelbar „verboten" ist, zumal es als rechtwidrig einzustufen ist. Dies

---

48 Vgl. EGMR, Urt. v. 1.7. 2008 – 58243/00 Rn. 43 ff., 64 ff. – Liberty u. a./Vereinigtes Königreich unter Hinweis auf EGMR, NJW 2007, 1433; untersucht bei: *Ewer/Thienel* (Fn. 7), S. 32 f.

gilt insbesondere, wenn Privatpersonen, die sonst als unauffällig im strafrechtlichen Sinne einzustufen sind, „ausspioniert" werden.

bb. Problem 2: Das Geschäftsmodell der globalen Datenwirtschaft ist auf die systematische Überwachung gerichtet

Ein weiterer Problemkreis besteht darin, dass das Geschäftsmodell der globalen Digitalunternehmen gerade auf die systematische Überwachung von Daten gerichtet ist, um diese dann möglichst lukrativ im wirtschaftlichen Sinne zu nutzen. Je mehr Daten generiert werden, desto höher sind grundsätzlich auch die damit erzielten Gewinne. Wie bereits oben beschrieben, haben auch Staaten den Nutzen der Überwachung durch umfassende Datenwirtschaft erkannt.

Als pauschale Rechtfertigung aus staatlicher sowie aus Sicht der Unternehmen wird dabei folgendes angeführt: Ein solches Werkzeug ist notwendig, um Terrorismus oder andere Bedrohungen der nationalen Sicherheit und der öffentlichen Ordnung zu filtern und in einem zweiten Schritt zu bekämpfen. Die genaue Funktionsweise der Systeme, die eine umfassende Überwachung ermöglichen – so eine Zeugenaussage des „General Counsel" der NSO Group im Rahmen des PEGASUS Komitee –, könne aufgrund von Staatsgeheimnissen sowie vertraglichen Abreden nicht erfolgen. Auch Fragen danach, wo die Software eingesetzt wird und wer weiterhin Zugriff auf die gesammelten Daten und das System hat, wurden unbeantwortet gelassen.[49]

Aufgrund der Schwere der Bedrohungen, die von einem solchen Überwachungseingriff für das private Leben des Einzelnen und die demokratische Gesellschaft ausgeht, wie oben eingehend dargelegt, ist von Seiten des Gesetzgebers und den entwickelnden Unternehmen eine Rechtfertigung dieser Rechtsbeeinträchtigung notwendig. Eine Interessenabwägung reicht insofern nicht aus, vielmehr ist eine ausführliche Rechtfertigung der Beeinträchtigung notwendig. Eine solche Rechtfertigung samt nachvollziehbaren Beweisen, warum solche Softwares zum Einsatz kommen und wie diese die positivrechtlichen Verpflichtungen zur Einhaltung der Menschenrechte erfüllen, wird – zumindest im PEGASUS Verfahren der EU – weiterhin

---

49 So *Hannah Neumann*, die Teil des PEGASUS-Untersuchungsausschusses ist, https://hannahneumann.eu/pegasus-untersuchungsausschuss-update-vor-der-sommerpause.

nicht gegeben.⁵⁰ Insbesondere wird nicht dargelegt, inwiefern der Einsatz einer umfassenden Spionagesoftware im Rahmen der Verhältnismäßigkeit das relativ mildeste Mittel darstellt.⁵¹

Die Bindung an die Grundrechte wird auch für die die Software entwickelnden Unternehmen anzunehmen sein, da eine gewisse Bindung von Unternehmen an Menschenrechte bestehen wird. Die horizontale Wirkung dieser ist in gewissem Umfang allgemein anerkannt, wie etwa die Leitprinzipien der Vereinten Nationen für Wirtschaft und Menschenrechte zeigen. Danach sollen auch Unternehmen die Menschenrechte im Rahmen ihrer Arbeitstätigkeit achten. Konkret sollen sie vermeiden, die Menschenrechte anderer zu beeinträchtigen und nachteiligen menschenrechtlichen Auswirkungen, die aufgrund ihrer Arbeit entstehen, begegnen, wenngleich dadurch ihre Geschäftstätigkeit und somit auch ihre unternehmerische Freiheit eingeschränkt wird.⁵²

IV. Fazit und Ausblick

Staatliche, aber auch private Überwachungsmaßnahmen können durch die digitale Entwicklung immer präziser sowie umfassender werden. Einerseits können mehr Daten erfasst, diese besser ausgewertet, aber auch einfacher und länger gespeichert werden.

Diese Erwirtschaftung von Daten stellt das Geschäftsmodell von zahlreichen Digitalunternehmen dar. Das Potenzial dieser Technik haben mittlerweile auch Staaten erkannt. Diese nutzen die Technologie mit Hilfe privater Akteure, um eine umfassende Überwachung von (Teilen der) weltweiten Bevölkerung durchzuführen. Dies haben Sachverhalten rund um PEGASUS, Prism, Echelon oder Hacking Team gezeigt.

Im Ergebnis lässt sich aus rechtlicher Sicht aber festhalten, dass der Rechtsbereich eines Datenwirtschaftsvölkerstrafrechts de lege lata für solche Sachverhalte nicht eindeutig hergeleitet werden kann. In Betracht kommt unter gewissen Umständen eine Strafbarkeit von Einzelpersonen, die für Staaten tätig werden, wenn diese systematische, umfassende Überwachungsmaßnahmen durch Softwares wie PEGASUS gegenüber gewissen

---

50 Vgl. zur Argumentation: *Kaye* (Fn. 37).
51 *Kaye* (Fn. 37).
52 Vgl. etwa Berichtsrahmen für die UN-Leitprinzipien für Wirtschaft und Menschenrechte mit Umsetzungshinweisen, www.ungpreporting.org/wp-content/uploads/UNGPRF_Deutsch_Dez2017.pdf.

Bevölkerungsgruppen durchführen. Eine Verantwortlichkeit würde sich dabei gegebenenfalls aus Art. 7 Abs. 2 IStGH Statut ergeben. Aufgrund fehlender Judikatur in diesem Bereich ist das Annehmen einer solchen Strafbarkeit zum jetzigen Zeitpunkt ungewiss. Allerdings kommen beim Einsatz solch tiefgehender Spionagesoftware zahlreiche Beeinträchtigungen von Menschenrechten in Betracht, die nicht rechtfertigbar sind und somit einen Verstoß darstellen. Einschränkungen zeigen sich insoweit beim Recht auf Meinungsfreiheit und freie Meinungsäußerung sowie auch möglicherweise in Bezug auf das Versammlungs- bzw. Vereinigungsrecht; mittelbar sind im Einzelfall aber auch das Recht auf Leben, das Verbot von Folter, willkürliche Festnahmen sowie das Recht auf Freizügigkeit und das ordnungsgemäße Verfahren betroffen. Die Einschränkungen können sohin als besonders schwerwiegend eingestuft werden.

Gesetzgebungsvorhaben oder die Etablierung von völkerrechtlichen Abreden sind dennoch nicht ersichtlich. Im zivilrechtlichen Bereich zeigen sich insbesondere im unionalen Raum Tendenzen zu mehr Verantwortlichkeit von Unternehmen und zur Etablierung eines Datenwirtschaftsrechts, wonach sich zumindest zivilrechtliche Folgen, insbesondere eine hohe Besteuerung, ergeben sollen, wenn Unternehmen im erheblichen Maße Daten erwirtschaften und vermarkten, die gesellschaftlich betrachtet von geringem Wert sind. Nicht so tiefgreifend wie innerhalb der EU, aber dennoch in gewissem Maße, zeigen sich darüber hinaus Tendenzen zu mehr Verantwortlichkeit bei der Erwirtschaftung von Daten im globalen Umfeld.

Es bleibt also abzuwarten, ob sich auch die Staaten der Welt ihrer Verantwortung bewusst werden, die Möglichkeit einer umfassenden Überwachung von weiten Teilen der Bevölkerung einzuschränken und gegebenenfalls sogar strafrechtlich zu sanktionieren. Eine Untersagung solch umfassender Überwachungsmechanismen dauerhaft wäre unterdessen rechtlich geboten und darüber hinaus wünschenswert, so wie *David Kaye* dies im Rahmen seiner Anhörung innerhalb des PEGASUS-Untersuchungsausschusses geschildert hat.[53] Dass neue große Sprachmodelle mit KI-Fähigkeiten, sowie Quantencomputing, die Überwachungsfähigkeiten nur verstärken, unterstreicht die Dringlichkeit menschenrechtsbasierter Regulierung.

---

53 Vgl. zur Argumentation: *Kaye* (Fn. 37).

Missbrauch staatlicher Datenmacht: Verfassungsrechtliche Perspektive

Thomas Wischmeyer

I. Einführung[1]

Verfassung und Verfassungsrecht streben ein möglichst funktionsfähiges Gemeinwesen an und konstituieren dieses durch organisationsrechtliche Vorgaben. Staatliche Stellen müssen daher alle nötigen Informationen zu ihrer Verfügung haben, um die ihnen durch Verfassung und Gesetz zugewiesenen Aufgaben erfüllen zu können. Der Zugriff auf qualitativ und quantitativ hinreichende Daten, auch und gerade solche personenbezogener Natur, ist somit Bedingung der Möglichkeit des recht- und zweckmäßigen Staatshandelns.[2] Von der Corona-Pandemie bis zum E-Government sehen wir, welche Probleme entstehen, wenn staatliche Stellen zu wenig Daten haben.[3] „Small data" gefährdet die Effektivität und mittelbar auch die Legitimität staatlichen Handelns. Jedenfalls im Grundsatz gilt das auch im Bereich des Sicherheitsrechts, auf das ich mich im Folgenden konzentriere. Denn es ist Ziel und Aufgabe des demokratischen Verfassungsstaates, die Sicherheit seiner Bürger:innen zu gewährleisten.[4] Und dies verlangt personenbezogene Daten in großer Menge.

---

1 Dem Beitrag liegt ein Kommentar auf dem Symposium zu den Vorträgen von *Moritz Vormbaum* und *Matthias C. Kettemann* zugrunde. Die Vortragsform wurde für die Veröffentlichung beibehalten und nur um ausgewählte Nachweise ergänzt.
2 Diesem Themenfeld widmet sich intensiv das Informationsverwaltungsrecht; aus der überbordenden Literatur hierzu s. nur im Überblick *Augsberg*, Informationsverwaltungsrecht, 2014; *Vesting*, Die Bedeutung von Information und Kommunikation für das Handeln der Verwaltung, in Voßkuhle/Eifert/Möllers (Hrsg.), Grundlagen des Verwaltungsrechts, Bd. I, 3. Aufl. 2022, § 20; *Wischmeyer*, Informationsbeziehungen in der Verwaltung, in a.a.O., § 24.
3 Hierzu im Überblick *Britz/Eifert*, Digitale Transformation der Verwaltung, in Voßkuhle/Eifert/Möllers (Hrsg.), Grundlagen des Verwaltungsrechts, Bd. I, 3. Aufl. 2022, § 26.
4 Vgl. aus der uferlosen Literatur nur die grundlegenden Beiträge von *Isensee*, Das Grundrecht auf Sicherheit, 1983; *Möstl*, Die staatliche Garantie für die öffentliche Sicherheit und Ordnung, 2002, S. 14 ff.; *Stoll*, Sicherheit als Aufgabe, 2003, S. 15 ff.; *Brugger*, Gewährleistung von Freiheit und Sicherheit, in VVDStRL 63 (2004), S. 102 ff.; *Gusy*, Gewährleistung von Freiheit und Sicherheit, in VVDStRL 63 (2004), S. 151,

Erst in einem zweiten Schritt zieht das Verfassungsrecht dem staatlichen Datenhunger Grenzen. Diese ergeben sich vor allem – nicht nur – aus den Grund- und Menschenrechten. Aus diesen Garantien folgt ein individueller Anspruch der Bürger:innen, die Erhebung und Verarbeitung personenbezogener Daten unter bestimmten – eben: missbräuchlichen – Umständen zu unterlassen.

Aufgabe meines Kommentars ist es nicht, die Gehalte des Rechts auf informationelle Selbstbestimmung und verwandter einschlägiger Grundrechte darzulegen. Hierzu existiert ausreichend Literatur.[5] Stattdessen will ich hervorheben, dass „verfassungsrechtliche Perspektive" im digitalen Raum, der ein weitgehend entterritorialisierter Raum ist,[6] im Plural verstanden werden muss. Diese Pluralität soll im Folgenden zumindest in Ansätzen entfaltet werden. Dazu werde ich in drei kurzen Vignetten darstellen, wie das BVerfG, der EuGH und der United States Supreme Court die Funktion von Verfassungsrecht interpretieren, wenn es um die Einhegung staatlicher Datenmacht geht, und wie unterschiedlich weit der jeweilige Schutzanspruch reicht.[7] Dabei zeigt sich, dass in dieser für die Gegenwartsgesellschaft zentralen Frage weder ein europäischer oder gar transatlantischer Wertekonsens noch ein einheitliches verfassungsrechtliches Konstruktionsmodell existieren (II.). Noch deutlicher zeigen sich die Differenzen bei der durch das Tagungsthema aufgeworfenen Frage, inwieweit das Verfassungsrecht über Unterlassungsgebote hinaus den Staat positiv zur – womöglich sogar strafrechtlichen – Sanktionierung von (staatlichem)

---

174 ff.; *Isensee*, Staatsaufgaben, in: Isensee/Kirchhof (Hrsg.), HStR, Bd. IV, 3. Aufl. 2006, § 73 Rn. 26; *Götz*, Innere Sicherheit, in Isensee/Kirchhof (Hrsg.), HStR, Bd. IV, 3. Aufl. 2006, § 85; *Thiel*, Die „Entgrenzung" der Gefahrenabwehr, 2011; *Leuschner*, Sicherheit als Grundsatz, 2018, S. 13 ff.; *Barczak*, Der nervöse Staat, 2. Aufl. 2021, S. 353 ff.

5 Vgl. nur aus jüngerer Zeit *Pieper*, Der grundrechtliche Schutz des Kommunikationsraums, 2019; *Schneider*, Fernmeldegeheimnis und Fernmeldeaufklärung, 2020; *von zur Mühlen*, Zugriffe auf elektronische Kommunikation, 2019; *Eichenhofer*, e-Privacy, 2021; *Albers*, Umgang mit personenbezogenen Informationen und Daten, in Voßkuhle/Eifert/Möllers (Hrsg.), Grundlagen des Verwaltungsrechts, Bd. I, 3. Aufl. 2022, § 22.

6 Zum Stand der Debatte aus Sicht des deutschsprachigen Öffentlichen Rechts s. *Bast*, Völker- und unionsrechtliche Anstöße zur Entterritorialisierung des Rechts, in VVDStRL 76 (2017), S. 277 ff.; *Schmalenbach*, Völker- und unionsrechtliche Anstöße zur Entterritorialisierung des Rechts, in VVDStRL 76 (2017), S. 245 ff.; *Kahl*, Entterritorialisierung im Wirtschaftsrecht und im Kommunikationsrecht, in VVDStRL 76 (2017), S. 343 ff.; *Cornils*, Entterritorialisierung im Wirtschaftsrecht und im Kommunikationsrecht, in VVDStRL 76 (2017), S. 390 ff.

7 Aus Zeitgründen bleibt der Ansatz des EGMR, der manche Parallelen mit dem Zugriff des BVerfG aufweist, hier ausgeklammert.

Datenmissbrauch verpflichtet. Das ist, wie ich zeigen will, keineswegs die primäre und, jedenfalls global betrachtet, sogar eine sehr unwahrscheinliche Funktion von Verfassung (III.).

II. Schutz der Privatheit: Verfassungsgerichtliche Schutzkonzeptionen im Vergleich

1. Bundesverfassungsgericht: Privatheitsschutz als Rationalisierungsgebot

Das Grundgesetz enthält bekanntlich verschiedene Grundrechtsgarantien, die in der Lehre oft zum Konzept des verfassungsrechtlichen Privatheitsschutzes verdichtet werden.[8] Privat ist dabei nicht nur das Intime, dem Blick bewusst Entzogene, sondern etwa auch die interpersonelle Kommunikation über Technologieplattformen und soziale Medien.[9] Das BVerfG kalibriert den Umfang des grundrechtlichen Schutzes nach Art und Ausmaß der betroffenen Privatheitsinteressen. Dabei orientiert das Gericht seine Arbeit weniger an den einzelnen grundrechtlichen Schutzgehalten als am allgemeinen Verhältnismäßigkeitsgrundsatz.[10] So nutzt das Gericht insbesondere die Angemessenheitsprüfung, um detaillierte Vorgaben für gesetzgeberische Eingriffe zu entwickeln.[11] Echte (materielle) Stopp-Regeln sind dabei allerdings sehr selten. Vielmehr verpflichtet das Gericht den Gesetzgeber in erster Linie darauf, normenklare und bestimmte Ermächtigungsgrundlagen zu schaffen sowie organisatorische und prozedurale Sicherungsmechanismen zu implementieren. Auch die oft als „Grenze" hoheitlicher Datenerhebung interpretierten Einschränkungen in Gestalt der Beschränkung von Erhebungs- bzw. Verwendungszwecken[12], des Kern-

---

8 Vgl. nur *Rüpke*, Der verfassungsrechtliche Schutz der Privatheit, 1976; *Horn*, Schutz der Privatsphäre, in Isensee/Kirchhof (Hrsg.), Handbuch des Staatsrechts, Bd. VII, 3. Aufl. 2009, § 149; *Schwabenbauer*, Heimliche Grundrechtseingriffe, 2013, S. 90 ff.; *Hauck*, Heimliche Strafverfolgung und Schutz der Privatheit, 2014, S. 84 ff.; *Gusy/Eichenhofer/Schulte*, e-privacy, JöR 64 (2016), S. 385 ff.; *Eichenhofer* (Fn. 5), S. 9 ff.
9 Zur Reichweite des Grundrechtsschutzes s. *Wischmeyer*, in Dreier/Brosius-Gersdorf, GG, 4. Aufl. 2023, Art. 10 Rn. 60 ff. Vgl. auch ausführlich *Bauer*, Soziale Netzwerke und strafprozessuale Ermittlungen, 2018.
10 Vgl. beispielhaft zur Übertragung der für das Grundrecht auf informationelle Selbstbestimmung entwickelten Schranken-Schranken auf Art. 10 GG BVerfGE 100, 313, 359; st. Rspr.
11 S. zuletzt insbesondere BVerfGE 141, 220; 154, 152; 156, 11.
12 Vgl. BVerfGE 129, 208, 243 f., Rn. 203 ff.; 141, 220, 270, Rn. 106 ff.; 155, 119, 190, Rn. 154.

bereichsschutzes[13] sowie der Erhöhung der Eingriffsschwellen[14] wirken in der Praxis primär als Verfahrensgebote für die Rechtsanwender. Die den Privatheitsschutz garantierenden Grundrechte sind, so wie sie das BVerfG versteht, also in erster Linie Instrumente zur Rationalisierung der Datenverarbeitung, nicht zur Minimierung oder gar Verhinderung.

Dieser Zugriff erlaubt dem Gericht eine engmaschige Kontrolle des staatlichen Handelns und gewährt Sicherheitsgesetzgeber und -behörden dennoch hinreichende Handlungsspielräume. Ein solcher Zugriff erscheint auf den ersten Blick gleichermaßen grundrechtsschonend wie praxissensibel. Allerdings hat dies seinen Preis. Zum einen macht sich das Gericht methodisch angreifbar, wenn sich seine Maßstäbe immer weiter vom Verfassungstext entfernen. Wo in der Verfassung steht das Doppeltürmodell?[15] Zum anderen gleichen sich verfassungsrechtliche Maßstäbe und einfachgesetzliche Ermächtigungsgrundlagen mit der Zeit immer stärker an.[16] Das führt zu einem zunehmend dysfunktionalen Verhältnis von Gericht und Sicherheitsgesetzgeber, in dem sich letzterer darauf beschränkt, die verfassungsgerichtlichen Ausführungen „eins-zu-eins" nachzuzeichnen.[17] Die Eigenrationalität der Verfassung *und* die Eigenlogik des demokratisch erzeugten Gesetzesrechts werden so kompromittiert. Hierzu ließe sich noch viel ergänzen. Ich will an dieser Stelle aber, wie angekündigt, den Blick vom deutschen Recht auf das Unionsrecht lenken.

---

13 Dazu zuletzt BVerfG, Beschl. v. 9.12.2022, 1 BvR 1345/21, Rn. 101 ff.
14 Vgl. BVerfGE 141, 220, 271, Rn. 109 ff.; 155, 119, 187 ff., Rn. 148 ff.; BVerfG, 1 BvR 1619/17 v. 26.4.2022, Rn. 162 ff., 181 ff.
15 Vgl. BVerfGE 130, 151, 184, Rn. 123; 150, 244, 278, Rn. 80; 150, 309, 335, Rn. 68; 155, 119, 167, Rn. 93 ff.; 179, Rn. 130; 209, Rn. 201.
16 Dies gilt insb. für BVerfGE 141, 220; 154, 152; 156, 11.
17 Vgl. *Groß*, in Friauf/Höfling, GG, Art. 10 (2016), Rn. 71; *Bäcker*, Sicherheitsverfassungsrecht, in Herdegen/Masing/Poscher/Gärditz, HVerfR, § 28 Rn. 184 ff. Besonders aktiv ist die Europäische Union im Bereich der Cybersicherheit, vgl. dazu *Dewar/Cavelty*, Die Cybersicherheitspolitik der Europäischen Union, in Schüneman/Kneuer (Hrsg.), E-Government und Netzpolitik im europäischen Vergleich, 2. Aufl. 2019, S. 281 ff.; *Calliess/Baumgarten*, Cybersecurity in the EU, German Law Journal 21 (2020), S. 1149 ff.; *Bendiek/Pander Maat*, The EU's Cybersecurity Policy, in Siboni/Ezioni (Hrsg.), Cybersecurity and Legal-Regulatory Aspects, 2021, S. 23 ff.; *Wischmeyer*, Cybersecurity in the European multi-level governance system, in Dietrich/Pilnik (Hrsg.), European Security Union Law and Policies, 2024, § 16.

2. EuGH: Privatheitsschutz als Stopp-Regel

Die Dynamik der Sicherheitspolitik verlagert sich derzeit rasant auf die Europäische Union.[18] Sie trifft hier auf einen EuGH, der seinen Anspruch, ein genuines Verfassungsgericht zu sein, gerade auch mit seinen Entscheidungen zum Schutz vor privatem und staatlichem Datenmissbrauch legitimiert.[19] Wie genau die Anwendungsbereiche der Grundrechtskataloge der Charta und des Grundgesetzes voneinander abzugrenzen sind, soll hier dahinstehen.[20] Stattdessen ist zu betrachten, wie sich EuGH und BVerfG in ihrem Umgang mit den die Privatheit schützenden Grundrechten unterscheiden. Offensichtlich kann im Rahmen dieses Kommentars kein nuancierter Vergleich, sondern nur eine auch mit Schematisierungen arbeitende Gegenüberstellung geleistet werden.

Als Anschauungsmaterial soll die Rechtsprechung zur Vorratsdatenspeicherung dienen. Während das BVerfG in den einschlägigen Entscheidungen, ganz im obigen Sinne, dem Gesetzgeber das Instrument keineswegs grundsätzlich aus der Hand geschlagen hat,[21] sondern seinen Einsatz an (rationale) Voraussetzungen gebunden hat, zeigt der EuGH, jedenfalls seit 2014, einen deutlich rigoristischeren Zug. Zwar ist der Gerichtshof mittlerweile von seinem zunächst rein kassatorischen Vorgehen abgerückt[22] und hat analog zum BVerfG begonnen, Maßstäbe zu entwickeln, denen

---

18 Programmatisch *Europäische Kommission*, EU-Strategie für eine Sicherheitsunion 2020–2025, COM (2020) 605. Vgl. im Überblick *Gärditz*, in Stern/Sodan/Möstl, Das Staatsrecht der Bundesrepublik Deutschland im europäischen Staatenverbund, 2. Aufl. 2022, § 22 Rn. 81 ff.
19 Vgl. etwa EuGH, C-293/12 u. a. v. 8.4.2014 – Digital Rights Ireland; EuGH, Gutachten 1/15 v. 26.7.2017 – PNR-Abkommen EU-Kanada; EuGH, C-207/16 v. 2.10.2018 – Ministerio Fiscal; EuGH, C-311/18 v. 16.7.2020, – Schrems II. S. dazu auch *Marsch*, Das europäische Datenschutzgrundrecht, 2018, S. 205 ff. und passim.
20 Zum Verhältnis der Grundrechtsebenen s. aus Sicht des deutschen Verfassungsrechts BVerfG 152, 152, 179 ff., Rn. 63 ff.; 152, 216, 233 ff., Rn. 42 ff.; 158, 1, 30 ff., Rn. 56 ff.
21 Grundlegend, wenn auch mit Blick auf die unionsgrundrechtliche Seite teilweise überholt: BVerfGE 121, 1, 19 ff., Rn. 146 ff.; 125, 260, 307 ff., Rn. 183 ff. Zur Neufassung der Speicherpflicht im TKG und der korrespondierenden Abrufermächtigung in § 100g II StPO sind aktuell diverse Verfassungsbeschwerden (1 BvR 141/16 u.a.) anhängig; den Normen wird allerdings überwiegend attestiert, den vom BVerfG definierten Maßstäben zu genügen. Das BVerfG hat diesbezüglich mehrfach den Antrag auf Erlass einer einstweiligen Anordnung abgelehnt, vgl. BVerfG (K), 1 BvQ 42/15 u.a. v. 8.6.2016; 1 BvR 3156/15 v. 26.3.2017. Zu landesrechtlichen Kompetenzen in diesem Bereich s. jetzt auch BVerfG, 1 BvR 1619/17 v. 26.4.2022, Rn. 335.
22 So zunächst EuGH, C-293/12 u.a. v. 8.4.2014 – *Digital Rights Ireland*.

mitgliedstaatliche Normen zur Datenspeicherung genügen müssen.[23] Massivem politischem Druck mächtiger Mitgliedstaaten zum Trotz hält der Gerichtshof jedoch am grundsätzlichen Verbot der Maßnahme fest und fasst die Ausnahmen so eng, dass das Instrument für die Ermittler weitgehend nutzlos ist.[24]

Aus verfassungsrechtlicher Sicht beeindruckt dieses Beharren auf dem Primat des Rechts: Nicht alles wird proziduralisiert und rationalisiert, Verfassungsrecht wirkt als echte Stopp-Regel. Allerdings sind die politischen Verwerfungen, die ein solcher Zugriff mit sich bringt, beachtlich und stellen die gerade für die Europäische Union prekäre Frage nach der Befolgungsbereitschaft.[25] Hinzu kommt, dass der EuGH mangels entsprechender Vorlagefragen seinen rigoristischen Ansatz bisher nur selektiv für ein Ermittlungsinstrument, eben die Vorratsdatenspeicherung, erproben konnte, während das BVerfG in Verfassungsbeschwerden mit der ganzen Bandbreite behördlicher Ermittlungsmaßnahmen konfrontiert ist und schon aus diesem Grund einen anderen Zugriff wählen dürfte. Dem EuGH steht die Probe, inwieweit ein Höchstgericht einen sehr restriktiven Zugriff tatsächlich flächendeckend durchhalten kann, noch bevor.[26] Schon bald dürften wir hier mehr wissen.[27]

---

23 S. zusammenfassend EuGH, C-511/18 u.a. v. 6.10.2020 – *La Quadrature du Net*; EuGH, C-140/20 v. 5.4.2022 – *G.D.*; EuGH, C-793/19 und C-794/19 v. 20.9.2022 – *SpaceNet und Telekom*; EuGH, C-339/20 und C-397/20 v. 20.9.2022 – *VD und SR*.
24 Vgl. die scharfe Kritik in Conseil d'État, ECLI:FR:CEASS:2021:393099 v. 21.4.2021, Rn. 53. S. auch *Cameron*, European Union Law Restraints on Intelligence Activities, International Journal of Intelligence and Counterintelligence 2020, 453. S. auch die Überlegungen der *Kommission*, Non-paper on the way forward on data retention der Europäischen Kommission, WK 7294/2021 INIT v. 10.6.2021.
25 Zu berücksichtigen ist auch, dass die Vorratsdatenspeicherung zwar eine hohe symbolische Bedeutung hat, ihre praktische Relevanz aus Expertensicht jedoch vergleichsweise gering ist. Hier die Machtprobe zu wagen, ist für ein Höchstgericht daher doch weniger „gefährlich" als in anderen Konstellationen.
26 Dass der EuGH seine Entscheidungen zugleich zur Selbstermächtigung nutzt, indem er – trotz unionsrechtlich eher zweifelhafter Anknüpfungspunkte – den Anwendungsbereich seiner Rechtsprechung sehr weit ausdehnt, mit Blick auf Art. 4 Abs. 2 S. 3 EUV womöglich sogar überdehnt, ist ein weiterer Aspekt, der in diesem Kontext Beachtung verlangt.
27 Zu beobachten ist insbesondere das Vorlageverfahren zur Verwertbarkeit der Erkenntnisse im Komplex EncroChat, das aktuell unter dem Aktenzeichen C-670/22 beim EuGH anhängig ist. Zur Vorlagefrage s. LG Berlin, B. v. 19.10.2022 – (525 KLs) 279 Js 30/22 (8/22).

3. United States Supreme Court: Privatheitsschutz als Schutz von Mindestpositionen

Die Jurisdiktionsgewalt des EuGH reicht weit, ist aber gleichwohl nicht grenzenlos. In einer vernetzten Welt wird regelmäßig über die Unionsgrenzen hinweg kommuniziert und insbesondere die Inanspruchnahme von Cloud Services führt dazu, dass Daten im außereuropäischen Ausland verarbeitet werden.[28] Das ermöglicht den dortigen Behörden den Zugriff und verleiht den Verfassungsgarantien jener Staaten, durch die Kommunikationsdaten geleitet werden, Relevanz für die hier untersuchte Frage.

Ein Großteil des Internetverkehrs wird bekanntlich über US-Anbieter abgewickelt und steht damit dem Zugriff der dortigen Behörden offen. Aus diesem Grund kommt dem US-Verfassungsrecht entscheidende Bedeutung für den globalen Schutz der Telekommunikation zu. Der US Supreme Court versteht die Schutzfunktion der Verfassung, konkret: des Vierten Verfassungszusatzes, nun wiederum in ganz eigener Form. Anders als das BVerfG setzt der Supreme Court nicht auf eine begleitende Rationalitätskontrolle des Sicherheitsgesetzgebers und dynamisiert seine Maßstäbe nur minimal. Anders als der EuGH setzt sich der Supreme Court auch nicht punktuell an die Spitze des normativen Fortschritts. Stattdessen konzentriert er sich darauf – so würden jedenfalls die Verteidiger seiner Rechtsprechung argumentieren –, eine im Text und in der Tradition der Verfassung klar dokumentierte Mindestposition zu schützen: Die Verfassung schützt Inländer (sog. US-Personen) im Inland vor der gezielten Überwachung von Kommunikations*inhalten.*[29]

Das scheint der klassischen Funktion der Grundrechtskontrolle recht nahe zu kommen und vermeidet genau jene verfassungstheoretischen Schwierigkeiten, die der rationalisierende Ansatz des BVerfG und die progressive Herangehensweise des EuGH mit Blick auf die Legitimität der Verfassungsgerichtsbarkeit als einer *countermajoritarian institution* mit sich bringt. Das Problem eines solchen eng auf den Text und die Entstehungssituation gezogenen Zugriffs auf die Verfassung ist jedoch offensichtlich.[30] Die Recht-

---

28 Grundlegend *Daskal*, The Un-Territoriality of Data, Yale Law Journal 125 (2015), S. 326 ff.
29 Grundlegend Katz v. United States, 389 U.S. 347 (1967); United States v. Verdugo-Urquidez, 494 U.S. 259 (1990). Ausführlich *Wittmann*, Der Schutz der Privatsphäre vor staatlichen Überwachungsmaßnahmen durch die US-amerikanische Bundesverfassung, 2014.
30 Zum Folgenden ausführlich *Wischmeyer*, Überwachung ohne Grenzen, 2017.

sprechung beruht auf von der Wirklichkeit längst überholten sozialen und technologischen Annahmen. Die Differenz zwischen statischem Normprogramm und dynamischem Realbereich produziert über die Zeit Inkohärenzen und unterminiert damit den Schutzanspruch der Verfassung.[31] Auch jene Mindestgarantien, die eigentlich gesichert werden sollen, werden so mit der Zeit unterlaufen. Dennoch: Aus Sicht des Supreme Court sind die im Zuge des sogenannten NSA-Skandals aufgedeckten staatlichen Ermittlungspraktiken eben gerade kein „Datenmissbrauch" und keine systematische Datenschutzverletzung; vielmehr sind sie, zumindest in weiten Teilen, durchaus mit den vor über zweihundert Jahren getroffenen Grundentscheidungen des Verfassungsgebers kompatibel.

III. Grundrechtlich radizierte Sanktionspflichten für Datenmissbrauch?

Während das BVerfG den grundrechtlichen Privatheitsschutz als Instrument zur Rationalisierung der Sicherheitspolitik nutzt, möchte der EuGH mit seiner Hilfe den Primat des Rechts (und seine eigene Vorrangstellung) sichern. Der United States Supreme Court setzt schließlich die Rolle der Verfassung mit der Gewährleistung von Mindestschutzpositionen gleich. Der vergleichende Blick zeigt, dass die Vorstellung, Verfassungen bzw. Verfassungsgerichte könnten und wollten dem staatlichen Missbrauch von Daten effektiv entgegenwirken, einer nuancierten Behandlung bedarf. Schon was den Anspruch betrifft, staatliche Datensammlungen in der Sicherheitsverwaltung zu beschränken, treffen wir in Deutschland, in Europa und in den USA sehr unterschiedliche Modelle an, mit je unterschiedlicher Schutzreichweite und – wie angedeutet – je eigenen Schwächen.

Dass die Grundrechte präventiv gegen staatlichen Datenmissbrauch in Stellung gebracht werden können, indem sie zur Unterlassung und Begrenzung staatlicher Datenverarbeitung zwingen können – das lässt sich allerdings noch als eine Art internationaler Minimalkonsens festhalten. Von einem solchen Konsens kann dann aber nicht mehr die Rede sein, wenn es um eine verfassungsrechtlich radizierte Pflicht zur Sanktionierung von Verstößen geht. Hierzu finden sich bei den in Augenschein genommenen Verfassungsordnungen nur beim BVerfG entsprechende Hinweise. So hat das BVerfG in der Vorratsdatenspeicherungsentscheidung ausgeführt:

---

31 Selbstverständlich ist die Dynamik der technischen Entwicklung auch für die deutsche Verfassungsgerichtsbarkeit eine erhebliche Herausforderung.

„Würden auch schwere Verletzungen des Telekommunikationsgeheimnisses im Ergebnis sanktionslos bleiben mit der Folge, dass der Schutz des Persönlichkeitsrechts, auch soweit er in Art. 10 Abs. 1 GG eine spezielle Ausprägung gefunden hat, angesichts der immateriellen Natur dieses Rechts verkümmern würde [...], widerspräche dies der Verpflichtung der staatlichen Gewalt, dem Einzelnen die Entfaltung seiner Persönlichkeit zu ermöglichen [...] und ihn vor Persönlichkeitsrechtsgefährdungen durch Dritte zu schützen".[32]

Entsprechend hat das Gericht dann auch in seiner Entscheidung zum BKAG aus dem Verhältnismäßigkeitsgebot abgeleitet, dass die Rechtsordnung „wirksame Sanktionen bei Rechtsverletzungen" vorsehen muss.[33]

Diese Aussagen des BVerfG dürfen jedoch nicht überinterpretiert werden. So handelt es sich bei der Forderung nach wirksamen Sanktionen erstens nur um ein einzelnes Element in der gesamten Verhältnismäßigkeitsarchitektur. Zweitens versteht das Gericht „Sanktion" denkbar weit und fasst auch die zivilrechtliche Haftung oder strafprozessuale Beweisverwertungsverbote darunter. Drittens betont es den Gestaltungsspielraum des Gesetzgebers an dieser Stelle ganz besonders. Von einer Pflicht zur Pönalisierung, wie sie aus dem Kontext der Abtreibung bekannt ist, kann also keine Rede sein.

IV. Ausblick

Ich fasse zusammen: Wenn die Erwartung war, aus „der" Verfassung ließen sich klare Direktiven für die Sanktionierung staatlichen Datenmissbrauchs ableiten, dann musste diese enttäuscht werden. Vielmehr verlangt das Verfassungsrecht in erster Linie einen gut informierten Staat. Auch die Grundrechte ziehen staatlichen Datensammlungen nur eingeschränkt Grenzen. Und Pflichten zur Sanktionierung von Datenmissbrauch lassen sich zwar im deutschen Recht dogmatisch konstruieren; der vergleichende Blick zeigt jedoch, wie wenig anschlussfähig ein solches (Verfassungs-)Verständnis international ist. Und auch hierzulande können die Sanktionspflichten vom Gesetzgeber auf ganz unterschiedliche Art und Weise umgesetzt werden.

---

32 BVerfGE 125, 260, 339 f., Rn. 252 f.
33 BVerfGE 141, 220, 284, Rn. 139.

Thomas Wischmeyer

Aber das ist ja vielleicht ohnehin die grundlegendste Einsicht des Verfassungsrechts: Auf den Gesetzgeber kommt es an.

Überwachungsunrecht und Völkerstrafrecht

Till Zimmermann

I. Einleitung

Der Diktator Big Brother aus *George Orwell*s „1984" hat keinen sonderlich guten Ruf. Zu Recht. Staaten, die alles über ihre Bürger wissen (wollen), verhalten sich aus Sicht des normativen Individualismus[1] illegitim.[2] Die ins Werk gesetzte Sättigung monströsen Datenhungers wird entsprechend als (schweres) Unrecht wahrgenommen.

Historische Exempel sind das elaborierte Spitzelsystem der nationalsozialistischen Geheimpolizei[3] und der mit einem „flächendeckenden Spitzelsystem" operierende „Überwachungsstaat" der Deutschen Demokratischen Republik.[4] Ein Beispiel der Gegenwart ist das kontinental-chinesische Sozialkredit-System.[5] Dieses setzt die Bürger einer radikalen (gegenseitigen) Beobachtung aus und teilt die Menschen entsprechend ihrer Verhaltensqualität in moralische Klassen ein (von „AAA" bis zu „D-"); die Sanktionen für

---

1 Zum Begriff *v.d. Pfordten*, Normativer Individualismus, ZphilF 58 (2004), S. 321; *ders.*, Normativer Individualismus und das Recht, JZ 2005, S. 1069 ff.
2 Dasselbe gilt im Grundsatz auch für datensammelwütige Privatunternehmen. Die damit verbundenen Spezialprobleme bleiben in diesem Beitrag ausgeklammert.
3 Vgl. *Weyrauch*, Gestapo V-Leute – Tatsachen und Theorie des Geheimdienstes, 1992.
4 *Zimmermann/Dörr*, Gesichter des Bösen, 2015, S. 105; vgl. auch *Lichter/Löffler/Siegloch*, The Long-Term Costs of Government Surveillance: Insights from Stasi Spying in East Germany, JEEA 19 (2021), S. 741 ff.; *Schaar*, Lehren aus der Stasi-Überwachung, bpb.de v. 17.1.2017, www.bpb.de/themen/deutsche-teilung/stasi/222810/lehren-aus-der-stasi-ueberwachung.
5 *Staatsrat der Republik China*, Planning Outline for the Construction of a Social Credit System (2014–2020), veröff. am 14.6.2014, inoffizielle Übersetzung; abrufbar über China Copyright and Media: https://chinacopyrightandmedia.wordpress.com/2014/06/14/planning-outline-for-the-construction-of-a-social-credit-system-2014-2020. Dazu etwa *Lee*, Die AAA-Bürger, Zeit-Online v. 30.11.2017, www.zeit.de/digital/datenschutz/2017-11/china-social-credit-system-buergerbewertung/komplettansicht; *Dorloff*, Guter Bürger, schlechter Bürger, Deutschlandfunk.de v. 19.4.2018, www.deutschlandfunk.de/china-guter-buerger-schlechter-buerger-102.html; *Noesselt*, Chinas Sozialkreditsysteme. Technokratie-Experimente im Schatten des digitalen Staatskapitalismus, GWP 2/2022, S. 205 ff.

deviantes Verhalten im chinesischen System beschreibt *Markus Abraham* wie folgt:

„So kann die Nutzung von Nachtzügen und Reisen erster Klasse, Sternelokalen und -hotels, der Zugang zu Privatschulen, der Erwerb von Versicherungs-Produkten mit Kapitalwert, sowie Hausbau und Renovierung untersagt werden."[6]

Das chinesische Sozialsteuerungsinstrument mag sich zwar noch in einer Experimentalphase befinden[7] und in seinen Auswirkungen auf die betroffenen Individuen einigermaßen weit entfernt sein von seiner fiktiven dystopischen Ausbuchstabierung in Literatur und Film.[8] Aber schon 2019 bemerkte *Kostka*, dass

„[f]ast jeder fünfte Chinese bereits andere Dinge im Internet verbreitet [hat], als er oder sie es in einer unbewerteten Situation getan hätten, um einen negativen Einfluss auf die eigene Sozialkreditbewertung zu vermeiden."[9]

---

6 *Abraham*, Gesellschaftssteuerung durch Reputationssysteme, in Fritsche et al. (Hrsg.), Unsicherheiten des Rechts. ARSP-Beiheft 162, 2020, S. 155, 159.
7 Für eine Entdramatisierung der Entwicklung plädieren etwa *Brussee*, China's social credit score – untangling myth from reality, Merics.org v. 11.2.2022, https://merics.org/de/kommentar/chinas-social-credit-score-untangling-myth-reality und – sehr apologetisch – *Hernig*, Errichtet China eine Big-Data-Diktatur? Nein., Die Republik v. 4.10.2018, www.republik.ch/2018/10/04/errichtet-china-die-erste-big-data-diktatur-des-21-jahrhunderts-nein. Überlegungen zu einem rechtsstaatlich vertretbaren Reputationssystem finden sich bei Abraham (Fn. 6).
8 Der satirische Roman QualityLand von *Marc-Uwe Kling* (2007) beschreibt eine mithilfe eines zentralen Sozialkreditsystems organisierte Gesellschaft, in der jedem Bürger ein veränderliches „Level" zwischen 1 und 100 zugewiesen ist; Menschen mit einstelligem Level gelten als „Nutzlose" und sind von der gesellschaftlichen Teilhabe weitgehend ausgeschlossen. Die Episode „Abgestürzt" der TV-Serie Black Mirror (2016; Regie: *Joe Wright*) beschreibt eine Welt, in der die Menschen durch gegenseitige Bewertung mit 1 bis 5 Punkten ihren individuellen Sozialpunktewert ermitteln; dieser entscheidet über die Möglichkeiten gesellschaftlicher Teilhabe.
9 *Kostka*, Sozialkreditsystem in China – Totale Kontrolle oder Schließung regulatorischer Lücken?, NG/FH 10/2019, S. 22, www.frankfurter-hefte.de/artikel/totale-kontrolle-oder-schliessung-regulatorischer-luecken-2817.

Zudem gibt es Anhaltspunkte dafür, dass bei der gewaltsamen Unterdrückung der uigurischen Bevölkerung in der VR China technologische Instrumente zur Sozialkontrolle eine wichtige Rolle spielen.[10]

Vor diesem Hintergrund erscheint es diskutabel, solchermaßen extreme staatliche Datensammelexzesse auch als völkerstrafrechtliches Unrecht zu brandmarken (und idealerweise zu ahnden). Im Folgenden geht es (nur) um eine Spezialfrage, die in dieser Diskussion eine Rolle spielt: Diejenige nach dem Deliktscharakter eines Tatbestands, der das Unwesen staatlicher Datenkraken pönalisiert. Dabei werden insbesondere Denkanstöße aus der deutschen verfassungsrechtlichen Debatte für die (völker-)strafrechtliche Diskussion fruchtbar zu machen versucht.

II. Dateneingriffe und Überwachungsunrecht

Die (strafrechtsethische) Frage, worin genau das Schädliche bzw. das rechtsgutsbeeinträchtigende Unrecht des massenhaften und grenzenlosen Sammelns personenbezogener Daten liegt, ist wenig geklärt. Weitgehend unstreitig ist immerhin (zumindest aus europäischer Perspektive), *dass* es ein Grund- bzw. Menschenrecht auf informationelle Selbstbestimmung gibt – verortet in Art. 2 I i.V.m. Art. 1 GG[11] und Art. 8 EMRK[12] sowie ausdrücklich normiert in Art. 16 I AEUV und Art. 8 GRC. Dieses „Grundrecht auf Datenschutz"[13], so das BVerfG, „gewährleistet die Befugnis des Einzelnen, grundsätzlich selbst über die Preisgabe und Verwendung seiner persönlichen Daten zu bestimmen."[14]

Klar ist ferner, dass das Recht auf informationelle Selbstbestimmung durch staatliche Datenverarbeitung („Dateneingriffe")[15] in verfassungs-

---

10 *Human Rights Watch*, China's Algorithms of Repression – Reverse Engineering a Xinjiang Police Mass Surveillance App, 2019, www.hrw.org/sites/default/files/report_pdf/china0519_web5.pdf.
11 BVerfGE 65, 1 ff.; krit. etwa *Behrendt*, Entzauberung des Rechts auf informationelle Selbstbestimmung, 2023.
12 Calliess/Ruffert/*Kingreen*, EUV/AEUV, 6. Aufl. 2022, Art. 8 GRC Rn. 5; *Grabenwarter/Pabel*, Europäische Menschenrechtskonvention, 7. Aufl. 2021, § 22 Rn. 10.
13 So BVerfG, NJW 1991, 2129, 2132.
14 BVerfGE 65, 1 Ls. 1.
15 Näher Lisken/Denninger/*Schwabenbauer*, Handbuch des Polizeirechts, 7. Aufl. 2021, Kap. G. Rn. 20 ff.

rechtlich-technischer Hinsicht *verletzt* werden kann.[16] Allerdings ist ein grundrechts*verletzender Eingriff* nicht dasselbe wie eine Rechtsguts- bzw. Interessen*verletzung*[17] im strafrechtsdogmatischen Sinne; so kann nämlich auch eine bloße Lebens*gefährdung* (im strafrechtlichen Sinne) nach der grundrechtlichen Terminologie eine „Verletzung" des Lebensgrundrechts i.S.v. § 90 I BVerfGG sein.[18] Sowohl aus strafrechtsdogmatischer als auch aus kriminalpolitischer Perspektive spielt es allerdings eine bedeutende Rolle, ob ein tatbestandlich beschriebenes Verhalten eine bloße (abstrakte oder konkrete) Rechtsgutsgefährdung oder eine tatsächliche Verletzung desselben darstellt.[19] Wie man sich die Beeinträchtigung des Grundrechts auf informationelle Selbstbestimmung in Bezug auf die strafrechtsdogmatische Kategorie des Deliktstypus (Verletzungsdelikt vs. Gefährdungsdelikt)[20] vorzustellen hat, ist aber gänzlich unklar.

Soweit das deutsche Strafrecht Tatbestände zum Schutz personenbezogener Daten vorsieht (exemplarisch: § 42 BDSG), wird die Frage praktisch nicht diskutiert.[21] Die Ursache für diesen Zustand der Unklarheit dürfte vor allem darin zu suchen sein, dass bereits auf grund- bzw. menschenrechtlicher Ebene Unsicherheit über die Natur der mit dem Recht auf informationelle Selbstbestimmung geschützten Interessen herrscht. *Golla* spricht vom Datenschutz als einem „diffusen Interesse"; es habe sich „als überaus schwierig erwiesen, die Gefahrenlage, der das Datenschutzrecht begegnen soll, präzise zu beschreiben."[22] Auffallend häufig finden sich im verfassungsrechtlichen Kontext (wohl) deshalb unentschlossene Formulierungen dergestalt, das Recht auf informationelle Selbstbestimmung diene

---

16 Vgl. *Golla*, Die Straf- und Bußgeldtatbestände der Datenschutzgesetze, 2015, S. 112 („Verletzung" des RiS).
17 Zum Verhältnis von Interessen zu Rechtsgütern *Zimmermann*, Unrecht der Korruption, 2018, S. 354.
18 Vgl. Dürig/Herzog/Scholz/*Di Fabio*, Art. 2 Abs. 2 S. 1, 43. Lfg. (2/2004), Rn. 49.
19 Kurzgesagt: Bloße Gefährdungsdelikte erfassen lediglich „verdünntes" Unrecht. Die Kriminalisierung von Verletzungsunrecht ist daher eher legitim als diejenige von Gefährdungsunrecht (grdl. *Hassemer*, Kennzeichen und Krisen des modernen Strafrechts, ZRP 1992, S. 378 ff.); zudem müssen bei Gefährdungsdelikten Abstriche im Strafmaß vorgenommen werden.
20 Dazu *Kindhäuser/Zimmermann*, Strafrecht AT, 11. Aufl. 2024, § 8 Rn. 21 ff.
21 BeckOK Datenschutzrecht/*Brodowski/Nowak*, 47. Ed. (2/2024), § 42 BDSG Rn. 4, 20, 45, die der Frage noch am intensivsten nachgehen, sprechen zwar von „Taterfolgen" bzw. einer „Verletzung" der Vertraulichkeit von Daten, lassen es i.E. aber offen, ob es sich in materieller Hinsicht um eine Verletzung oder lediglich um eine Gefährdung der geschützten Interessen handelt.
22 *Golla* (Fn. 16), S. 226.

der Verhinderung von „Gefährdungen *und* Verletzungen" der Persönlichkeit.[23] Diese latente Unklarheit schlägt – wenig überraschend – auf die strafrechtliche Rechtsgutsbestimmung durch. Entsprechend ist unklar, ob das als Eingriff in das Recht auf informationelle Selbstbestimmung betrachtete unbefugte Sammeln (und Weiterverarbeiten)[24] personenbezogener Daten tatsächlich bereits als Verletzungsunrecht zu betrachten ist oder eher als bloßes Unrecht der Gefährdung von (weiteren bzw. anderen) Interessen.

III. Datensammeln als Gefährdungsunrecht

Betrachtet man die Fragestellung unter dem theoretischen Blickwinkel des *harm principles*,[25] fällt auf, dass das Erheben von personenbezogenen Daten als solches niemandem, auch nicht der betroffenen Person, unmittelbar weh tut bzw. dieses „keine spürbaren Auswirkungen" hat.[26] Dies spricht prima facie dafür, dass hierbei eine Verletzung individueller Interessen (noch) nicht stattfindet.[27]

---

23 Exemplarisch BVerfGE 118, 168, 184; 130, 151, 183; vgl. auch 120, 274, 303 („Die moderne Informationstechnik […] begründet neuartige Gefährdungen der Persönlichkeit").
24 Vgl. Lisken/Denninger/*Schwabenbauer* (Fn. 15), Kap. G Rn. 20: „grundsätzlich [stellt] jeder Verarbeitungsschritt im gesamten ‚Lebenszyklus' einer Information einen Eingriff dar".
25 Das sog. Schädigungsprinzip übernimmt im anglo-amerikanischen Rechtsraum weitgehend dieselbe straflegitimationskritische Funktion, wie sie in Deutschland dem systemtranszendenten Rechtsgutsbegriff zugeschrieben wird. Die Grundaussage des Schädigungsprinzips liegt darin, dass die Kriminalisierung eines Verhaltens nur unter der Bedingung zulässig sei, dass jenes Verhalten bei anderen Personen zu einer Schädigung (*harm*) führt (bzw. führen kann). Schlüsselbegriff dieses Prinzips ist der Terminus des Schadens bzw. der Schädigung, worunter wiederum eine Verletzung von Interessen verstanden wird. Im Kern geht es damit bei der Anwendung des Schädigungsprinzips um die Frage nach dem Vorliegen einer Interessenverletzung. Ausf. dazu *Zimmermann* (Fn. 17), S. 353-359 m.w.N.
26 *Golla* (Fn. 16), S. 93.
27 Zur sog. Erfahrbarkeitsbedingung als (logisch-analytische) Voraussetzung der Annahme einer Verletzung von Individualinteressen *Merkel*, Forschungsobjekt Embryo, 2002, S. 134 ff.; dazu auch *Zimmermann*, Vom Leid und Eigeninteresse künstlicher Rechtsträger: Juristische Personen als moralische Subjekte?, FS Merkel, 2020, S. 295, 297 ff.

1. Dateneingriffe und Folgeeingriffe

Häufig wird entsprechend angenommen, dass die Gefährlichkeit des Datensammelns vor allem in den drohenden Konsequenzen einer späteren Nutzung dieser Daten zum Nachteil der überwachten Person liege.[28] So betont das BVerfG, das Recht auf informationelle Selbstbestimmung erweitere den grundrechtlichen Schutz des allgemeinen Persönlichkeitsrechts, indem es vor „Gefährdungslagen" schützt, die

> „bereits im Vorfeld konkreter Bedrohungen benennbarer Rechtsgüter entstehen, so insbesondere wenn personenbezogene Informationen in einer Art und Weise genutzt und verknüpft werden, die der Betroffene weder überschauen noch beherrschen kann."[29]

Anknüpfend an diese Erwägung wird in der verfassungsrechtlichen Diskussion um die Intensität informationeller Eingriffe argumentiert, diese sei stets einzelfallabhängig zu beurteilen und hänge maßgeblich von der Intensität der konkret drohenden Folgeeingriffe ab.[30] Daraus wird etwa abgeleitet, dass beim Abhören mittels einer Wanze sich die Schwere des damit verbundenen Grundrechtseingriffs danach bemisst, *wer* den Betroffenen belauscht: Tut dies eine Polizei- oder Strafverfolgungsbehörde (von der dem Betroffenen anschließend eine Razzia, seine Festnahme und ggf. ein Strafprozess droht), wiegt der Eingriff schwer; lauscht hingegen „nur" der nicht über Exekutivbefugnisse verfügende Inlandsnachrichtendienst, handele es sich bloß um einen geringfügigen (und damit viel einfacher legitimierbaren) Eingriff;[31] lauscht gar eine *ausländische* Behörde, vor deren exekutivem Arm der Abgehörte im Inland überhaupt nichts zu fürchten braucht, sei der Eingriff ganz besonders leichtgewichtig.[32]

Dieses Argumentationsmuster betrachtet Datenschutz als „strukturellen Vorfeldschutz",[33] dessen Sinn und Zweck vor allem darin besteht, vor der

---

28 *Golla* (Fn. 16), S. 93.
29 BVerfGE 118, 168, 184.
30 I.d.S. BeckOK Polizei- und SicherheitsR Bayern/*Linder/Unterreitmeier*, BayVSG, 23. Ed. (10/2023), Syst. Vorbemerkungen Rn. 41 ff.; *Gärditz*, Sicherheitsverfassungsrecht und technische Aufklärung durch Nachrichtendienste, EuGRZ 2018, S. 6, 9 ff.
31 So *Unterreitmeier*, Überwachung durch Polizei oder Nachrichtendienst – kein Unterschied?, GSZ 2018, S. 1, 5; a.A. Dietrich/Fahrner/Gazeas/v. Heintschel-Heinegg/*Zimmermann*, HdB Sicherheits- und StaatsschutzR, 2022, § 27 Rn. 45 f.
32 I.d.S. BVerfG, NJW 2020, 2235, 2248 Rn. 149 (BND-Überwachung im Ausland).
33 Vgl. *Golla* (Fn. 16), S. 229; *Lewinski*, Die Matrix des Datenschutzes, 2014, S. 78 ff.

Verletzung konkreter anderer Rechtsgüter durch Folgeeingriffe unter (missbräuchlicher) Verwendung der gesammelten Daten zu schützen. In der Datenerhebung als solcher liegt hingegen keine (signifikante) eigenständige Interessenverletzung. Überträgt man diesen Gedanken auf die strafrechtliche Rechtsgutsbeeinträchtigungsdogmatik, dann sind unbefugte Eingriffe in Datenschutz(grund)rechte als strafwürdiges Unrecht anzusehen, wenn und weil es sich dabei um eine (abstrakte) Gefährdung anderer, „handfester" Interessen handelt. Ganz in diesem Sinne wird in Bezug auf die strafrechtlichen Datenschutzdelikte der §§ 201, 201a StGB vielfach die Ansicht vertreten, dass die darin enthaltenen Verbote, andere Personen ohne Einverständnis akustisch oder visuell aufzuzeichnen, bloß als abstrakte Gefährdungsdelikte einzustufen seien, deren Zweck letztlich in der Verhinderung nachgelagerter missbräuchlicher *Verwendung* der heimlich aufgezeichneten Informationen liege.[34]

2. Völkerstrafrechtsdogmatische Konsequenz

Bezogen auf die Makro-Dimension des Datenkraken-Phänomens ist diese Deutung nicht unplausibel – man erinnere den Hinweis auf die mithilfe der massenhaften Datensammlung bewerkstelligte Verfolgung der Uiguren in der VR China. Hinsichtlich der Frage, ob ein völkerstrafrechtliches Delikt des unbefugten massenhaften Datensammelns geschaffen werden sollte bzw. wie ein solches aussehen könnte, ist dieses Deutungsmodell in folgender Hinsicht aufschlussreich: So ließen sich massenhaft-systematische Verletzungen des Rechts auf informationelle Selbstbestimmung ggf. als Teilnahme an den (bereits heute normierten) Verbrechen gegen die Menschlichkeit erfassen, etwa als Beihilfehandlung im Vorfeld von Verfolgungshandlungen i.S.v. § 7 I Nr. 10 VStGB.

Die eigenständige Normierung eines Verbrechens des massenhaften Datensammelns – etwa als neuer § 7 I Nr. 10a VStGB (und damit als Verlagerung der Strafbarkeit bereits ins Vorfeld der eigentlichen Rechtsgutsbe-

---

34 I.d.S. MüKo-StGB/*Graf*, 4. Aufl. 2021, § 201 Rn. 5; § 201a Rn. 15; vgl. auch BT-Drs. 15/2466, S. 4 (§ 201a StGB sei ein „abstraktes Gefährdungsdelikt" im „Vorfeld der eigentlichen Rechtsverletzung"); Matt/Renzikowski/*Altenhain*, StGB, 2. Aufl. 2020, § 201a Rn. 20; *Hoyer*, Die Verletzung des höchstpersönlichen Lebensbereichs bei § 201a StGB, ZIS 2006, S. 1, 4 (§ 201a StGB als abstraktes Gefährdungsdelikt, das vor „sozialen Geltungsschäden" infolge der Weitergabe des hergestellten Bildmaterials schützen soll); vert. NK-StGB/*Kargl*, 6. Aufl. 2023, § 201a Rn. 7 f.

einträchtigungen) – wäre nach diesem Modell hingegen nicht angeraten. Dagegen wäre insbesondere einzuwenden, dass bloße Gefährdungsdelikte im Bereich des Völkerstrafrechts prinzipiell Fremdkörper darstellen und diese das Gesamtgefüge des Völkerstrafrechts mit schwerwiegenden Wertungswidersprüchen zu belasten drohen.[35]

IV. Datensammeln als Verletzungsunrecht

Allerdings ist zweifelhaft, ob das Gefährdungsmodell das Überwachungsunrecht angemessen beschreibt. Es ist sehr wohl möglich, bereits die Erhebung von personenbezogenen Daten als eigenständige Interessenverletzung zu begreifen. Der Umstand, dass das hierbei beeinträchtigte Interesse weniger „greifbar" ist als bei der Verletzung klassischer körperlicher Individualrechtsgüter wie Leib, Leben und Sachbesitz, darf nicht zu dem Fehlschluss verleiten, es läge (noch) gar keine Interessenverletzung vor.

1. Interessenverletzung trotz fehlender „Greifbarkeit"

Für die Annahme einer materiellen Interessenverletzung kann es ausreichen, dass das Opfer eine lediglich *gefühlsmäßige* Freiheitseinbuße erleidet: Wer fest vorhat, den ganzen Tag am Schreibtisch zu verbringen, ist auch dann Opfer einer Freiheitsberaubung (§ 239 StGB), wenn jemand gegen seinen ausdrücklichen Willen bis zum Abend die Bürotür von außen verriegelt (und damit dem Eingesperrten „nur" das mulmige Gefühl des Gefangenseins beschert wird).[36] Und selbst wer aus dem lügnerischen Verhalten eines anderen bloß *irrigerweise* schließt, von diesem künftig unbotmäßig drangsaliert zu werden (obwohl in Wahrheit keine solche Gefahr besteht), wird als gegenwärtig in seinem individuellen Rechtsfrieden gestört betrachtet (vgl. § 241 III StGB, der das „Freisein von Angst und Schrecken"[37] strafrechtlich absichert).

---

35 Vgl. *Bock*, Ökozid – ein neues völkerstrafrechtliches Kernverbrechen?, ZRP 2021, S. 187, 188; *dies.*, Umweltschutz durch Völkerstrafrecht?, BRJ 1/2022, S. 32, 35 (in Bezug auf den Ökozid).
36 Zum Rechtsgut der Freiheitsberaubung vgl. BGH, NStZ 2022, 677 m. Anm. *Zimmermann*.
37 Näher *Zimmermann* (Fn. 17), S. 255 m.w.N.

Gegen die Annahme einer realen Interessenverletzung spricht ferner auch nicht der Umstand, dass der Verletzte von seinem konkreten Verletztwerden möglicherweise gar nichts mitbekommt. Ein klassisches Beispiel hierfür ist das (vermeintliche) Paradoxon des vollendeten Tötungsunrechts: Obwohl der Getötete von seinem Ableben niemals erfährt bzw. keine Gelegenheit hat, dieses als nachteilig zu erleben, wird die Tötung trotzdem als gravierende Verletzung *seines* individuellen Lebensinteresses betrachtet.[38] Auflösen lässt sich das Problem wie folgt: Maßgeblich ist nicht, ob *der konkret Betroffene* eine Interessenfrustration erfährt; für die intersubjektiv begründete Annahme einer Individualinteressenverletzung reicht es aus, dass das schädigende Ereignis, wenn es aus der Ich-Perspektive eines Durchschnittsmenschen auf die eigene Lebensplanung imaginiert wird, unerwünscht ist (im Beispiel: weil sich die meisten Menschen ein langes Leben wünschen, fürchten *sie* sich davor, getötet zu werden; *deshalb* wird die Tötung anderer als unrechte Verletzung von Lebensinteressen definiert).[39] Dieser Gedanke lässt sich auf verschiedenste Interessenbeeinträchtigungen übertragen. Daher ist es z.B., um i.S.v. § 242 StGB bestohlen zu werden, nicht erforderlich, dass das Opfer den Verlust jemals bemerkt. In Bezug auf informationelle Eingriffe: Der höchstpersönliche Lebensbereich kann durch Bildaufnahmen auch dann „verletzt" sein (so § 201a StGB), wenn das konkrete Opfer des Spähangriffs niemals davon erfährt (denn die meisten Menschen gruseln sich vor der Vorstellung, ohne ihre Zustimmung z.B. nackt im Badezimmer fotografiert zu werden). Ergo können auch heimliche und unbemerkte Eingriffe als aktuelle Interessenverletzung beschrieben werden.

Hält man sich beide genannten Aspekte – Freiheitsgefühlsbeeinträchtigung als Interessenverletzung und Irrelevanz der Wahrnehmung durch das konkrete Opfer – vor Augen, wird ersichtlich, dass es möglich ist, (verdeckte) informationelle Eingriffe durch Datensammeln als rechtsethisch relevante gegenwärtige *Verletzung* eines Datenschutzinteresses zu begreifen (Verletzungsthese).

---

38 Zum Problem s. *Bradley*, When Is Death Bad for the One Who Dies?, Noûs 38 (2004), S. 1 ff.; *Brueckner/Fischer*, Why Is Death Bad?, Philosophical Studies 50 (1986), S. 213 ff.; *Feldman*, Some Puzzles About the Evil of Death, Philosophical Review 2 (1991), S. 205 ff.; *McMahan*, Death and the Value of Life, Ethics 99 (1988), S. 32 ff.; *Nagel*, Death, Noûs 4 (1970), S. 73 ff.

39 Ausf. zu den Gründen *Zimmermann*, Die Rollentauschprobe im Strafrecht, in Ast et al. (Hrsg.), Gleichheit und Universalität. ARSP-Beiheft 128, 2012, S. 195, 208 ff.

2. Verbreitung der Verletzungsthese im Recht

In der verfassungsrechtlichen Debatte finden sich Argumente für das Verletzungsmodell. So hat sich das BVerfG zuletzt insoweit vom Gedanken des Gefährdungsmodells entfernt, als es die Schwere bestimmter informationeller Grundrechtseingriffe – konkret bzgl. der akustischen und optischen Wohnraumüberwachung – *unabhängig* von der Intensität etwaig drohender Folgeeingriffe bemisst.[40] Für diese Sehweise spricht insbesondere die Erwägung, dass überwachende Kontrolle auch ohne (unmittelbar) drohende Konsequenzen eine diffuse Angst[41] und ggf. erheblichen psychischen Stress auszulösen vermag; wer ungewollt beobachtet wird, fühlt sich unwohl und wird ggf. auch dazu veranlasst, sein Verhalten notgedrungen an diesen Umstand anzupassen bzw., wie es im Stalking-Paragrafen (§ 238 StGB) heißt, in seiner „Lebensgestaltung beeinträchtigt". Dieses unter dem Begriff „chilling effect" behandelte Phänomen ist – trotz gelegentlicher Zweifel an der empirischen Datenlage –[42] äußerst plausibel[43] (s.o.: „Jeder fünfte Chinese ...") und im Recht als belastbares Argumentationsfundament weithin anerkannt.[44] So schützt bspw. § 201 StGB, der die Verletzung der Vertraulichkeit des Wortes pönalisiert, nach zutr. verfassungsgerichtlicher Interpretation die „Unbefangenheit der menschlichen Kommunikation";[45] und der Richterbund wehrt sich deshalb gegen Filmaufnahmen im

---

40 BVerfG, NJW 2022, 1583 Rn. 169: „Dies entspricht dem besonderen Eingriffscharakter. Die Wohnraumüberwachung ermöglicht der überwachenden Behörde, jegliches Tun und Unterlassen und jede Regung der überwachten Person in ihrem privaten Rückzugsraum unmittelbar akustisch und optisch mitzuerleben. Die betroffene Person ist direkt und vollständig der Beobachtung durch die Behörde ausgesetzt. Wegen der besonderen Vertraulichkeitserwartung, die der eigenen Wohnung entgegengebracht werden darf, ist die überwachte Person hier in besonderem Maße in Gefahr, unbewusst und ungewollt breite und tiefe Einblicke in ihre Persönlichkeit zu geben."
41 BVerfGE 150, 244 Rn. 98 spricht vom „Gefühl des Überwachtwerdens".
42 Der hochrangige bayerische Verfassungsschützer *Unterreitmeier*, Folgewirkungen des BKAG-Urteils für die Nachrichtendienste?, NWVBl. 2018, S. 227, 228 etwa meint, die Annahme eines *chilling effects* basiere auf „alternativen Fakten".
43 Ausf., überzeugend und m.w.N. *Schwabenbauer*, Heimliche Grundrechtseingriffe, 2013, S. 140 ff.
44 Vgl. bereits BVerfG 65, 1, 43: „Wer unsicher ist, ob abweichende Verhaltensweisen jederzeit notiert und als Information dauerhaft gespeichert, verwendet oder weitergegeben werden, wird versuchen, nicht durch solche Verhaltensweisen aufzufallen."
45 BVerfG, NStZ-RR 2005, 119.

Gerichtssaal, „weil Zeug:innen nach aller Erfahrung nicht mehr frei sprächen, sobald sie vor einer Kamera sitzen."[46]

Zwischenergebnis: Überwachtwerden ist geeignet, Gefühle massiver Beklemmung und Peinlichkeit auszulösen. Die Vorstellung, eine (schriftliche, visuelle, akustische) Dokumentation dieser Überwachung könnte später anderen präsentiert und evtl. sogar zur Begründung von Maßnahmen der Sozialkontrolle (z.B. Bestrafung) herangezogen werden, verstärkt dieses Gefühl noch. Ähnliches gilt, wenn die Zusammenfügung einzelner Daten mit für sich betrachtet geringem Persönlichkeitsbezug im Ergebnis zu einer als unangenehm und peinlich imaginierten Präsentation eines Persönlichkeitsbildes genutzt werden könnte. Diese Auswirkungen der Verarbeitung von personenbezogenen Daten begründen eine im Zeitpunkt des jeweiligen Datenverarbeitungsvorgangs liegende Interessenverletzung. § 42 BDSG ist daher ein Verletzungsdelikt.

3. Überwachungsunrecht und Völkerstrafrecht

Intensive Verletzungen des Rechts auf informationelle Selbstbestimmung überschreiten zweifellos die Schwelle zum Strafunrecht (d.h. die Grenze der Strafwürdigkeit). Das BVerfG hat bereits herausgearbeitet, wann Dateneingriffe als ganz besonders intensiv (d.h. aus strafrechtlicher Perspektive: mit einem hohen Unrechtsgehalt verbunden) anzusehen sind: Informationelle Eingriffe in den Kernbereich privater Lebensgestaltung verletzen die Menschenwürde und sind (dem Staat) ausnahmslos verboten.[47] Was genau zum unantastbaren Kernbereich gehört, ist zwar nach wie vor nicht abschließend geklärt. Dazu gehört aber jedenfalls menschliches Verhalten besonders intimer Natur (etwa Ausdrucksformen der Sexualität,[48] Kommu-

---

46 Zit. nach LTO-Meldung „Staatsanwälte und Richter gegen Videos von Verhandlungen" v. 30.1.2023, www.lto.de/recht/justiz/j/video-aufzeichnungen-verhandlungen-strafverfahren-prozess-gesetzentwurf-kritik-richter-richterbund-general-staatsanwaelte; ausf. Deutscher Richterbund, Stellungnahme zum Gesetz zur digitalen Dokumentation der strafgerichtlichen Hauptverhandlung, Februar 2023, S. 6 ff.; krit. zu dem Argument *Th. Fischer*, Hilfe, Kamera!, Spiegel-Online v. 17.2.2023, www.spiegel.de/kultur/videoaufzeichnung-von-strafprozessen-hilfe-kamera-kolumne-a-e99882e6-61f3-4c55-a0ee-8f77936d6311.
47 Zusf. *Schneider*, Kernbereich privater Lebensgestaltung, JuS 2021, S. 29 ff.; *Zimmermann*, Das Selbstgespräch und der Kernbereich privater Lebensgestaltung, GA 2013, S. 162 ff.
48 BVerfGE 109, 279, 313.

nikation mit engen Vertrauten[49] und das Schmieden von Gedanken im eigenen Gehirn[50]). Kernbereichsverletzend sind ferner die Erhebung und Zusammenfügung einer Vielzahl von Einzelinformationen, die in einer Totalausforschung der beobachteten Person münden (bei „Rundumüberwachung"[51] und bei der Erstellung von totalen Persönlichkeitsprofilen durch Datenakkumulation[52]).

Ist ein Unrecht so gravierend, dass der damit verbundene Eingriff in die Rechte des Individuums zugleich eine Verletzung der Menschenwürde darstellt, ist prinzipiell auch der „Zuständigkeitsbereich" des Völkerstrafrechts erreicht.[53] Jedenfalls die systematisch-massenhafte Begehung von würdeverletzenden Eingriffen in das Recht auf informationelle Selbstbestimmung könnte daher als Begehungsweise des Menschlichkeitsverbrechens vertatbestandlicht werden. Ein entsprechender § 7 I Nr. 10a VStGB könnte etwa wie folgt formuliert werden:

> „Wer ... personenbezogene Daten verarbeitet, um entwürdigende Persönlichkeitsprofile einer großen Zahl von Personen zu erstellen, wird ... bestraft."[54]

---

49 Zuletzt BVerfG, GSZ 2023, 98, 99 f.
50 Vgl. *Stübinger*, Lügendetektor ante portas, ZIS 2008, S. 538, 554.
51 BVerfG 109, 279, 323; Lisken/Denninger/*Schwabenbauer* (Fn. 15), Kap. G. Rn. 171; MüKo-StPO/*Singelnstein*, 2019, Vor § 474 Rn. 14; ausf. *Schwabenbauer* (Fn. 43), S. 292 ff.
52 BVerfGE 141, 220 Rn. 130: „Mit der Menschenwürde unvereinbar ist es, wenn eine Überwachung [...] derart umfassend ist, dass nahezu lückenlos alle Bewegungen und Lebensäußerungen des Betroffenen registriert werden und zur Grundlage für ein Persönlichkeitsprofil werden können."
53 Exemplarisch ICTY, Prosecutor v. Furundžija, TC, Judgement, IT-95-17/1-T, 10 Dec. 1998, para. 183: „The essence of the whole corpus of international humanitarian law as well as human rights law lies in the protection of the human dignity of every person [...]. The general principle of respect for human dignity is the basic underpinning and indeed the very *raison d'être* of international humanitarian law and human rights law [...]. This principle is intended to shield human beings from outrages upon their personal dignity, whether such outrages are carried out by unlawfully attacking the body or by humiliating and debasing the honour, the self-respect or the mental well being of a person."
54 Vgl. auch den Vorschlag von *Golla* (Fn. 16), S. 235 für einen nationalen Straftatbestand „Verletzung der informationellen Selbstbestimmung".

V. Zusammenfassung

Wer ahnt, selbst bei intimen Vorgängen beobachtet oder in seiner Gesamtpersönlichkeit ausgeforscht zu werden, fühlt sich bereits hier und jetzt schlecht – und nicht erst später, wenn die auf diese Weise erhobenen personenbezogenen Daten tatsächlich für Maßnahmen der Sozialkontrolle verwendet werden. Massive Eingriffe in das Recht auf informationelle Selbstbestimmung sind daher als von etwaigen Folgeeingriffen eigenständige Interessenverletzungen anzuerkennen. Strafrechtliche Sanktionsnormen zur Unterbindung von Überwachungsunrecht sind deshalb als Verletzungsdelikte zu denken. Formen besonders intensiver Überwachung berühren den Kernbereich privater Lebensgestaltung und verletzen die Menschenwürde. Daher können und sollten in großem Rahmen angelegte (staatliche) Überwachungskampagnen künftig als eigenständiges Menschlichkeitsverbrechen völkerstrafrechtlich erfasst werden.

Cambridge Analytica als Beispiel für eine politische Datenwirtschaftsstraftat

Tobias Reinbacher

I. Einleitung

Die Furcht vor dem gläsernen Menschen ist eine Science-Fiction-Urangst. Inzwischen sind wir davon aber gar nicht mehr so weit entfernt, insbesondere weil Unternehmen wie Alphabet oder Meta auf eine Vielzahl an persönlichen Informationen zugreifen, damit operieren und Handel treiben, ja sogar ihr Geschäftsmodell darauf ausrichten,[1] und diese Informationen mit anderen kombinieren, sodass ein sehr deutliches Bild von unserem Leben entsteht. Und das betrifft sehr viele Menschen, die vermeintlich nur von den Errungenschaften der modernen Technik profitieren. Im Fall Cambridge Analytica[2] hat das gleichnamige Unternehmen über eine App Daten von Millionen Nutzerinnen und Nutzern von Facebook gesammelt, um diese u.a. im US-amerikanischen Wahlkampf zum Targeting, also zur politischen Einflussnahme, zu benutzen. Der Fall war in verschiedener Hinsicht ein Weckruf.

Erstens lassen sich die Augen nun kaum noch davor verschließen, was mit unseren Daten geschehen kann, wenn wir uns in sozialen Netzwerken wie Facebook, Instagram, X etc. einloggen, v.a. wenn wir über diese Netzwerke auf andere Apps zugreifen bzw. den Zugriff erlauben. Wir können uns nicht mehr sicher sein, wer was über uns weiß, während wir wenig bis nichts über die Personen oder Institutionen wissen, die dieses Wissen im Geheimen akkumulieren.

Zweitens dürfte spätestens dadurch klar geworden sein, welchen bedeutenden Wert Daten in der Informationsgesellschaft für Tech-Unternehmen haben. Dieser Wert ist gerade auch wirtschaftlicher Natur, was es rechtfertigt, Überlegungen zur wirtschaftsstrafrechtlichen Seite des Vorgangs anzustellen.

---

[1] Vgl. *Kubiciel*, Regulierung digitaler Plattformen und Sanktionierung von Unternehmen, FS Dannecker, 2022, S. 53, 57.
[2] S. dazu noch ausführlich unter II.

Drittens hatte der Fall aber auch eine besondere politische Dimension, weil die Daten der Nutzerinnen und Nutzer zur Beeinflussung einer Wahl benutzt wurden. Insofern ist er auch im Zusammenhang mit anderen Phänomenen zu sehen, die neuerdings in sozialen Netzwerken zu beobachten sind: Desinformationskampagnen, Fake News, Social Bots, Trolling und Hate Speech, die jeweils auch auf die Einflussnahme auf Wahlen abzielen.

Die Grundbedingungen unserer Demokratie sind in Gefahr, weil der gläserne Mensch, über den eine Organisation, sei sie nun unmittelbar staatlich oder rein an wirtschaftlichen Interessen ausgerichtet, alles weiß.[3] *Shoshana Zuboff* empfindet dies als „Sturz der Volkssouveränität".[4] Dieser gläserne Mensch ist zudem leicht durch gezielte Propaganda zu manipulieren. Die Unternehmen haben die Bedeutung der Daten erkannt, der Strafgesetzgeber u.U. noch nicht so ganz. Die Informationsgesellschaft stellt uns vor die Frage, wie die Gesellschaft aussehen soll, in der wir leben wollen, oder auch: Wo bleibt bei Big Data der (dahinterstehende) Mensch?

Mir kommt nun die Aufgabe zu, den Blick auf einen konkreten Anwendungsfall zu richten, den Fall Cambridge Analytica, und meine Gedanken zu der Frage zu äußern, welche Schlüsse daraus zu ziehen sind, insbesondere der Frage nachzugehen, inwieweit es sich dabei um den Fall einer politischen Datenwirtschaftsstraftat[5] handelt und welche Konsequenzen sich daraus ergeben. Ich werde den Fall im Folgenden zunächst rekapitulieren (II.), dann eine Einordnung vornehmen (III.), kurz das geltende deutsche Strafrecht in dieser Hinsicht beleuchten (IV.) und schließlich Überlegungen zu einer zukünftigen Behandlung anstellen (V.).

II. Der Fall Cambridge Analytica

In den Worten von *Jimenez* und *Oleson* war der Fall Cambridge Analytica[6] *„a case that forever changed politics, media, populism, and of course, data*

---

3 Vgl. *Zuboff*, Das Zeitalter des Überwachungskapitalismus, 2018, S. 7.
4 *Zuboff* (Fn. 3), S. 7.
5 Meine Überlegungen knüpfen insofern an den Beitrag von *Werkmeister*, Erste Überlegungen zur politischen Datenwirtschaftsstraftat, GA 2021, S. 570, an.
6 Zum Sachverhalt: U.S. Federal Trade Commission, Docket No. 9383, In the Matter of Cambridge Analytica, LLC, Opinion of the Commission; vgl. auch *Confessore*, Cambridge Analytica and Facebook: The Scandal and the Fallout So Far, New York Times v. 4.4.2018, abrufbar unter www.nytimes.com/2018/04/04/us/politics/cambridge-analytica-scandal-fallout.html; vgl. ferner *Maschewski/Nosthoff*, Der plattformökonomische

and privacy".[7] Das Unternehmen, das seinen Sitz in den USA hatte, machte sich ein Programm zur Persönlichkeitsanalyse zu Nutze, das ursprünglich an der Universität Cambridge, UK, entwickelt worden war. Dieses sollte es möglich machen, mittels eines Algorithmus' aus den Vorlieben einer Person auf Facebook anhand eines psychometrischen Modells ihre Persönlichkeit zu ermitteln. So sollten etwa *Likes* bestimmter Serien, Lieder oder Politiker wie *George W. Bush* auf ein konservatives Weltbild hindeuten. Die Entwickler meinten, ihr Algorithmus habe das Potential, die Persönlichkeit besser vorherzusagen als Arbeitskollegen, Freunde oder gar Familienmitglieder. Das Unternehmen Cambridge Analytica interessierte sich sehr für dieses Tool, da es selbst für politische Parteien Dienste wie das Erstellen von Wählerprofilen und Wahlwerbung inklusive Micro-Targeting, also das gezielte Ansprechen von potenziellen Wählerinnen und Wählern, anbot. Tatsächlich gelang es Cambridge Analytica, einen der beteiligten Wissenschaftler für eine kommerzielle Zusammenarbeit zu gewinnen. Er hatte die App *Thisisyourdigitallife* entwickelt, die auf Facebook installiert werden und dadurch auf die Daten der Nutzerinnen und Nutzer zugreifen konnte. Facebook selbst erlaubte seinerzeit Drittanbietern, deren Apps über Facebook benutzt wurden, nicht nur auf die Daten derjenigen zuzugreifen, die das Programm installiert hatten, sondern auch auf die Daten von deren Facebook-Freundinnen und -Freunden.

Die App *Thisisyourdigitallife* enthielt vordergründig eine Umfrage, bei der die Teilnehmenden gegen eine geringe Geldsumme freiwillig an einem Persönlichkeitstest mitwirken und Fragen beantworten konnten. Sie wurden gefragt, ob die App auf einige ihrer Daten auf Facebook zugreifen dürfe, wobei ihnen jedoch versichert wurde, dass keine Informationen gesammelt würden, die eine Identifizierung ermöglichen, wie etwa Name oder User ID. Tatsächlich sammelte die App von den Teilnehmenden aber Facebook User ID, Geschlecht, Geburtstag, Wohnort, ihre gesamte Freundesliste sowie ihre *Likes* von Facebook-Seiten. Auch von ihren Freundinnen und Freunden, die selbst an der Umfrage gar nicht teilgenommen hatten, sammelte die App Facebook User ID, Namen, Geschlecht, Geburtstag, Wohnort und *Likes*. Dabei waren ca. 250.000-270.000 Nutzerinnen und Nutzer der App sowie ca. 50-65 Millionen Freundinnen und Freunde be-

---

Infrastrukturwandel der Öffentlichkeit: Facebook und Cambridge Analytica revisited, Leviathan, Sonderband 37/2021, S. 320; *Werkmeister* (Fn. 5), S. 576.

7 *Jimenez/Oleson*, The Crimes of Digital Capitalism, Mitchell Hamline Law Review 48 (2022), S. 971, 1000.

troffen,⁸ es ist sogar die Rede von bis zu 87 Millionen Profilen,⁹ darunter ca. 30 Millionen identifizierbare US-Bürgerinnen und Bürger.¹⁰

Die so entstandene Datenbank und das Analyse-Tool ermöglichten es, Wählerprofile zu erstellen und im Sinne der Kampagne von *Ted Cruz* bzw. später auch von *Donald Trump*, für die Cambridge Analytica arbeitete, auf die Betroffenen mittels Micro-Targeting durch private Nachrichten und Inhalte, die ihnen angezeigt wurden, gezielt Einfluss zu nehmen. Ob und inwieweit die Wahl dadurch tatsächlich entschieden wurde, wie es die Inhaber des Unternehmens selbst behaupteten,¹¹ lässt sich im Nachhinein nicht genau sagen.¹² Dies gilt auch für einen möglichen Einfluss auf die *Leave*-Kampagne im Rahmen des *Brexit*-Referendums,¹³ für die es ebenfalls arbeitete. Der politische Schaden einerseits sowie der Vertrauensbruch und die Verletzung der Persönlichkeitsrechte der Betroffenen andererseits waren jedoch enorm.

III. Einordnung

Der Vorgang hat ein großes mediales Echo ausgelöst. *Mark Zuckerberg* wurde zu mehreren Anhörungen geladen.¹⁴ Für das Meta-Unternehmen war es nicht der einzige Daten-Skandal,¹⁵ aber auch andere Tech-Konzerne

---

8 U.S. Federal Trade Commission, Docket No. 9383, In the Matter of Cambridge Analytica, LLC, Opinion of the Commission, S. 7.
9 *Confessore*, Cambridge Analytica and Facebook: The Scandal and the Fallout So Far, New York Times v. 4.4.2018, abrufbar unter www.nytimes.com/2018/04/04/us/po litics/cambridge-analytica-scandal-fallout.html; *Jimenez/Oleson* (Fn. 7), S. 1001; *Maschewski/Nosthoff* (Fn. 6), S. 322.
10 U.S. Federal Trade Commission, Docket No. 9383, In the Matter of Cambridge Analytica, LLC, Opinion of the Commission, S. 7.
11 Vgl. *Nix*, www.youtube.com/watch?v=n8Dd5aVXLCc.
12 *K.-S. Trump*, Four and a half reasons not to worry that Cambridge Analytica skewed the 2016 election, Washington Post v. 23.3.2018, www.washingtonpost.com/news/mon key-cage/wp/2018/03/23/four-and-a-half-reasons-not-to-worry-that-cambridge-analy tica-skewed-the-2016-election.
13 BBC News v. 7.10.2020, www.bbc.com/news/uk-politics-54457407.
14 *Confessore*, Cambridge Analytica and Facebook: The Scandal and the Fallout So Far, New York Times v. 4.4.2018, abrufbar unter www.nytimes.com/2018/04/04/us/politics /cambridge-analytica-scandal-fallout.html.
15 Vgl. *Jimenez/Oleson* (Fn. 7), S. 997 ff.

der sog. *Big Five*[16] sind in dieser Hinsicht nicht unbescholten.[17] Denken wir nur an die NSA-Affäre, über die hier schon berichtet wurde.[18] Nun zur Einordnung als politische Wirtschaftsstraftat.

1. Warum Wirtschaftsstraftat?

Die meisten der gängigen Kriterien zur Einordnung als Wirtschaftsstraftat[19] passen beim Datenskandal um Cambridge Analytica. Zwar finden sich Datenstraftaten (noch) nicht in § 74c GVG. Wir können jedoch von *White Collar* und *Corporate Crimes*[20] sprechen und einen hohen Schaden bei den betroffenen Nutzerinnen und Nutzern konstatieren, wobei es weniger um materielle Schäden, sondern um besonders hohe immaterielle Schäden geht, nämlich um eine systematische Verletzung von Grund- und Menschenrechten durch die Unternehmen.[21] Das Wirtschaftsstrafrecht zielt auf den Schutz überindividueller Rechtsgüter.[22] Es muss auch für eine Wirtschaft gelten, deren Handelsgut persönliche Informationen sind. Auf diese Informationen gerichtete Straftaten können ein kollektives Rechtsgut angreifen, nämlich den Datenschutz insgesamt bzw. die Persönlichkeitsrechte der Betroffenen, im Falle der systematischen Erstellung umfassender Persönlichkeitsprofile sogar die Menschenwürde der Marktteilnehmerinnen und Marktteilnehmer,[23] und damit die (menschenrechtlichen) Grundbedingungen der digitalen Marktwirtschaft. Zwar zielt diese gerade auf den

---

16 Gemeint sind Amazon, Apple, Google, Meta und Microsoft; s. zu Unterschieden in ihrer Einordung als „überwachungskapitalistische" Unternehmen i.H.a. Geschäftspraktiken sowie Ausrichtung des Unternehmens aber auch *Zuboff* (Fn. 3), S. 38 ff., die sich letztlich auf Google, Facebook (Meta) und Microsoft konzentriert.
17 Vgl. *Jimenez/Oleson* (Fn. 7), S. 1013 ff.
18 S. den Beitrag von *Caroline Böck* und *Matthias C. Kettemann* in diesem Band.
19 Vgl. dazu etwa *Kudlich/Oğlakcıoğlu*, Wirtschaftsstrafrecht, 3. Aufl. 2020, Rn. 1 ff.; *Tiedemann*, Wirtschaftsstrafrecht, 5. Aufl. 2017, § 1 Rn. 72 ff.; *Wittig*, Wirtschaftsstrafrecht, 6. Aufl. 2023, § 2 Rn. 5 ff.
20 So etwa *Jimenez/Oleson* (Fn. 7), S. 1013 ff.
21 *Jimenez/Oleson* (Fn. 7), S. 1014 f.
22 *Otto*, Konzeption und Grundsätze des Wirtschaftsstrafrechts, ZStW 96 (1984), S. 339, 342; *Tiedemann*, Wirtschaftsstrafrecht, 5. Aufl. 2017, § 1 Rn. 81.
23 BVerfGE 27, 1, 6: Mit der Menschenwürde nicht zu vereinbaren, „wenn der Staat das Recht für sich in Anspruch nehmen könnte, den Menschen zwangsweise in seiner ganzen Persönlichkeit zu registrieren und zu katalogisieren"; BVerfGE 65, 1, 53: umfassende Registrierung und Katalogisierung der Persönlichkeit durch die Zusammenführung einzelner Lebens- und Personaldaten zur Erstellung von Persönlich-

Handel mit Daten ab. Wenn aber auch die letzte Information nicht mehr sicher ist, dann werden diese Grundbedingungen einer menschenrechtskonformen Marktwirtschaft beseitigt. Zumindest diese gilt es im Zeitalter des sog. „Überwachungskapitalismus"[24], oder auch: des Informationskapitalismus, dessen Kapital die Information ist, zu sichern.

Die Verletzung des allgemeinen Vertrauens in die Wirtschaftsordnung macht das Wesen der Wirtschaftskriminalität aus.[25] In unserem Fall geht es um eine Verletzung des Vertrauens in eine grund- und menschenrechtskonforme Marktwirtschaft. Der Einzelne muss zumindest darauf vertrauen können, dass gewisse Grundbedingungen im Markt eingehalten werden. Nun mag man einwenden, ein solches Vertrauen in die Sicherheit der Daten sei ohnehin nicht schützenswert, weil es gar kein entsprechendes Interesse der Nutzerinnen und Nutzer sozialer Medien gebe, weil sie doch heutzutage ihre Daten ganz bereitwillig hergäben. Datenschutz sei, so könnte man meinen, den jüngeren Generationen gar nicht so wichtig. Der Fall Cambridge Analytica hat aber doch etwas anderes gezeigt: Es mag den Betroffenen schlicht am Bewusstsein fehlen, was gerade mit ihren Daten geschieht.

2. Warum politisch?

Kann man auch von einer politischen Wirtschaftsstraftat sprechen? Im Fall Cambridge Analytica wurden zwar keine staatlich gesteuerten Taten begangen. Es bestand jedoch ein recht klarer Bezug zur Politik, da die Daten an Institutionen, die für Parteien bzw. politische Kampagnen arbeiteten, weitergegeben und im Wahl- und Meinungskampf verwendet wurden. Die jeweils unterstützten Kampagnen sollten auf diese Weise einen Vorsprung erlangen. Unabhängig von diesem Fall liegt das politische Problem bei den sozialen Medien insbesondere in der Kontrolle des *free flow of information*, weil mittels Algorithmen nicht nur Werbung gezielt eingesetzt wird, sondern auch Informationen in demokratiegefährdender Weise selektiert

---

keitsprofilen der Bürger unzulässig; BVerfGE 109, 279, 323: Menschenwürde durch Persönlichkeitsprofil verletzt.
24 *Zuboff* (Fn. 3).
25 *Otto* (Fn. 22), S. 342.

werden.²⁶ Gerade dies hat das Potenzial für einen enormen politischen Einfluss, der in der Hand der Betreiber dieser Netzwerke liegt.

Vorgänge, in denen großflächige Datenschutzverstöße vorliegen, müssen aber nicht unbedingt einen unmittelbaren Politikbezug aufweisen, um sie als politische Wirtschaftsstraftaten zu bezeichnen. Auch bei der kommerziellen Nutzung der Daten kann mit *Naucke* eine politische Dimension des Vorgangs anzunehmen sein, staatlich veranlasst oder auch in Form staatlich nicht beherrschter (oder beherrschbarer) Macht.²⁷ Er hat in seiner Analyse der politischen Wirtschaftsstraftat zunächst das wirtschaftliche Wirken in Unrechtsstaaten im Blick gehabt, diesen danach aber auf staatliches Handeln in der Wirtschaftskrise, sodann auf die „schwarzen Kassen" einer Partei als „politische Untreue" sowie schließlich auf das Mannesmann-Verfahren als Politikum erweitert.²⁸ Der Charakter als politische Wirtschaftsstraftat entstehe gerade durch die weitreichenden Folgen für viele Bürgerinnen und Bürger.²⁹ Wer so viel wirtschaftliche Macht habe, „dass er dem Wirtschaftssystem und damit dem Einzelnen, der von diesem System abhängig ist, schweren Schaden zufügen kann", der begehe „politische Untreue".³⁰ Gleiches lässt sich aber auch bei systematischen Verstößen gegen den Datenschutz sagen,³¹ untechnisch gesprochen bei einem „Veruntreuen von Daten" im großen Stil.

Bemerkenswert ist, dass die betreffenden Tech-Unternehmen ganz offensichtlich eigene Maßstäbe befolgen, auch im Hinblick auf Grund- und Menschenrechte. Dies erklärt sich daraus, dass ihr Business Modell darin besteht, einen „kostenlosen" Service gegen Daten anzubieten, sodass sie sich durch das Sammeln von und den Handel mit Daten finanzieren.³²

---

26 Vgl. etwa *Reinbacher/Welzel*, Das Veröffentlichen politscher Fake News in sozialen Medien aus strafrechtlicher Sicht, in Bendheim/Pavlik (Hrsg.), „Fake News" in Literatur und Medien, 2022, S. 55, 59 ff.; zum Einsatz von Social Bots s. *Reinbacher*, Social Bots aus strafrechtlicher Sicht, in Beck/Kusche/Valerius (Hrsg.), Digitalisierung, Automatisierung und Recht, FG zum 10jährigen Bestehen der Forschungsstelle RobotRecht, 2020, S. 457.
27 *Naucke*, Der Begriff der politischen Wirtschaftsstraftat, 2012, S. 4.
28 *Naucke* (Fn. 27), S. 13 ff., 39 ff., 48 f., 49 ff.
29 *Naucke* (Fn. 27), S. 57.
30 *Naucke* (Fn. 27), S. 36.
31 Für eine Einordnung des Falls Cambridge Analytica als politische Wirtschaftsstraftat bereits *Werkmeister* (Fn. 5), S. 576, zumal hier die Taten nicht nur wegen ihrer freiheitsüberwältigenden Macht als politisch anzusehen seien, sondern auch in ihren Auswirkungen unmittelbare auf das politische System bezogen gewesen seien.
32 Vgl. auch *Kubiciel* (Fn. 1), S. 57.

Ist ihre auf die Daten bezogene Überlegenheit an Wissen aber staatlich kaum noch kontrollierbar, so lässt sich eine Ohnmacht der Bürgerinnen und Bürger, letztlich sogar des Staates befürchten, die eine politische Dimension erreicht hat. *Jimenez* und *Oleson* sprechen hier von einer „Erosion der Staatsmacht".[33] Nach *Naucke* ist eine Wirtschaftsstraftat auch dann politisch, „wenn sie als staatlich unkontrollierbare Macht auftritt und durch ihre Stärke Freiheit überwältigen kann".[34]

3. Warum Strafrecht?

Die in Rede stehenden Verstöße sind keine Bagatelle, da eine systematische Verletzung von Grund- und Menschenrechten in Rede steht. Im deutschen Rechtsverständnis geht es um das Recht auf informationelle Selbstbestimmung als Teil des Allgemeinen Persönlichkeitsrechts aus Art. 2 Abs. 1 i.V.m. Art. 1 Abs. 1 GG, bei umfassenden Persönlichkeitsprofilen sogar um den Kernbereich. In Art. 8 Abs. 1 der Charta der Grundrechte der EU und in Art. 16 Abs. 1 AEUV heißt es gleichlautend: „Jede Person hat das Recht auf Schutz der sie betreffenden personenbezogenen Daten". Es gibt auf Unionsebene inzwischen diverse Regelungen, die den Datenschutz betreffen, insbesondere die DS-GVO.

Mit einfachen Ge- und Verboten ist es angesichts der Dimension des Unrechts aber nicht getan, da es um die Ahndung schwerwiegender Rechtsverstöße geht, die das Grundvertrauen in die digitale Marktordnung sowie die Menschenrechte, wenn nicht gar die Menschenwürde, verletzen, und wegen der Überlegenheit des Wissens der Täter das Potenzial besitzen, die Demokratie zu bedrohen. Dies gilt insbesondere dann, wenn durch die Addition von Informationen Persönlichkeitsprofile erstellt werden können oder jedenfalls besondere personenbezogene Daten im Raume stehen, wie sie in Art. 9 Abs. 1 DS-GVO aufgezählt sind und deren Verarbeitung grundsätzlich untersagt ist, nämlich personenbezogene Daten, aus denen die rassische und ethnische Herkunft, politische Meinungen, religiöse oder weltanschauliche Überzeugungen oder die Gewerkschaftszugehörigkeit hervorgehen. Gerade solche Daten wurden im Cambridge Analytica-Fall verarbeitet. Auf dieses spezifische Unrecht muss auch das Strafrecht eine spezifische Antwort geben, auch wenn es dabei natürlich nicht den Anfang bilden sollte.

---

33 *Jimenez/Oleson* (Fn. 7), S. 989.
34 *Naucke* (Fn. 27), S. 4.

IV. Das geltende deutsche Datenstrafrecht

Fälle wie Cambridge Analytica können bereits nach geltendem deutschem Strafrecht geahndet werden. Hier steht zuvorderst § 42 BDSG im Fokus.[35] Nach § 42 Abs. 2 BDSG ist es strafbar, nicht allgemein zugängliche personenbezogene Daten ohne Berechtigung zu verarbeiten oder durch unrichtige Abgaben zu erschleichen. Beides war hier der Fall, da selbst die Nutzerinnen und Nutzer, die freiwillig an der Umfrage teilnahmen, zuvor darüber getäuscht wurden, dass Daten erhoben wurden, die Rückschlüsse auf ihre Person erlaubten, und zudem Daten ihrer Freundinnen und Freunde gesammelt wurden, die ohnehin gar keine Zustimmung gegeben hatten.

Der Tatbestand ist in verschiedener Hinsicht sehr problematisch und möglicherweise nicht geeignet, die Dimension des in Frage stehenden Unrechts abzubilden, auch wenn er in seinem Abs. 1 immerhin eine qualifizierte Strafe für Fälle enthält, in denen Daten einer großen Anzahl von Menschen ohne Berechtigung übermittelt oder zugänglich gemacht werden. Da ist zum einen seine Weite im Tatobjekt, das personenbezogene Daten jeder Art umfasst und nicht auf sensible Daten im Sinne des Art. 9 Abs. 1 DS-GVO beschränkt ist.[36] Zum anderen birgt das Merkmal „ohne Berechtigung" ein hohes Unsicherheitspotenzial im Hinblick auf das Einsammeln von Daten durch Tech-Konzerne. Es zielt insbesondere auf eine datenschutzrechtliche Interessenabwägung sowie auf die datenschutzrechtliche Einwilligung i.S.d. Art. 6 DS-GVO ab.[37] Neben diesem Tatbestandsausschluss[38] dürfte zudem Raum für die allgemeine strafrechtliche Einwilligung sein, da ein nach europäischem Datenschutzrecht unzulässiger Vorgang nicht nach deutschem Recht strafbar sein muss. Hier ist nicht der Platz, ausführliche Überlegungen dazu anzustellen.[39] Einige kurze Anmerkungen seien jedoch gestattet.

So mag man die Frage aufwerfen, ob es dem Einzelnen möglich sein darf, so weitreichende Eingriffe in sein Persönlichkeitsrecht zu gestatten,

---

35 S. dazu ausführlich den Beitrag von *Dominik Brodowski* in diesem Band.
36 *Ehmann*, in: Gola/Heckmann, DS-GVO, BDSG, § 42 BDSG Rn. 9; *Werkmeister* (Fn. 5), S. 581.
37 *Brodowski/Nowak*, in: BeckOK Datenschutzrecht, § 42 BDSG, 43. Edition, Stand: 1.2.2023, Rn. 38 ff.
38 *Brodowski/Nowak*, in: BeckOK Datenschutzrecht, § 42 BDSG, 43. Edition, Stand: 1.2.2023, Rn. 35.1.
39 Insofern verweise ich wiederum auf den Beitrag von *Dominik Brodowski* in diesem Band.

dass er zum gläsernen Menschen wird und der Kern seiner Persönlichkeit, seine Menschenwürde, betroffen ist.[40] Meines Erachtens müssen wir das hier aber nicht vertiefen, denn das Problem der Datensammlung in den sozialen Netzwerken liegt insbesondere darin, dass eine solche Einwilligung eine vollständige Aufklärung über den Umfang der Datenerhebung und -verarbeitung voraussetzen würde und sich auf alle datenverarbeitenden Akteure beziehen müsste. Der Fall Cambridge Analytica hat zudem ein Licht darauf geworfen, dass Personen betroffen sein können, die gar nicht eingewilligt haben. Die Person, die in die Erhebung und Verarbeitung ihrer Daten einwilligen soll, muss vollständig darüber aufgeklärt sein, welche Daten erhoben werden sollen und was mit diesen Daten geschehen soll. Viele Menschen stimmen der Datenerhebung scheinbar zu, wissen sie aber überhaupt, worin sie einwilligen? Wenn das wahre Ziel der Unternehmen nicht in der Ermöglichung bestimmter Dienste, sondern im Sammeln und Verwerten von Daten liegt, so mag es häufig an der notwendigen Transparenz fehlen. Gar nicht wirksam ist die Einwilligung, wenn sie, wie im Fall Cambridge Analytica, durch eine Täuschung erlangt wurde. Zu überlegen ist auch, ob ein ausreichendes Wahlrecht der Kundinnen und Kunden angenommen werden kann, wenn ohne Einwilligung ein notwendiger Service gar nicht genutzt werden kann. Auch in solchen Fällen kann eine Einwilligung mit Willensmängeln behaftet sein.[41]

V. Auf dem Weg zu einer neuen Datenwirtschaftsstraftat?

Wenden wir uns zum Abschluss nun aber der Frage zu, wie ein Straftatbestand, der das spezifische Unrecht einer solchen politischen Datenwirtschaftsstraftat zum Ausdruck bringt, aussehen könnte, der Frage also, die den Background der heutigen Tagung bildet.[42]

---

40 An einem dispositiven Rechtsgut würde es dann fehlen, wenn dem durch eine entsprechende Strafnorm zu schützenden Rechtsgut ein kollektiver Charakter beigemessen wird.
41 S. nur Art. 7 Abs. 4 DS-GVO, worin ein allgemeines Koppelungsverbot normiert ist, falls die Datenverarbeitung zur Vertragserfüllung nicht erforderlich ist; vgl. dazu *Stemmer*, in: BeckOK Datenschutzrecht, Art. 7 DS-GVO Rn. 42 ff.; ferner bereits *Werkmeister* (Fn. 5), S. 580.
42 S. bereits *Werkmeister* (Fn. 5), S. 576 ff.

1. Welchen Inhalt müsste eine Straftat nach deutschem Recht haben, die das gesteigerte Unrecht abbildet?

Die Informationswirtschaft muss rechtlich eingehegt werden, denn auch bei dieser darf es sich nicht um rechtlich ungebundene Macht handeln. Und dies kann ultimativ eben auch bedeuten, das Strafrecht als Mechanismus der rechtlichen Zähmung eines informationsgierigen Unternehmens einzusetzen. Anders als dies in § 42 BDSG der Fall ist, bietet es sich an, einen qualitativen Blick auf die Daten zu richten, die es zu schützen gilt. Hier kann einerseits der bereits genannte Art. 9 Abs. 1 DS-GVO einen Anhaltspunkt bieten, der, wie ausgeführt, die Verarbeitung von personenbezogenen Daten, aus denen die rassische und ethnische Herkunft, politische Meinungen, religiöse oder weltanschauliche Überzeugungen oder die Gewerkschaftszugehörigkeit hervorgehen, generell verbietet. Andererseits stellt die systematische Kumulation von Informationen zu einem Persönlichkeitsprofil einen bestimmten Unwert dar, was auf dieser Tagung ja auch schon thematisiert wurde.[43] In einem solchen Fall ist die Menschenwürde tangiert.[44] Also ließen sich immerhin die Verwendung besonders sensibler Daten sowie die Kumulation zu einem Persönlichkeitsprofil als gravierende und spezielle Datenstraftaten ansehen. Im Vergleich dazu ist § 42 BDSG viel zu weit und unspezifisch. Aus der Sicht des Wirtschaftsstrafrechts könnte eine solche Norm dann nicht nur dem Schutz des Einzelnen dienen, sondern darauf gerichtet sein, das Vertrauen der Nutzergemeinschaft in die Einhaltung menschenrechtlicher Minimalstandards im Markt zu sichern.[45] Diese Forderung würde nicht unbedingt eine Erweiterung des Strafrechts beinhalten, sondern vielmehr auf eine Fokussierung auf den wesentlichen Unrechtskern abzielen, was mit einer Neuausrichtung des meines Erachtens zu weit gehenden und wenig überzeugenden Datenstrafrechts insgesamt einhergehen könnte.[46]

In diesem Sinne ist interessant, dass auch Art. 1 Abs. 1 der VO über digitale Dienste[47] es als Ziel ausgibt, „durch die Festlegung harmonisier-

---

43 S. den Beitrag von *Sebastian Golla* in diesem Band.
44 Vgl. auch BVerfGE 27, 1, 6; 65, 1, 53.
45 Zur kollektiven Unrechtsdimension *Werkmeister* (Fn. 5), S. 577 f.
46 Vgl. zur Kritik etwa an der Datenhehlerei *Reinbacher*, Daten- oder Informationshehlerei, GA 2018, S. 311.
47 Verordnung (EU) 2022/2065 des Europäischen Parlaments und des Rates v. 19. Oktober 2022 über einen Binnenmarkt für digitale Dienste und zur Änderung der Richtlinie 2000/31/EG (Gesetz über digitale Dienste), ABl. EU L 277/1 v. 27.10.2022.

ter Vorschriften für ein sicheres, berechenbares und vertrauenswürdiges Online-Umfeld, in dem Innovationen gefördert und die in der Charta verankerten Grundrechte [...] wirksam geschützt werden, einen Beitrag zum reibungslosen Funktionieren des Binnenmarkts für Vermittlungsdienste zu leisten". Im Hintergrund steht dabei aber auch der Schutz der Demokratie, wie der Fall Cambridge Analytica eindrucksvoll beleuchtet.

2. Sanktionen für Unternehmen oder persönliche Verantwortlichkeit?

Meines Erachtens ist es nicht ausreichend, Geldbußen für die Unternehmen zu verhängen, die in deren Berechnung der Gewinnspanne eingepreist werden können, denn es ist der Einzelne, der die bewusste Entscheidung trifft, in Ausübung seiner Tätigkeit für das Unternehmen bzw. unter Ausnutzung desselben, menschenrechtswidrig zu handeln.[48] Dafür muss er sich dann auch strafrechtlich verantworten. Versuche in die Richtung, Unternehmer dazu zu zwingen, menschenrechtskonform zu handeln, sehen wir gerade im Lieferkettensorgfaltspflichtengesetz,[49] das auch die internationalen Verzahnungen der Wirtschaft in Rechnung stellt. In diese Richtung geht auch das Gebot, menschenrechtliche Grundstandards in der Informationswirtschaft zu wahren, das dann auch strafbewehrt sein sollte.

3. Nationales oder internationales Strafrecht?

Dies führt mich zum letzten Punkt. Opfer der Datenverstöße der Tech-Konzerne finden sich auf der ganzen Welt, ebenso wie auch die Standorte der Täter. Die Wirtschaft wird immer globaler, immer grenzüberschreitender, immer vernetzter. Dies verlangt auch nach globalen Regelungen. Es ist folgerichtig, dass EU-Regelungen zur Einhegung des Informationskapitalismus getroffen werden. Aus ebendiesem Grunde sollte es im Interesse der Grund- und Menschenrechte der Einzelnen neben der Ahndung im nationalstaatlichen Strafrecht auch auf internationaler Ebene Regeln geben, die politische Datenwirtschaftsstraftaten adressieren. Es gibt erste Ideen,

---

[48] Dies ist schon eine Erkenntnis der Nürnberger Prozesse der Jahre 1947/1948; vgl. *Naucke* (Fn. 27), S. 13 ff.

[49] Gesetz über die unternehmerischen Sorgfaltspflichten in Lieferketten, BGBl. I 2021, 2959; vgl. zu den strafbewehrten Pflichten auch *Wittig* (Fn. 19), § 3 Rn. 36.

dass es sich hierbei um Fälle handeln könnte, die ultimativ sogar als Wirtschaftsvölkerstrafrecht[50] eingestuft werden könnten, weil sie alle Staaten angehen.[51]

Bohlander erwägt etwa ein Verbrechen gegen die Menschlichkeit durch das Sammeln und Verwerten der Daten.[52] Diese Überlegungen sind zwar interessant, weil systematische Angriffe auf die Menschenrechte vieler Personen im Raume stehen und eine besondere Form der Macht auftritt. Allerdings haben wir es bei Fällen wie Cambridge Analytica nicht mit der Beteiligung von Wirtschaftsunternehmen an den kriminellen Machenschaften eines Unrechtsstaates zu tun, sondern mit gezielten Angriffen auf Menschenrechte durch Einzelpersonen. Insofern besteht ein Unterschied zu Datenstraftaten, die durch staatliche Organisationen, etwa Geheimdienste, begangen oder initiiert werden.

Der erste und richtige Schritt wäre eine internationale Ächtung der genannten Praktiken durch völkerrechtliche Verträge. Da es sich um ein Problem international operierender Unternehmen in einer international verzahnten Wirtschaft handelt, müssen gemeinsame internationale Standards geschaffen werden. Die Cybercrime Convention[53] ist ein gutes Beispiel für einen solchen gemeinsamen Mindeststandard inklusive Pönalisierungspflicht. Diese Konvention des Europarates wurde von 68 Staaten unterzeichnet.[54] Sie bezieht sich auf Kriminelle, die von außen auf ein System und dessen Daten zugreifen, nicht aber auf ein System, das selbst auf diesen Zugriff ausgelegt ist. Insofern erscheint mir ein vergleichbares Abkommen angezeigt, das den Angriff auf Menschrechte durch das systematische Sammeln von Daten in einem Computersystem bzw. durch den Betreiber eines Computersystems selbst zum Gegenstand hat.

---

50 Zum „Wirtschaftsvölkerstrafrecht" vgl. *Ambos*, Wirtschaftsvölkerstrafrecht, 2018; *Jeßberger*, Die I.G. Farben vor Gericht, JZ 2009, S. 924, 931 f.; *Jeßberger/Kaleck/Singelnstein* (Hrsg.), Wirtschaftsvölkerstrafrecht, 2015; *Wittig* (Fn. 19), § 3 Rn. 35 f.
51 *Bohlander*, "The Global Panopticon": Mass Surveillance and Data Privacy Intrusion as a Crime against Humanity?, in Böse/Bohlander/Klip/Lagodny (Hrsg.), Justice Without Borders, 2018, S. 73; *Jimenez/Oleson* (Fn. 7), S. 1013 ff.
52 *Bohlander* (Fn. 51), S. 89 ff.
53 Convention on Cybercrime des Europarats v. 23.11.2001, ETS No. 185 (Budapest Convention).
54 S. www.coe.int/en/web/cybercrime/the-budapest-convention.

Brauchen wir ein Daten(wirtschafts)völkerstrafrecht zur Bekämpfung des Missbrauchs wirtschaftlicher Datenmacht? Ein Kommentar aus wirtschaftsstrafrechtlicher Sicht

Petra Wittig

I. Einleitung

Unser Strafrecht wird durch die Wirtschaft an seine Grenzen gebracht, wie *Ingeborg Zerbes*[1] in ihrer Auseinandersetzung mit den Perspektiven eines deutschen Wirtschaftsvölkerstrafrechts bereits 2014 zutreffend festgestellt hat.[2] Dies trifft in besonderem Maße auf eine globalisierte Wirtschaft zu, die nicht mehr nur national, sondern auch transnational agiert und damit auch die nationale Strafverfolgung im unternehmerischen Kontext begangener transnationaler Straftaten erschwert. Im Zentrum des wissenschaftlichen Interesses stand zunächst, angestoßen durch die Schrift von *Wolfgang Naucke* über den „Begriff der politischen Wirtschaftsstraftat – Eine Annäherung" von 2012,[3] die Kriminalität von Verantwortungsträger*innen im Zusammenhang mit transnationaler wirtschaftlicher Aktivität von Unternehmen in menschenrechtlich prekären Situationen, etwa in Lieferketten.[4] „The Crimes of Digital Capitalism",[5] zu denen der Fall Facebook – Cam-

---

1 *Zerbes*, Globales Wirtschaftshandeln als Gegenstand des Straf- und Strafverfahrensrechts: Eine Bestandsaufnahme, in Jeßberger/Kaleck/Singelnstein (Hrsg.), Wirtschaftsvölkerstrafrecht, 2015, S. 205.
2 Vgl. auch *Wittig*, Zu Legitimation und Grenzen eines rechtsstaatlichen Wirtschaftsvölkerstrafrechts, in Jeßberger/Kaleck/Singelnstein (Hrsg.), Wirtschaftsvölkerstrafrecht, 2015, S. 241.
3 Krit. hierzu z.B. *Kubiciel*, Die Finanzmarktkrise zwischen Wirtschaftsstrafrecht und politischem Strafrecht, ZIS 2013, S. 53 ff.; *Bung*, Nauckes Narrative – Politisches Wirtschaftsstrafrecht statt Wirtschaftsvölkerstrafrecht?, in Jeßberger/Kaleck/Singelnstein (Hrsg.), Wirtschaftsvölkerstrafrecht, 2015, S. 129 ff.
4 Vgl. die Beiträge in dem Sammelband Jeßberger/Kaleck/Singelnstein (Hrsg.), Wirtschaftsvölkerstrafrecht, 2015. Vgl. ferner die Beiträge von *Oehm*, *Wittig* sowie *Müller-Hoff* in dem Sammelband Krajewski/Oehm/Saage-Maaß (Hrsg.), Zivil- und strafrechtliche Unternehmensverantwortung für Menschenrechtsverletzungen, 2018 sowie die monographische Untersuchung von *Ambos*, Wirtschaftsvölkerstrafrecht – Grundlagen der völkerstrafrechtlichen Verantwortlichkeit von Unternehmen, 2018.

bridge Analytica zu zählen ist, scheinen die Analyse von *Naucke* zu bestätigen, dass es eine neue Dimension der politischen Wirtschaftskriminalität gibt: Es geht um eine „new and influential form of corporate power: data power",[6] somit um eine neue und einflussreiche Form des Missbrauchs unternehmerischer Macht, nämlich den Missbrauch digitaler Wirtschaftsmacht oder wirtschaftlicher Datenmacht.

Insofern ist es folgerichtig, wenn nun unter neuem Vorzeichen die Diskussion um ein (politisches) Wirtschaftsvölkerstrafrecht als Reaktion auf besonders schwere Fälle des Missbrauchs wirtschaftlicher Datenmacht in einem transnationalen Kontext wieder auflebt. Auch im Kontext von Datenschutzstraftaten geht es dann um den entgrenzten Einsatz des Wirtschaftsstrafrechts als Instrument des Menschenrechtsschutzes. Ich teile uneingeschränkt den Ausgangspunkt dieses Symposiums, dass das Strafrecht sich den neuen Herausforderungen durch Globalisierung und Digitalisierung, zu denen auch der Missbrauch wirtschaftlicher Datenmacht und die damit einhergehende Überwältigung der Freiheit des Einzelnen zu zählen sind, stellen muss. Nicht das Ob ist die Frage, sondern das Wie.

II. Die Perspektive des Wirtschaftsstrafrechts

Das Wirtschaftsstrafrecht, aus dessen Perspektive der nachstehende Beitrag verfasst ist, ist wie kaum ein anderes Teilgebiet des Strafrechts den sich stetig wandelnden Einflüssen der Technisierung, Digitalisierung, Europäisierung und Globalisierung ausgesetzt.[7] Als Strafrecht eines bestimmten Lebensbereichs[8] weist es denn auch expansive Tendenzen einer Sonderdogmatik auf, auch wenn es sich um kein Sonderstrafrecht, sondern letztlich um Feinjustierungen des geltenden Strafrechts sowohl im Allgemeinen als auch im Besonderen Teil des Strafrechts handelt.[9] Dabei muss auch das

---

5 So der gleichnamige Aufsatz von *Jimenez/Oleson*, The Crimes of Digital Capitalism, Mitchell Hamline Law Review 48 (2022), S. 971.
6 *Jimenez/Oleson* (Fn. 5), S. 991.
7 *Wittig*, Wirtschaftsstrafrecht, 6. Aufl. 2023, § 1 Rn. 4.
8 *Roxin/Greco*, Strafrecht Allgemeiner Teil I, 5. Aufl. 2020, § 13 Rn. 13 f.
9 *Wittig* (Fn. 2), S. 241. Vgl. ferner *Wittig* (Fn. 7), § 1 Rn. 5 („Innerhalb der Strafrechtsdogmatik hat das Wirtschaftsstrafrecht eine gewisse Sonderdogmatik erlangt"); *Wittig*, in Graf/Jäger/Wittig (Hrsg.), Wirtschafts- und Steuerstrafrecht, Band 1, 3. Aufl. 2024, Einf. Rn. 83 („Auch lassen sich in einzelnen Teilbereichen der Dogmatik des Allgemeinen Teils bestimmte Besonderheiten [...] identifizieren, die zumindest in Richtung einer Sonderdogmatik des Wirtschaftsstrafrechts weisen.").

moderne Wirtschaftsstrafrecht den allgemeinen Legitimationsanforderungen an ein liberales und rechtsstaatliches Strafrecht genügen, wozu unter anderem der Rechtsgüterschutz[10] und die Subsidiarität des Strafrechts[11] gegenüber anderen Rechtsgebieten gehören. Im Folgenden möchte ich einige Punkte aufzeigen, die aus dieser Perspektive gerade auch im Hinblick auf die Forderung nach einem (politischen) Datenwirtschaftsvölkerstrafrecht zur Bekämpfung besonders schwerwiegender Fälle wirtschaftlicher Datenmacht[12] diskussionswürdig erscheinen.

III. Das Datenschutzsanktionenrecht

Brodowski zeigt in seinem Beitrag zum Status quo des Datenschutzstrafrechts[13] auf, dass § 42 BDSG, die immer noch zentrale datenschutzrechtliche Strafvorschrift, in der Praxis nahezu bedeutungslos ist und auch die Länderdatenschutzgesetze ein unzureichendes Schutzniveau aufweisen. Das europäische Datenschutzsanktionenrecht nach der DSGVO als „Quasi-Strafrecht" erlaubt zwar repressive Sanktionen von einer erheblichen Schwere, leidet aber nach *Brodowski* unter der Disparität der Rechtsdurchsetzung, der fehlenden Aufarbeitung zentraler dogmatischer Fragestellungen sowie einer fehlenden Fokussierung auf schwere Rechtsverletzungen.[14] Der Beitrag von *Reinbacher*[15] zeigt etwa am Fall Cambridge Analytica und Co., dass auch massive und scheinbare klare Fälle des Missbrauchs wirtschaftlicher Datenmacht gelegentlich schwer unter einen Ordnungswidrigkeiten- bzw. Straftatbestand zu subsumieren sind. Zudem wird das Datenschutzsanktionenrecht oft eher als kleinteilig und überbürokratisch empfunden, was den hier thematisierten Konstellationen des systematischen und schweren Datenmissbrauchs durch Wirtschaftsunternehmen (gerade in einem politischen Kontext) in keiner Weise gerecht wird.

---

10 Zur Lehre vom Rechtsgüterschutz vgl. eingehend *Joecks/Erb* in Münchener Kommentar zum StGB, 5. Aufl. 2024, Einl. Rn. 32 ff. m.w.N.
11 Zur Subsidiarität des Strafrechts vgl. eingehend *Neumann/Saliger* in Kindhäuser/Neumann/Paeffgen/Saliger (Hrsg.), Strafgesetzbuch, 6. Aufl. 2023, Vorb. § 1 StGB Rn. 72 m.w.N.
12 Die Konstellationen des Missbrauchs staatlicher Datenmacht bleiben hier außen vor.
13 *Brodowski* in diesem Band, S. 64 ff. Vgl. auch BeckOK DatenschutzR/*Brodowski/Nowak* BDSG § 42 Rn. 9.
14 *Brodowski* in diesem Band, S. 70 ff.
15 *Reinbacher* in diesem Band, S. 155 ff.

Das Datenschutzsanktionenrecht des BDSG und der DSGVO[16] fristet auch im strafrechtlichen wissenschaftlichen Diskurs eher ein „Schattendasein".[17] Das Vorgesagte gilt in noch stärkerem Maße für den wissenschaftlichen Diskurs im Wirtschaftsstrafrecht. In den gängigen wirtschaftsstrafrechtlichen Lehrbüchern und Kommentaren findet sich wenig oder gar nichts zum Datenschutzstrafrecht, wenn etwas ausführlicher, dann häufig im Zusammenhang mit dem Arbeitnehmerdatenschutzrecht oder mit Criminal Compliance.[18]

IV. Datenschutzstrafrecht als Wirtschaftsstrafrecht

Da der vorliegende Beitrag eine wirtschaftsstrafrechtliche Sicht in die Diskussion um ein Datenwirtschaftsvölkerstrafrecht einbringen soll, stellt sich vorab die Frage, ob das Datenschutzstrafrecht überhaupt zum Wirtschaftsstrafrecht gehört und die hier thematisierten Taten als (politische) Wirtschaftsstraftaten einzuordnen sind. *Reinbacher* bejaht dies und überschreibt seinen Beitrag denn auch mit „Cambridge Analytica als Beispiel einer politischen Wirtschaftsstraftat".[19]

Damit knüpft auch er explizit an die von *Naucke*[20] angestoßene Diskussion um die Notwendigkeit eines politischen Wirtschaftsvölkerstrafrechts bei einem defizitären Zustand des positiven nationalen Wirtschaftsstrafrechts an. Deshalb bietet es sich zunächst einmal an, an *Nauckes* Definitionen einer (politischen) Wirtschaftsstraftat anzuknüpfen. Dieser beschreibt politische Wirtschaftsstraftaten zunächst als solche, „deren Strafwürdigkeit in der Vernichtung der Lebensgrundlage vieler Bürger als Folge zu verantwortender wirtschaftlicher Entscheidungen" liegt,[21] später „als jene Wirtschaftsstraftat, die zerstörend auf die politische Freiheit und auf die freiheitsschützenden rechtlichen Institutionen wirkt".[22] Erachtet man den letzten Gedan-

---

16 Zum neuen Datenschutzrecht z.B. *Ihwas*, Das neue Datenschutzstrafrecht – Bußgeldrisiken für Unternehmen nach der DSGVO und Strafbarkeitsrisiken für Individualpersonen nach dem BDSG, NZWiSt 2021, S. 289; *Wytibul/Klaas*, § 42 BDSG: Neue strafrechtliche Risiken für Unternehmen und Leitungspersonen, NZWiSt 2021, S. 216.
17 *Ihwas* (Fn. 16), S. 293.
18 Wabnitz/Janovsky/Schmitt/*Knieriem*, Handbuch Wirtschafts- und Steuerstrafrecht, 5. Aufl. 2020, Rn. 150 ff.
19 *Reinbacher* in diesem Band, S. 155 ff.
20 *Naucke*, Der Begriff der politischen Wirtschaftsstraftat – Eine Annäherung, 2012.
21 *Naucke* (Fn. 20), S. 1.
22 *Naucke* (Fn. 20), S. 4.

Legitimation eines Daten(wirtschafts)völkerstrafrechts?

ken, der Überwältigung der Freiheit des Einzelnen durch eine (wirtschaftliche) Macht als strafwürdiges Unrecht für maßgeblich, dann lassen sich ohne weiteres bestimmte Datenschutzstraftaten („digital crimes") wie z.b. der Fall Facebook – Cambridge Analytica als Teil eines auch politischen Wirtschaftsstrafrechts, somit *Naucke* als Teil eines politischen Datenwirtschaftsstrafrechts begreifen.

Wenn eine Wirtschafsstraftat, so *Naucke*, „jene Straftat [ist], die mithilfe einer Wirtschaftsorganisation Freiheit zerstört",[23] bedarf es an sich keiner weiteren Begründung, warum die hier in Frage stehenden gravierenden und die persönliche Freiheit des Einzelnen beeinträchtigenden Datenstraftaten dem Wirtschaftsstrafrecht zuzuordnen sind und auch ohne Politbezug dem politischen Wirtschaftsstrafrecht.

Reinbacher begnügt sich zu Recht bei der Einordnung als Wirtschaftsstraftaten jedoch nicht mit einem schlichten Verweis auf *Naucke*, sondern versucht aufzuzeigen, dass auch anhand gängiger Zuordnungskriterien die hier in Frage stehenden Straftaten Wirtschaftsstraftaten sind.[24] *Reinbacher* verweist hierfür auf die großen vor allem immateriellen Schäden[25] und die Einordnung solcher Taten als „White Collar Crime" bzw. „Corporate Crime",[26] als insbesondere in der kriminologischen Literatur genannte Kriterien der Zuordnung eines Verhaltens zur Wirtschaftskriminalität.[27] Strafrechtsdogmatisch bezieht er sich auf *Otto* und *Tiedemann*,[28] die die Kategorien des Vertrauensmissbrauchs bzw. des Schutzes überindividueller

---

23 *Naucke* (Fn. 20), S. 4.
24 *Reinbacher* in diesem Band, S. 159 f.
25 Zu solchen schadensbezogenen Ansätzen zur Definition der Wirtschaftskriminalität s. z.B. *Wittig* (Fn. 7), § 2 Rn. 16 ff. m.w.N.
26 Zu diesen täterbezogenen bzw. unternehmensbezogenen Definitionen der Wirtschaftskriminalität s. z.B. *Wittig* (Fn. 7), § 2 Rn. 7 ff. m.w.N.
27 Bei der Anknüpfung an kriminologische Zuordnungskriterien wie Schadenshöhe, Tätertyp und Unternehmensbezogenheit ist allerdings fraglich, ob diese kriminologische Zuordnung für das Strafrecht maßgeblich sein kann, etwa weil das moderne Strafrecht an die Tat und nicht den Täter anknüpft oder weil sie nicht trennscharf und/oder umfassend genug ist. Zudem ist die Kriminologie anders als das Strafrecht eine empirische Wissenschaft, was aber nicht ausschließt, dass empirische Erkenntnisse Eingang finden in das Strafrecht als Normwissenschaft. Dies kann hier nicht weiter vertieft werden.
28 *Otto*, Konzeption und Grundsätze des Wirtschaftsstrafrechts (einschließlich Verbraucherschutz) – Dogmatischer Teil I, ZStW 96 (1984), S. 339, 343; *Tiedemann*, Wirtschaftsstrafrecht, 5. Aufl. 2017, § 1 Rn. 81.

Rechtsgüter (Kollektivrechtsgüter)[29] als Besonderheit des Wirtschaftsstrafrechts ansehen und damit an originär strafrechtliche Kriterien wie insbesondere den Rechtsgüterschutz als Legitimationskriterium anknüpfen:

> „Die Verletzung des allgemeinen Vertrauens in die Wirtschaftsordnung macht das Wesen der Wirtschaftskriminalität aus. In unserem Fall geht es um eine Verletzung des Vertrauens in eine grund- und menschenrechtskonforme Marktwirtschaft. Der Einzelne muss zumindest darauf vertrauen können, dass gewisse Grundbedingungen im Markt eingehalten werden."[30]

Auch *Werkmeister* rekurriert wie *Reinbacher* in seinem Beitrag „Erste Überlegungen zum Begriff der ‚politischen Datenwirtschaftsstraftat'" zunächst auf den Gedanken des Vertrauensmissbrauchs.[31] *Werkmeister* geht es jedoch nicht um individuelles interpersonales Vertrauen, sondern um „abstraktes Vertrauen im Sinne eines ‚Systemvertrauens'".[32] Gleichzeitig bejaht er eine „kollektive Unrechtsdimension", die er wiederum im Anschluss unter anderem an *Tiedemann*[33] für das Wirtschaftsstrafrecht für kennzeichnend hält. Diese Annahme ist auf – nach meinem Dafürhalten berechtigte – Kritik gestoßen, insbesondere soweit es nicht nur um die begrifflich deskriptive Ebene und um die Zuordnung zum Wirtschaftsstrafrecht geht, sondern auch um die normative Ebene der Legitimation von Straftatbeständen.[34]

---

29 Diese Kategorien spielen auch in der kriminologischen Diskussion eine Rolle, vgl. z.B. die Definition von *Schwind*: „Wirtschaftskriminalität als „die Gesamtheit der Straftaten (und Ordnungswidrigkeiten), die [...] bei wirtschaftlicher Betätigung unter Missbrauch des im Wirtschaftsleben nötigen Vertrauens [...] begangen werden und über eine individuelle Schädigung hinaus Belange der Allgemeinheit berühren" (*Schwind*, Kriminologie, 24. Aufl. 2021, § 21 Rn. 17 m.w.N.). Das Bundeslagebild Wirtschaftskriminalität legt folgende kriminologische Definition zugrunde, die die vorgenannten Kriterien kombiniert: Es handele sich „bei Wirtschaftskriminalität um die vertrauensmissbrauchende Begehung von Straftaten im Rahmen einer tatsächlichen oder wirtschaftlichen Betätigung, die unter Gewinnstreben die Abläufe des Wirtschaftslebens ausnutzt und zu einer Vermögensgefährdung oder einem Vermögensverlust großen Ausmaßes führt oder eine Vielzahl von Personen oder die Allgemeinheit schädigt", vgl. www.bka.de/DE/AktuelleInformationen/StatistikenLagebilder/Lagebilder/Wirtschaftskriminalitaet/wirtschaftskriminalitaet_node.html.
30 *Reinbacher* in diesem Band, S.160.
31 *Werkmeister*, Erste Überlegungen zur politischen Datenwirtschaftsstraftat, GA 2021, S. 570, 578.
32 *Otto* (Fn. 28), S. 343.
33 *Tiedemann* (Fn. 28), Rn. 81 m.w.N.
34 Krit. hierzu z.B. *Roxin/Greco* (Fn. 8), § 2 Rn. 78.

Meiner Meinung nach ist für eine Wirtschaftsstraftat eine kollektive Unrechtsdimension ebenso wenig konstitutiv wie die Verletzung von Vertrauen, sei es interpersonales Vertrauen, sei es Systemvertrauen.[35] Die Untreue gem. § 266 StGB z.B. ist unbestritten eine Wirtschaftsstraftat, sie schützt nach h.M.[36] ausschließlich das Vermögen als individuelles Rechtsgut, entbehrt also im Grundtatbestand einer kollektiven Unrechtsdimension. Geschützt wird durch § 266 StGB auch nicht etwa das Vertrauen des Vermögensinhabers in die Integrität des Vermögensbetreuungspflichtigen oder das abstrakte Vertrauen in das Funktionieren der Wirtschaftsordnung oder einzelner ihrer Institutionen oder in die soziale Marktwirtschaft bzw. in die diese konstituierenden Prinzipien.

Dennoch: Die Zuordnung des Datenschutzstrafrechts zum Wirtschaftsstrafrecht, jedenfalls soweit es um Datenschutzstrafrecht im Kontext unternehmerischer Tätigkeit und um Datenmissbrauch zu wirtschaftlichen Zwecken geht, lässt sich sicherlich mit guten Argumenten vertreten. Auch der Betrug ist z.B. nicht stets eine Wirtschaftsstraftat, aber doch in vielen Konstellationen.[37] Letztlich aber ist diese Klassifizierung auf der deskriptiven Ebene nicht wirklich entscheidend: Es geht hier vielmehr um die normative Frage, ob es für besonders schwere Formen des wirtschaftlichen Datenmissbrauchs über das nationale Datenschutzstrafrecht hinaus ein Datenwirtschaftsvölkerstrafrecht braucht und ob ein solches rechtsstaatlich legitimierbar ist.

V. Weiterentwicklung des nationalen Datenschutzstrafrechts

Das Datenschutzstrafrecht soll, so die zu diskutierende These, aus seinem Schattendasein geholt und in bestimmten gravierenden Fällen des wirtschaftlichen Datenmissbrauchs Teil eines Datenwirtschaftsvölkerstrafrechts für bestimmte gravierende („politische") Datenschutzverletzungen werden, um machtnegierend persönliche Freiheit zu bewahren.

Naucke fordert, wie bereits ausgeführt, ein solches politisches Wirtschaftsvölkerstrafrecht in Fortschreibung der Nürnberger Prinzipien für

---

35 So bereits *Wittig* (Fn. 7), § 3 Rn. 30 u. 35.
36 Vgl. nur BVerfGE 126, 170, 200; nach *Naucke* (Fn. 20), S. 55, greift dies aber zu kurz, er hält § 266 StGB (interpretiert als politische Untreue) für fähig, „die gesetzliche fehlende Regelung der politischen Wirtschaftsstraftat zu vertreten".
37 Vgl. *Wittig* (Fn. 7), § 14 Rn. 1.

bestimmte transnationale wirtschaftsstrafrechtliche Kernverbrechen, den sog. core crimes, wenn das nationale Wirtschaftsstrafrecht und das Wirtschaftsvölkerstrafrecht versagen.[38]

Dass das deutsche Datenschutzstrafrecht defizitär ist, gerade soweit es um schwere Datenschutzverletzungen durch wirtschaftliche Akteure geht, lässt sich wie bereits angesprochen nicht leugnen. *Kubiciel/Großmann* bezeichnen in einem Aufsatz zum sog. Doxing (also dem „unerlaubten Veröffentlichen personenbezogener Daten im Internet") das geltende Recht als

„eklektizistisch, mitunter sogar widersprüchlich".[39]

Es bestehe noch „nicht einmal Klarheit über Sinn und Zweck des (strafrechtlichen) Datenschutzes".[40] Beim Datenschutzstrafrecht handele sich um

„ein Produkt einer reaktiven Gesetzgebung. Als solche ist sie einzelnen Kriminalitätsphänomenen nachgeeilt, anstatt nach dem Grund der Schutzwürdigkeit von Daten und personenbezogenen Informationen zu fragen und auf dieser Basis ein Set stringenter Vorschriften zu entwickeln".[41]

Insofern lässt sich fragen, ob es wirklich eines (entgrenzten) Datenwirtschaftsvölkerstrafrechts bedarf, um den defizitären Zustand des nationalen rechtsstaatlich begrenzten Datenschutzstrafrechts angesichts der aktuellen Herausforderungen zu beheben. Dass hier das Strafrecht zumindest im weiteren Sinne gefragt ist, darin stimme ich mit *Reinbacher* überein. Ich halte es aber für vorzugswürdig, zunächst einmal das nationale und ohnehin europäisch überformte Datenschutzstrafrecht stringent und eingehegt durch rechtsstaatliche Garantien konsequent anzuwenden und, falls erforderlich, so weiterzuentwickeln, dass auch schwere Fälle des Missbrauchs von wirtschaftlicher Datenmacht bestraft oder zumindest als Ordnungswidrigkeit geahndet werden können. Vorschläge liegen auf dem Tisch: Zu denken wäre z.B. an eine Überführung in das Kernstrafrecht, ein entsprechender Gesetzesentwurf[42] wurde allerdings vom Bundestag abgelehnt.[43] Gerade in Bezug auf die Erstellung von Persönlichkeitsprofilen liegen be-

---

38 *Naucke* (Fn. 20).
39 *Kubiciel/Großmann*, Doxing als Testfall für das Datenschutzstrafrecht, NJW 2019, S. 1050, 1051.
40 *Kubiciel/Großmann* (Fn. 39), S. 1051.
41 *Kubiciel/Großmann* (Fn. 39), S. 1051.
42 BT-Drs. 19/28777.
43 BT-Prot. 19/236, 30754.

reits Vorschläge vor, etwa bei der Strafbarkeit schon an das Risiko der Erstellung von Persönlichkeitsprofilen anzuknüpfen.[44] Auch die Frage einer Modifikation der Einwilligungs- bzw. Einverständnisdogmatik[45] wird im vorliegenden Kontext noch einmal neu zu beleuchten sein.[46] Und dass auch transnationale Datenschutzstraftaten erfasst sein sollten, lässt sich auch durch nationales Datenschutzstrafrecht bewerkstelligen.

VI. Legitimation eines Datenwirtschaftsvölkerstrafrechts?

Letztlich ist die Frage nach dem Grund und den Grenzen einer Kriminalisierung des Missbrauchs von wirtschaftlicher Datenmacht aufzuwerfen, denn selbst wenn das Datenschutzstrafrecht defizitär ist und bleibt, dürfen Effektivitätserwägungen allein nicht ausschlaggebend sein. Das ökonomische Prinzip der Effektivität ist sicherlich ein legitimes Ziel strafrechtlicher Gesetzgebung, steht aber in Konkurrenz zu den anderen Zielvorgaben eines rechtsstaatlich gebundenen Strafrechts.

Hinter der Forderung *Nauckes* steht der Gedanke, dass ein freiheitliches Strafrecht die Freiheit des Einzelnen nicht nur gegen staatliche, sondern auch gegen wirtschaftliche Macht schützen muss.[47]

„Die Überwältigung des Einzelnen durch wirtschaftliche Macht bleibt der Kern der politischen Wirtschaftsstraftat."[48]

Aber auch ein „liberales Strafrecht der Machtverneinung"[49] im Sinne von *Naucke* bedarf der rechtsstaatlichen Legitimation, sonst handelt es sich um Ausübung politischer Macht zur Bekämpfung wirtschaftlicher Macht. Machtverneinung allein, so *Werkmeister* zutreffend, legitimiert Strafrecht nicht, es bedarf eines Gutes, das es legitimiert, diesen Machtmissbrauch

---

44 *Golla*, Die Straf- und Bußgeldtatbestände der Datenschutzgesetze, 2015, S. 86 ff. Der EUGH, Urt. v. 20.6.2024, C-590/22, hat in einer neuen Entscheidung ausgeführt, dass schon die Befürchtung eines Missbrauchs personenbezogener Daten ein ersatzfähiger immaterieller Schaden i.S.d. Art. 82 DSGVO sein kann. Dies geht in eine ähnliche Richtung.
45 Zur herkömmlichen Unterscheidung zwischen tatbestandsausschließendem Einverständnis und rechtfertigender Einwilligung inkl. der dagegen vorgebrachten Kritik vgl. eingehend *Roxin/Greco* (Fn. 8), § 13 Rn. 2 ff.
46 *Brodowski* in diesem Band, S. 77 f.
47 So zutreffend *Roxin/Greco* (Fn. 8), § 2 Rn. 73.
48 *Naucke* (Fn. 20), S. 36.
49 *Werkmeister* (Fn. 31), S. 577.

nicht nur politisch zu missbilligen, sondern auch den Inhaber von Macht für diesen Missbrauch zu bestrafen.[50]

In der Tradition des klassischen liberalen Strafrechts ist Rechtsgüterschutz das spezifische und maßgebliche Legitimationsprinzip des Strafrechts.[51] Ist nun ein Vertrauen der Nutzer*innen digitaler Plattformen „in die Einhaltung menschenrechtlicher Minimalia hinsichtlich des Umgangs mit Nutzerdaten"[52] ein Rechtsgut, das eine Bestrafung der Verantwortungsträger*innen digitaler Plattformen zu legitimieren vermag?[53]

Das erscheint zweifelhaft: Es ist zunächst fraglich, ob Vertrauensrechtsgüter (seien sie marktbejahend oder marktkritisch) überhaupt geeignet sind, Strafrecht zu legitimieren.[54] Ohne dass ich das an dieser Stelle vertiefen kann, müsste jedenfalls der „schillernde Begriff des Vertrauens"[55] konkretisiert werden. Es müsste geklärt werden, ob es sich um kontextbezogenes faktisches Vertrauen oder um normatives Vertrauen, um Systemvertrauen oder um interpersonales Vertrauen handeln soll. Geht es z. B. um faktisches Vertrauen, wäre empirisch zu ermitteln, ob und in welchem Umfang ein solches Vertrauen der Nutzer*innen in die Einhaltung menschenrechtlicher Minimalstandards bei digitalen Plattformen tatsächlich in der Bevölkerung existiert.

Schon wegen der Konturenlosigkeit des Begriffs des Vertrauens sollte vorrangig darüber nachgedacht werden, ob nicht Taten im Datenraum anerkannte Individual- oder Kollektivrechtsgüter verletzen. Dies könnten z.B. nach dem wirtschaftlichen Vermögensbegriff Vermögensinteressen sein, etwa wenn ohne Einwilligung Persönlichkeitsprofile erstellt und kommerziell verwertet werden. Auch ist es nicht fernliegend, dass bestimmte Verhaltensweisen großer digitaler Plattformen möglicherweise den Wettbewerb, ein anerkanntes Kollektivrechtsgut des Wirtschafsstrafrechts,[56] verletzen. Und auch die informationelle Selbstbestimmung[57] erscheint mir durchaus im

---

50 *Werkmeister* (Fn. 31), S. 577. Auch *Werkmeister* stellt deshalb Überlegungen zum Rechtsgutskonzept der „politischen Wirtschaftsstraftat" an.
51 Krit. *Frisch*, Voraussetzungen und Grenzen staatlichen Strafens, NStZ 2016, S. 16.
52 *Werkmeister* (Fn. 31), S. 578.
53 Kritisch zu dem Konzept der Vertrauensrechtsgüter z.B. *Beckemper*, Das Rechtsgut „Vertrauen in die Funktionsfähigkeit der Märkte", ZIS 2011, S. 318.
54 *Roxin/Greco* (Fn. 8), § 2 Rn. 84.
55 *Beckemper* (Fn. 53), S. 318.
56 So schützt etwa § 298 StGB primär das Allgemeininteresse an einem freien Wettbewerb bei Ausschreibungen, vgl. *Wittig* (Fn. 7), § 25 Rn. 3 m.w.N.
57 Hierzu allerdings eher skeptisch *Werkmeister* (Fn. 31), S. 578.

Einzelfall als Rechtsgut, das eine Pönalisierung rechtfertigen kann. Und dass die Verletzung der Menschenwürde anderer Individuen als essenzielle Bedingung von Freiheit Strafe zu legitimieren vermag, ist, unabhängig von der Frage des Gehalts der Menschenwürde, inzwischen überwiegend anerkannt.[58] Es könnte sein, dass die Menschenwürde nicht nur bei der Verknüpfung der Daten zu Persönlichkeitsprofilen, sondern auch zur technologischen Verhaltenssteuerung zumindest im Hinblick auf den zentralen Aspekt der Selbstbestimmung gefährdet oder sogar verletzt sein kann.[59] Insofern bedarf es z.B. bei dem Persönlichkeitsprofilverbot nicht des Umwegs über ein kollektives Vertrauen, um Strafe zu legitimieren.

VII. Fazit

Aus rechtsstaatlicher Sicht ist meines Erachtens eine Fortentwicklung des nationalen Datenschutzrechts zum Rechtsgüterschutz der richtige Weg, um (politische) Datenwirtschaftsstraftaten zu bekämpfen. *Nauckes* Vorschlag eines politischen Wirtschaftsvölkerstrafrechts führt zu einer Entgrenzung des Strafrechts, die zumindest derzeit demokratie- und strafrechtstheoretisch schwer zu rechtfertigen ist. Gleiches gilt für ein Datenwirtschaftsvölkerstrafrecht. Man sagt Feuer wird am besten mit Feuer bekämpft, aber das birgt übertragen auf die uns vor Augen stehenden Fälle des Missbrauchs wirtschaftlicher Datenmacht zu viele Risiken für ein liberales Strafrecht. Dennoch handelt es sich um einen wichtigen Denkanstoß, denn hier gehe ich mit den Befürwortern eines Wirtschaftsvölkerstrafrechts und speziell eines Datenwirtschaftsvölkerstrafrechts konform: Das Strafrecht darf sich nicht gerade dort zurückziehen, wo die Gefahren für die individuelle Freiheit am größten sind.

---

58 *Roxin/Greco* (Fn. 8), § 2 Rn. 20.
59 Hierzu *v. Erdmannsdorff*, Daten – Person – Würde: Ein Bogen, den man (über-)spannen kann?, MMR 2021, S. 700, 704.

Kommentar: Anfragen an die Idee eines Daten(wirtschafts)völkerstrafrechts

Kai Ambos

Ich will im Folgenden – in der gebotenen Kürze eines Kommentars – einige allgemeine und spezifische Überlegungen präsentieren und abschließend Perspektiven aufzeigen.

I. Allgemeine Überlegungen

1. Zunächst stellt sich die Vorfrage, ob wir zum Schutz personenbezogener Daten überhaupt ein spezifisches Völker*straf*recht brauchen oder ob wir nicht vielmehr auf Schutzmöglichkeiten über klassisches Völkerrecht zurückgreifen können und diese ausreichenden Schutz bieten. Aus menschenrechtlicher Sicht ist insoweit insbesondere an Art. 8 EMRK in seiner Dimension eines Rechts auf Privatsphäre zu denken. Für Einzelheiten kann ich insoweit auf den Beitrag von *Antje von Ungern-Sternberg* verweisen. Ferner kommen nicht kriminalrechtliche Regulierungen (Verwaltungsunrecht) mit bußgeldrechtlicher Sanktionierung in Betracht. Vorbildfunktion haben insoweit die Art. 83, 84 DGSVO, wobei Art. 84 den Mitgliedsstaaten die Möglichkeit eröffnet, über Art. 83 DGSV hinausgehende Sanktionen innerstaatlich festzulegen (für Deutschland vgl. insoweit § 42 BDSG).
2. Jedenfalls ist gutes Erwartungsmanagement gefragt, um zu verhindern, dass der Ruf bzw. Rückgriff auf Völkerstrafrecht zu hohe Erwartungen weckt. Es ist zwar banal, aber kann nicht genug betont werden: Das Völkerstrafrecht ist kein Allheilmittel für alle Probleme dieser Welt, obwohl Diskussionen in Parallelgebieten (etwa im Umweltrecht samt der Forderung eines ecocide Tatbestands) häufig diesen Eindruck erwecken.
3. Wir sollten uns auch klar machen, dass wir hier strenggenommen über ein Völkerstrafrecht *avant la lettre* sprechen, denn es gibt bisher noch keinen ausreichend bestimmt definierten und ausreichend schweren Unrechtskern (u.a. wegen der allbekannten Unbestimmtheit des Rechts auf informationelle Selbstbestimmung und der fehlenden präzisen Definition personenbezogener Daten), den es völkerstrafrechtlich zu schützen gelte.

4. Schließlich stellt sich die Frage, da es sich beim Völkerstrafrecht ja um ein globales, universelles Projekt handelt, wie das Problem im weltweiten Maßstab wahrgenommen wird? Haben wir es hier vielleicht mit einer deutschen/europäischen/westlichen Luxusdiskussion bestimmter Mittelschichtsintellektueller zu tun oder wird das Problem auch im Globalen Süden als solches wahrgenommen? Gibt es ein weltweites Problembewusstsein und vor allem einen politischen Willen zu völkerrechtlicher Kriminalisierung?

II. Spezifische Überlegungen

1. Insoweit stellt sich zunächst die Frage nach dem Normadressaten. Völkerrecht richtet sich grundsätzlich an Staaten sowie an nicht-staatliche Akteure (non-state actors), die eine gewisse Qualität aufweisen. Wir kennen die Diskussion aus dem Wirtschaftsvölkerstrafrecht, wo es darum geht, völkerrechtliche Verpflichtungen über die klassischen (militärischen) non-state actors (organized armed groups) auf multinationale Unternehmen zu übertragen. Wie an anderer Stelle dargelegt, meine ich, dass sich völkerrechtlichem *soft law*, insbesondere den OECD Richtlinien für multinationale Unternehmen und den UN-Leitgrundsätzen für Unternehmen und Menschenrechte, eine „solide Grundlage für die zunehmenden Anerkennung einer auch (menschen-)*rechtlichen* Verantwortlichkeit" von Unternehmen entnehmen und sich demnach aus der „Kombination von völkerstrafrechtlicher Verhaltensnormpflicht und im Entstehen begriffener menschenrechtlicher Bindung [...] eine rechtliche [...] Bindung von Unternehmen" begründen lässt.[1] In diese Richtung geht auch der Vertragsentwurf einer Arbeitsgruppe des UN-Menschenrechtsrats zu menschenrechtlichen Pflichten transnationaler Unternehmen (*Draft Treaty 'to Regulate, in International Human Rights Law, the Activities of Transnational Corporations and other Business Enterprises'*);[2] dessen Verabschiedung ist allerdings nicht sehr wahrscheinlich.[3]

---

[1] Ambos, Beihilfe zu Kriegsverbrechen durch (legale) Waffenlieferungen?, StV 2020, S. 788, 791 m.w.N.
[2] Letzter Entwurf vom Februar 2024 abrufbar unter https://documents.un.org/doc/undoc/gen/g24/022/86/pdf/g2402286.pdf.
[3] Allgemein zum Beratungsprozess und zu weiteren Materialien s. www.ohchr.org/en/hr-bodies/hrc/wg-trans-corp/igwg-on-tnc.

2. Das Völkerstrafrecht richtet sich grundsätzlich an natürliche Personen, kann aber auch konstruktiv – entsprechend der nationalen Praxis – Wirtschaftsunternehmen als juristische Personen erfassen – auch wenn das Römische Statut des Internationalen Strafgerichtshof davon (aus guten Gründen) abgesehen hat.

3. Konzeptionell würde ich weiter zwischen direktem und indirektem (akzessorischem) Völkerstrafrecht zum Schutz personenbezogener Daten unterscheiden. Dabei kann ich grundsätzlich durchaus der Argumentation von Andreas Werkmeister etwas abgewinnen, einen *systematischen* Datenan- bzw. -eingriff als Verbrechen gegen die Menschlichkeit, insbesondere in der Variante des *persecution crime*, zu sehen. Der Teufel steckt aber im Detail: Was wäre die Verfolgungsbezugstat, der Dateneingriff alleine reicht ja – jedenfalls unter Art. 7 Römisches Statut des Internationalen Strafgerichtshofs (IStGH Statut) – nicht, außer man schafft eine neue Einzeltat, etwa des profiling im Sinne von *Till Zimmermann*?[4] Wie würde sich das aber in die sonstigen Einzeltaten von Art. 7 einpassen? Könnte eine Gesamttat aufgrund einer systematischen Verletzung der Privatsphäre als Geschäftsmodell – ich verweise auf den Beitrag von *Sebastian Golla* in diesem Band – angenommen werden? Hilft uns das aber über die Unbestimmtheit des Schutzguts (Recht auf informationelle Selbstbestimmung) hinweg? Klar scheint also, dass man zumindest ein neues völkerstrafrechtliches Verbrechen als Einzeltat in Art. 7 bräuchte.

Indirekte (akzessorische) Verantwortlichkeit könnte sich aus den allgemeinen Beteiligungsregelungen, insbesondere der Beihilfe, ergeben, wenn man erstmal eine völkerstrafrechtliche Haupttat hat. Die muss allerdings nicht unbedingt neu geschaffen werden (s.o.), sofern klassischen völkerrechtliche Verbrechen vorliegen, etwa an einer bestimmten Volksgruppe (z.B. zwangsweise Deportation der Rohingya als Kriegsverbrechen), und über Plattformen dazu aufgerufen wurde (dann evtl. Haftung der Plattformbetreiber über Art. 25 Abs. 3 lit. d IStGH Statut).

III. Perspektiven

Das Thema ist cutting edge und sollte unbedingt weiterverfolgt werden. Natürlich muss es „universalisiert" werden. Es bietet Spielraum für Folge-

---

4 S. den Beitrag von *Till Zimmermann* in diesem Band.

untersuchungen, die dann freilich auf Englisch veröffentlicht werden sollten.

Verzeichnis der Autor/-innen & Herausgeber/-innen

Prof. Dr. Dr. h.c. *Kai Ambos* | Professor für Strafrecht, Strafprozessrecht, Rechtsvergleichung internationales Strafrecht und Völkerrecht an der Georg-August-Universität Göttingen und Richter am Kosovo Sondertribunal in Den Haag.

Ref. iur. *Caroline Böck* | Universitätsassistentin am Institut für Theorie und Zukunft des Rechts an der Universität Innsbruck.

Prof. Dr. *Dominik Brodowski* | Professor für Europäisierung, Internationalisierung und Digitalisierung des Strafrechts und des Strafverfahrensrechts an der Universität des Saarlandes.

Prof. Dr. *Julia Geneuss*, LL.M. (NYU) | Professorin für Strafrecht, Strafprozessrecht, Internationales Strafrecht und Rechtsvergleichung an der Universität Potsdam.

Prof. Dr. *Sebastian Golla* | Juniorprofessur für Kriminologie, Strafrecht und Sicherheitsforschung im digitalen Zeitalter an der Ruhr Universität Bochum.

Prof. Dr. *Klaus Günther* | Professor für Rechtstheorie, Strafrecht und Strafprozessrecht an der Goethe-Universität Frankfurt am Main.

Prof. Dr. *Matthias C. Kettemann*, LL.M. (Harvard) | Professor für Innovation, Theorie und Philosophie des Rechts an der Universität Innsbruck.

Prof. Dr. *Sabine Müller-Mall* | Professorin für Rechts- und Verfassungstheorie an der Technischen Universität Dresden.

Prof. Dr. *Tobias Reinbacher* | Professor für Strafrecht, Strafprozessrecht und Medienstrafrecht an der Julius-Maximilians-Universität Würzburg.

Prof. Dr.-Ing. *Delphine Reinhardt* | Professorin für Computersicherheit und Privatheit an der Georg-August-Universität Göttingen.

Verzeichnis der Autor/-innen & Herausgeber/-innen

Prof. Dr. *Antje von Ungern-Sternberg* | Professorin für deutsches und ausländisches öffentliches Recht, Staatskirchenrecht und Völkerrecht sowie Direktorin des Instituts für Digitalisierung Trier (IRDT) an der Universität Trier.

Prof. Dr. *Moritz Vormbaum* | Professor für Strafrecht, Strafprozessrecht und Internationales Strafrecht an der Universität Münster.

PD Dr. *Andreas Werkmeister* | Privatdozent an der Humboldt-Universität zu Berlin.

Prof. Dr. *Thomas Wischmeyer* | Professor für Öffentliches Recht und Recht der Digitalisierung an der Universität Bielefeld.

Prof. Dr. *Petra Wittig* | Rechtsanwältin Kanzlei Wittig Köpferl; Apl. Professorin an der Ludwig-Maximilians-Universität München.

Prof. Dr. *Till Zimmermann* | Professor für Strafrecht und Strafprozessrecht an der Heinrich-Heine-Universität Düsseldorf.